妈祖文化年鉴 2015

莆田学院妈祖文化研究院
莆田市湄洲妈祖祖庙董事会 编

人民出版社

编者说明

2016年3月，在十二届全国人大四次会议上通过的《中华人民共和国国民经济和社会发展第十三个五年规划纲要》第五十一章第三节中指出：在推进“一带一路”倡议中要“发挥妈祖文化等民间文化的积极作用”。21世纪海上丝绸之路的构想已经破题，在21世纪海上丝绸之路以及海上丝绸之路经济带的构建过程中，独具特色的妈祖文化作为中华民族的一种具象形态，必定对未来中国文化的国际化发挥巨大的作用，这一笔巨大的优秀历史文化遗产，必将成为助推21世纪海上丝绸之路发展的巨大正能量。

《妈祖文化年鉴》（2015）是莆田学院妈祖文化研究院与湄洲妈祖祖庙董事会联合编撰的文献性、资料性年鉴。本卷主要收集2015年1月1日至12月31日妈祖学学术研究论著、论文、期刊、学界概况等及国内外有关妈祖文化的各种重要活动、事件，让广大专家、学者和社会各界更全面了解妈祖文化的内涵和发展动态，以此促进妈祖文化的学术研究，更好地传承与弘扬妈祖文化，为当代社会政治经济发展服务。

在编辑过程中，我们对有关信息广为收集，但由于各种原因，肯定有未收录的内容，我们欢迎专家、学者和广大妈祖文化工作者批评指正并恳望及时提供有关信息，以更臻完善。同时，鉴于本年鉴的特点，本卷对所转载或摘录以及被数字出版物收录的相关文献均不再另付稿酬。

《妈祖文化年鉴》(2015)的出版得到了人民出版社的大力支持，这是妈祖文化界值得庆贺的喜事，也表明妈祖文化作为中华优秀传统文化中的重要组成部分，越来越受到社会各界的普遍关注。

《妈祖文化年鉴》(2015)的编辑出版还得到了福建省妈祖文化传承与发展协同创新中心、福建省妈祖文化研究会、福建省社会科学研究基地妈祖文化研究中心和福建省高校人文社会科学研究优秀基地莆田学院妈祖文化研究中心的鼎力支持，对此深表谢意。

《妈祖文化年鉴》编委会

2017 年 9 月

目录

妈祖文化年鉴（2015）

第一部分 学术与研究

专著文集

●专著

●文集

学术论文

《妈祖文化年鉴》编委会

支持单位

福建省妈祖文化传承与发展协同创新中心

福建省妈祖文化研究会

福建省社会科学研究基地妈祖文化研究中心

福建省高校人文社会科学研究优秀基地莆田学院妈祖文化研究中心

妈祖学专著评介

妈祖类文章

硕博论文

●博士后论文

●博士论文

●硕士论文

期刊影像

●期刊

综合类图书

学界概况

●研究课题

学术动态

●研讨会信息

●会议工作报告

第二部分　宫庙与祭祀

春秋二祭

习俗活动

宫庙修建

第三部分 文创与慈善

媒体传播

图书影视

文化交流

园区建设

慈善活动

补 录

第一部分
学术与研究

专著文集

专著

●《妈祖信俗非物质文化遗产档案研究》(二册):陈祖芬著，世界图书出版公司2015年版。分《理论篇》和《实践篇》二册,《理论篇》461页,《实践篇》344页。本书主要内容是对现存妈祖信俗非物质文化遗产档案概况进行了调研，从其价值、保存现状、日常管理、建档、档案的内容分析、信息开发等多方面切入，运用内容分析法对多种妈祖信俗档案进行了分析，探讨当代妈祖信俗非物质文化遗产建档中的关键问题，着重研究了当代妈祖信俗口述档案的建立方法，进行了口述建档实践，并对妈祖信俗非物质文化遗产档案资源开发提出建议。

●《天津皇会》:张国贤著，天津社会科学院出版社2015年版，258页。本书介绍天津皇会情况，包括天津皇会考略、天津皇会、集中国民间舞蹈之大成的天津皇会概况、皇会门类分析、皇会节目介绍等。

●《天津的天后宫和城隍庙》:张国贤著，天津社会科学院出版社2015年版，259页。本书介绍天津天后宫，妈祖从护航女神晋升为天后的过程，民间迷信推动官方诰封褒赠升级，天后宫在国内沿海各地分布情况等。

●《环渤海地区妈祖史料辑解(上下册)》:方广岭著，台湾新北花木兰文化出版社2015年版，上册1—309页，下册311—483页，编入该社《古典文献研究辑刊·二一编》。

●《西樵民间信仰普查资料汇编》:梁耀斌、梁惠颜编，广西师范大学出版社2015年版，242页。本书普查广东佛山西樵民间信仰活动场所包括北帝庙、天后宫、观音庙等。信仰活动包括儒释道三教及妈祖等民间信仰。

●《行旅问道之心向妈祖——石桥中国画写生集》：石桥著，广西美术出版社 2015 年版，95 页。本书为福建著名画家石桥的写生创作作品集，着重于画家在福建当地写生创作的艺术工作记录。

●《洞头妈祖祭典》：陈爱琴编著，浙江摄影出版社 2015 年版，176 页。为金兴盛主编《浙江省非物质文化遗产代表作丛书》之一。本书分五章：妈祖与妈祖文化、洞头妈祖信俗、洞头妈祖祭典、洞头妈祖祭典的特征和价值、洞头妈祖祭典的保护与传承。

●《湄洲妈祖祖庙史略》：刘福铸著，湄洲妈祖祖庙董事会 2015 年编，78 页，为《妈祖文化系列丛书》之一。

●《妈祖民俗表演欣赏与教程》：林元桓著，中国文史出版社 2015 年版，301 页。本书为《莆田学院宋代莆阳文化丛书》第一辑之一种，彩色印刷。全书含上篇"妈祖民俗表演"，共五章；下篇"妈祖车鼓运动艺术"，共七章。

●《美丽澳门》：董恒年著，蓝天出版社 2015 年版，184 页。本书为中国地理学会全民科普读本，介绍澳门妈阁庙、大三巴牌坊等。

●《疯妈祖》：吕盈臻、杨孟绫、戴佩容等著，台中文化部门 2015 年编印，31 页，为《大墩图画书系列》之一，彩图版。

●《妈祖春游趣》：张秀毓著，台中文化部门 2015 年编印，36 页，为《大墩图画书系列》之一，彩图版。

●《跟着妈祖奶奶嬉游去——闽南篇》：张淳茹作，林宸伊绘，台中公共信息图书馆、台北顽石创意 2015 年编印。

●《妈祖与男孩》（中英双语绘图本）：海大海（Adam Renc）绘图、撰文，台湾云林县 2015 年编印，53 页。本书将木雕与妈祖信仰二者结合，借绘图方式，让民众认识北港民俗历史及传统木工艺。

●《高雄林园凤芸宫妈祖海巡》：谢贵文著，高雄文化部门 2015 年编印，160 页，为《高雄文史采风》丛书第 2 种之一。主要介绍高雄林园凤芸宫主祀天上圣母，与台南安平地区的庙宇，以海上巡香的绕境方式前往会香的海上巡香民俗活动。

●《澎湖县澎湖天后宫修复工程工作报告书》：张玉璜建筑师事务所编著，澎湖文化部门 2015 年编印，750 页。

●《澎湖天后宫彩绘调查研究暨清洁加固计划成果报告书》，曾永宽编著，澎湖文化部门 2015 年编印。

●《孕育妈祖情：庙口的咸鸭蛋》，江裕春著，台北城市科技大学民生学院 2015 年编印。

●《天上圣母经》，玄奘印刷文化 2015 年编印。

●《解读楠梓天后宫时空胶囊》，李淑芳著，楠梓天后宫代天府管理委员会 2015 年编印。

●《妈祖的团仔——大甲镇澜宫跨世代传承》，陈荣裕等编著，台湾商讯文化事业股份有限公司 2015 年版，304 页。本书主要内容包括：寻找妈祖的团仔、妈祖的团仔在两岸、妈祖的团仔建镇澜儿童家园、妈祖的团仔在爱的家园、台湾妈祖联谊会发展扩散、大甲妈祖团仔的心灵感应等。

文集

●《服务创新国际研讨会论文集》，明新科技大学服务事业学院 2015 年编印。其中包括王少筠、罗元宏所著论文《游客体验与忠诚度关系之研究：以大甲妈祖国际观光文化节为例》。

●《妈祖文化研究论丛 · Ⅱ（妈祖文化与海上丝绸之路专辑）》：林明太主编，中国文史出版社 2015 年版，167 页。

●《大爱妈祖——第二届中华妈祖文化全国书法篆刻大展作品集》：中国书法家协会编，张陆一主编，书法出版社 2015 年版，132 页。本书为中国书法家协会、福建省文联、中共莆田市委、莆田市人民政府主办的第二届中华妈祖文化全国书法篆刻大展作品集。

●《弘扬妈祖精神，共话美丽天津·中国梦——第七届中国·天津妈祖文化旅游节专题研讨会论文集》：天津市妈祖文化促进会编，天津人民出版社 2015 年版，222 页。本书是第七届中国·天津妈祖文化旅游节中的“弘扬妈祖精神，共话美丽天津·中国梦”专题研讨会的论文汇编，收录了《妈祖文化的现代意义》《试谈妈祖文化的时代性》《关于妈祖文化助推津台经贸交流的思考》等文章。

●《妈祖文化交流图谱——泉州鲤城对台文化交流档案集锦》：林明华编著，泉州鲤城区档案局、江南街道办事处 2015 年编印，99 页。分：鲤城区霞洲妈祖宫概况、鲤台两岸妈祖文化情缘、鲤台两岸妈祖文化交流纪要等三部分。采用 132 张馆藏照片档案，以图文结合的形式记录了以霞洲妈祖宫为窗口的鲤城区与台湾地区十多个县市进行妈祖文化和民俗文化交流的历程，再现鲤台两岸民俗文化交流中的重要事件。

●《辽宁大孤山风景名胜区》：辽宁省大孤山风景名胜区管理局 2015 年编印，26 页。本书为景区宣传画册。

●《“妈祖文化与海上丝绸之路”论坛论文集——第七届海峡论坛·妈祖文化活动周系列活动》（上下册）：莆田学院论坛论文集编委会 2015 年编印，630 页，共收录参会论文 78 篇。

●《2015 年国际妈祖文化学术研讨会论文汇编》：国际妈祖文化学术研讨会组委会 2015 年编印，460 页。本书为莆田学院妈祖文化研究院、文化与传播学院承办的“2015 年国际妈祖文化学术研讨会”的论文集，收录参会论文 68 篇。

●《跟妈祖·逗热闹——旱溪妈祖绕境十八庄—广兴宫》：台中太平区兴隆小区发展协会编辑，台中兴隆小区发展协会 2015 年编印。

●《台中妈祖荫台湾——12 座妈祖宫庙故事》：总顾问林茂贤，主编陈彦斌，黄丰隆、陈俐文等九人编著，台中好读出版有限公司 2015 年版，280 页，为《图说历史》丛书之一。本书介绍台中南屯万和宫、中区万春宫、旱溪乐成宫、北屯南兴宫、大甲镇澜宫、大庄浩天宫、梧栖朝元宫、大肚万兴宫、大里杙福兴宫、丰原慈济宫、社口万兴宫、新社九庄妈等 12 座百年宫庙的妈祖传说、宫庙特色等，图文并茂。

●《新港奉天宫 2010 国际妈祖文化节成果专辑》：李凯翔总策划，财团法人嘉义新港奉天宫 2015 年编印，255 页。

●《新港奉天宫 2014 国际妈祖文化节成果专辑》：李凯翔总策划，财团法人嘉义新港奉天宫 2015 年编印，255 页。

●《万和宫妈祖镇殿 330 周年庆活动纪实》：廖志浓主编，台中万和文教基金会 2015 年版，台中万和宫发行。

●《1995—2015——20 年回眸》：杨文健主编，连江县妈祖文化研究会 2015 年编印，为纪念连江县妈祖文化研究会成立 29 周年所编的摄影画册。

●《人间天宫——非凡造诣的妈祖庙宇（上下）》：肖东发主编，秦贝臻编著，北方妇女儿童出版社 2015 年版，164 页。为《中华精神家园书系——古建涵蕴》丛书之一。本书图文并茂地介绍了中国一些著名的妈祖庙的建筑艺术和动人传说，包括湄洲妈祖庙、平海天后宫、泉州天后宫、赤湾天后宫、天津天后宫、妈阁庙、北港朝天宫和鹿港天后宫，旨在让读者了解中华民族特有的妈祖文化。

●《护航天使——妈祖信仰与妈祖文化》：肖东发主编，秦贝臻编著，北方妇女儿童出版社 2015 年版，164 页。为《中华精神家园书系——信仰之光》丛书之一。本书主要内容包括：观音赐女——默娘诞生，成为女神——拯救海难，顶礼膜拜——祭祀习俗，人间天宫——妈祖庙宇。

学术论文

连城四堡邹氏家族的妈祖信仰

陈支平

《形象史学研究》2015 年第 2 期

明清时期，随着社会经济特别是商品经济的发展，妈祖信仰在国内的许多地方迅猛地传播开来。虽然从整体上看，妈祖信仰主要流行于商品经济比较发达的市镇以及交通要津一带，但是由于中国各地的社会经济与文化习俗差异性比较大，不同地方的妈祖信仰，也会呈现出一些不同的特色。近来，笔者翻阅以往搜集来的族谱，无意中发现闽西连城山区四堡乡邹氏家族的《邹氏族谱》中，记录有该家族建造天后宫和信奉天后妈祖的文献。兹略加整理如次，以便对于不同地方妈祖信仰的差异性，做些个案性的分析。

元明小说与其他文献里的千里眼和顺风耳

普塔克　蔡洁华

《海洋史研究》2015 年第 2 期

三十多年来出现了许多关于中国海神妈祖（天妃或天后等）的研究文献。本文展示古代文献中的相关叙述以及小说中关于千里眼和顺风耳或其他与此相关的造型描写，并总结出简单的文学背景。

澳门妈祖信仰的形成、扩展及其与中西宗教的交融

吴宏岐

《海洋史研究》2015 年第 2 期

澳门在东亚妈祖信仰文化圈中占有特殊的地位，而妈祖信仰在澳门的形成与扩展也对澳门政治、经济和文化的发展产生了重要影响。本论文拟在前人相关研究的基础上，综合利用地方志书、碑刻钟铭、地方画、历史图片、文化调查等相关资料，从时间与空间相结合的维度，在系统地论述福建妈祖信仰的起源及其传播的基础上，着重探讨澳门妈祖信仰的形成时间，澳门妈阁庙的重修与改建，妈祖信仰在澳门的空间扩展情况以及澳门妈祖信仰与中西宗教交融等相关问题。

论海洋宗教信仰的“社会整合治理功能”
——以舟山群岛为例

倪浓水　刘　洋

《温州大学学报（社会科学版）》2015 年第 6 期

海洋民间宗教信仰是一种历史的存在，在当下的沿海地区影响面也比较广。从社会学和民俗学角度来看，舟山群岛区域的海洋宗教信仰在社会稳定的维系、心理的抚慰、人伦情理的调节以及社会焦虑释放等方面，都发挥了独特的社会整合治理功能。

妈祖祭典：信俗文化遗产在沿海空间的本体映像

高小岩

《济南大学学报（社会科学版）》2015 年第 6 期

妈祖信俗是中国沿海传统信俗的典型，妈祖文化在整个沿海地区特别是其肇源地东南沿海有持久影响和重要位置，它隐含着沿海人民对海洋的早期认知与朴素理解，也折射了沿海城镇兴起与海洋密不可分的关系，其中妈祖祭典被视为妈祖信俗的集中直观体现。从结构视角看，妈祖信俗构成了民众精神生活与民俗文化的组成部分，结合的模式类似于本体—镜像模式，本体在仪式的象征域中引申出第二层意义。妈祖在从人格转为神格后，以母性指代消解沿海居民出海航行的艰辛不测，契合随海洋播撒去的“赤子之对慈母”的人性本真而得以流传到今的信俗遗产。妈祖祭典与祭黄、祭孔并称为中国三大祭典，特别是莆田妈祖祭典首批入选世界非物质文化遗产。从内涵角度分析，妈祖作为中华文明向海洋探索延伸的图腾，其乐观、进取、包容的精神实质和当代价值与人文理念完全契合，还有重塑沿海城镇的文化空间、沟通海峡两岸、辐射海内外华人的重大现实功能。

文化传承的融离与回眸
——以日本长崎的“妈祖信仰”为对象

林　晶　陈凌菁　吴光辉

《东南学术》2015 年第 6 期

妈祖文化自明代起远播日本、东南亚，成为东亚文明地域的共同信仰之一。日本本土的妈祖信仰集中在长崎，以民间传说、唐三寺、唐人僧侣构成流传至今的唐人风习或者祭祀活动，并且以多样化的形式：或是直接保存原风貌；或是融会佛教文化而构成日本独有的“习合”文化；或是加以本土化的改造，从而形成了如今的多元文化共生的、多重变异体式的妈祖文化。

妈祖音乐研究现状及学科化思考

黄　璟

《武夷学院学报》2015 年第 8 期

以往对妈祖音乐相关研究，由于其侧重点的不同，只局限于对妈祖音乐某一现象的阐释。然而，从长远来看，这样的方式对于妈祖音乐研究的可持续发展而言是极其不利的。因此，只有从历史规律、学术惯例以及自身的逻辑结构出发，构建妈祖音乐理论体系，才能有助于妈祖音乐研究稳定而长足地发展。

妈祖文化在海上丝绸之路沿线国家的传播与发展

林明太　黄朝晖

《集美大学学报（哲学社会科学版）》2015 年第 4 期

妈祖文化从宋代产生后就伴随官方与民间海上丝绸之路的开拓和发展传播到“海丝”沿线各个国家，是海上丝绸之路形成发展的文化起点和文化码头。本文简要分析了妈祖文化与海上丝绸之路形成发展的关系，重点阐述了海上丝绸之路沿线的日本、韩国、越南、马来西亚、新加坡、印度尼西亚、菲律宾、泰国等主要国家妈祖文化传播发展的历史及与所在国宗教融合发展的情况，提出了妈祖文化在建设“21 世纪海上丝绸之路”战略中可以发挥的重要作用。

妈祖信仰播迁与南北文化融合探析

沈庆利　叶枝梅

《中原文化研究》2015 年第 5 期

妈祖信仰的诞生与广泛传播，为南北地域文化的融会和中华文化的播迁提供了生动的文化人类学佐证。妈祖信仰最早诞生于福建莆田，与南方地区特定的地理环境与人文环境密切相关。经过数百年的发展传播，妈姐信仰北上传播至京津及东北地区，对外流传到日本、东南亚、非洲等地，形成了中华宗教信仰中的一种独特现象。妈祖信仰反映了南方文化对北方文化的渗透影响，揭示了中华民族勇于开拓、自强不息的优秀品德，呈现出中华文化大融合的发展轨迹，是中华文明生命力与融合力的高度体现。

湄洲妈祖祖庙祭典及其当代意义研究

周金琰

《世界宗教研究》2015 年 5 期

妈祖祭典是妈祖文化十分重要的组成部分。“湄洲妈祖祖庙祭典”被列入《第一批国家级非物质文化遗产名录》，它在海内外所有的妈祖祭祀仪式中，最为丰富、权威和规范，被奉为天下妈祖祭典的圭臬。本文简介了海神妈祖的由来和妈祖信仰的形成、湄洲妈祖祖庙的肇建以及宋代妈祖祭典的起源。对元、明、清三代妈祖祭典的规格提升、发展和规范等时代特征分别进行了探讨。重点对新时期的湄洲妈祖祭典范式做了详细的阐述。最后对湄洲妈祖祭典的当代意义做了简要分析与归纳，认为妈祖祭典是传承中华传统美德和向世界展示中华优秀文化的一种特殊形式。

从妈祖文化传播的角度解析青堆古镇天后宫的营建特色

吴晓东　王　丹　邵红苓

《建筑与文化》2015 年第 10 期

本文以福建妈祖文化的北上传播为出发点，对大连青堆古镇天后宫的历史沿革进行了阐述。对天后宫的地理位置、建筑群布局、建筑单体特色等进行了描述，对大连地区妈祖文化的祭祀活动进行介绍，阐释天后宫的营建特色与妈祖文化传播、地域经济发展的重要关系。

妈祖文化融入大学生社会主义核心价值观教育的实践与创新
——以湄洲湾职业技术学院为例

郑秀明

《湖南工业职业技术学院学报》2015 年第 5 期

目前我国正处于改革转型时期，面对多元化的社会，当代大学生的人生观、世界观和价值观也出现多元化的取向。文章阐述了妈祖精神的精神内核，论述了妈祖精神对培养大学生社会主义核心价值观的积极意义，总结了湄洲湾职业技术学院积极发挥妈祖文化特色优势，将妈祖精神融入当代大学生核心价值观教育，搭建课堂教育、校园文化、大众媒体、社会实践多位一体的育人平台的具体做法。

海上丝路文化在雷州的传播、影响及其开发利用

李巧玲

《热带地理》2015 年第 5 期

在分析雷州具有临海、港湾众多等自然地理特征，是中国海上丝路必经之地的历史基础上，阐述海上丝路文化在雷州广泛而深入的传播，在农业土地利用、器艺制作、建筑、以佛教和妈祖崇拜为主的观念文化等方面留下深刻影响，并在很大程度上决定雷州文化具有多元、海洋、开放、包容、冒险等文化特质和风格。在当代背景下，应充分认识雷州海上丝路文化资源的历史价值、科研价值和经济价值，并通过开展海上丝路文化古迹普查，建立区域合作关系，构建海丝会展平台，进行宗教文化交流，参与海上丝绸之路申遗等途径，对雷州海上丝路文

化资源加以深度发掘及开发利用，为“一带一路”之“海上丝路”服务。

祠庙与祭祀
——海南冼夫人、妈祖信仰比较研究

安华涛

《海南大学学报（人文社会科学版）》2015 年第 5 期

冼夫人与妈祖信仰在海南岛民众中相当普及，影响巨大，但冼夫人是历史人物，妈祖是海洋神祇，二者在信众的崇拜下，必定有诸多不同。在历史文献的关照下，梳理、研究二者在祠庙分布地域、庙产出资主体、州县祭祀等级以及神性职能表现等方面的特点，对充分理解二者之间的差异无疑具有重要意义。

妈祖信仰与临水夫人信仰的比较研究

黄建兴　林国平

《闽台文化研究》2015 年第 3 期

同为福建的民间信仰，妈祖信仰与临水信仰之间存在着诸多的异同点，对其进行比较研究，有助于探讨民间信仰的发展轨迹和规律，及民间信仰与国家和区域社会政治、经济、文化之间的紧密关系。

从陆神到海神：妈祖文化的工作世界源流与嬗变

李晓元

《闽台文化研究》2015 年第 3 期

妈祖作为一个神明，并非一开始就是海神，而是经历了从陆神到海神的变迁

过程；妈祖文化作为海洋文化的独立范式，并非一开始就是海洋文化，而是循着先大陆后海洋的历史逻辑行进。而妈祖神明从陆神到海神的变迁和妈祖文化从大陆文化到海洋文化的嬗变都是在一定工作世界的源流中实现的。妈祖文化作为闽南海洋文化的独立范式起始于宋代莆田圣墩妈祖文化的大陆文化生态，成就于明清时期移民化和普遍世界化的妈祖文化存在。妈祖文化总体是海洋生活世界文化，本质是海洋工作世界文化。工作创造、工作创世精神是妈祖文化的根本精神，妈祖信仰的本质是民众对自己生活世界特别是工作世界意义的信念、信仰和追寻。

灵动的中华神
——妈祖信仰的中华文化特质透视

沈庆利　叶枝梅

《文化遗产》2015 年第 5 期

经过千年流传的妈祖信仰既体现着中华文化流动与乡土守望的统一，更折射出南方与北方、江湖与庙堂、地域边缘与皇朝中心等不同势力走向和谐共融的进程，见证了中华本土海洋文明的辉煌历史及中国、东南亚沿海城市的形成发展。作为代表中华文化特性的象征符号之一，妈祖信仰不仅有助于全球炎黄子孙的团结亲善，更可对当今中国的“海洋强国”战略和中西文化交流发挥重要作用。

中国海洋社会中的海生动物崇拜

张胜冰　吴　倩

《中国海洋大学学报（社会科学版）》2015 年第 5 期

在远古时代，通过海洋捕捞而得的海生动物是原始先民最主要的生活资料，因生产和生活中对海洋的依赖、恐惧和羡慕而心生崇拜。在龙王、妈祖占据海神信仰主流之后，海生动物崇拜因世俗王权观念的投射、渔业丰收的期许、渔业捕捞经验的传授等在沿海渔民的信仰中占有重要地位。在渔业生产水平不断提高和海洋社会不断进步的当代，海生动物崇拜的神秘色彩逐渐褪去而演变成对吉祥生活的追求和对万物的关爱与善待，这也与我国传统文化中“天人合一”的自然观一脉相承。作为海洋文明核心层的重要内容，海生动物崇拜的现代价值的转换既可以是海洋生态文明建设的重要精神动力，也可以依托民俗旅游等文化产业形态创造丰富的经济价值。

中国海上丝绸之路的历史演变

司徒尚纪　许桂灵

《热带地理》2015 年第 5 期

以中外和平、友好、平等的经济、文化、外交等交流为主要内容的海上丝路，在中国有着悠久的历史，并产生了深广的影响。海上丝路萌芽于先秦，正式开辟于秦汉，徐闻、合浦港成为始发港，远航印度洋，发生了以佛教、作物新品种为中心的第一次文化大交流。隋唐五代为其兴盛时期，广州为世界性大港，中外商贾云集。宋元时期其进一步发展和繁荣，广州、泉州取得主港地位，与阿拉伯世界建立起密切的商贸关系；产生海神妈祖崇拜、传入占城稻种等，深刻改变了中国土地利用格局。明代以郑和七下西洋为标志，其由盛转衰。

天津天后宫的影像记录

田思源

《艺术科技》2015 年第 9 期

天津天后宫是中国民俗文化一颗耀眼的明珠，在妈祖文化中起到重要的传承、发展作用。无论天后宫建筑群还是天后皇会，皆为民间艺术留下宝贵的文化遗产。用影像来记录，使天后宫众多历史资料更为丰富，摄影以它独特的魅力和作用，使资料的留存更为真实、可信。

由人到神：民间传说的桥梁作用
——以妈祖、吴真人和清水祖师为例

张小琴

《信阳师范学院学报（哲学社会科学版）》2015 年第 5 期

我国民间所信奉的神灵，很大一部分原先是普通的凡人，由于其所处的社会条件、自然环境及其本身的内在因素，使他们从凡人上升为民间所崇拜、祭祀的神灵。在由人到神的这一转变过程中，民间传说发挥了桥梁作用。从闽南地区的妈祖、吴真人和清水祖师等神化过程，可见民间传说故事的广泛流传与民间信仰的形成与发展之间存在着密切关系。

妈祖精神探析

刘 清 侯 立

《新西部（理论版）》2015 年第 16 期

妈祖信仰是我国东南沿海及港澳台一带的民间信仰。文章分析了妈祖精神源头及妈祖精神之形成，阐述了妈祖精神体现和妈祖精神的实质：立德仁爱，行善慈悲，勤劳奉献，宽容和平，具有包容、慈善、仁爱、和平、发展、奋进的色彩，是河洛中华文化的一种体现。文章认为妈祖精神给当今社会的启示主要是：仁德友善之爱心，和谐共生之良知，宽容和平之途径。

从建筑场域谈天津天后宫与妈祖文化传承

刘 芹

《职大学报》2015 年第 4 期

天津天后宫和妈祖信俗不仅仅是一种宗教信仰、旅游资源，更是一种文化。天津天后宫是承载天津妈祖文化的空间载体。通过田野考察、文献法和案例分析法，基于妈祖信俗环境、功能和理念有所变化的基础上，天后宫利用建筑空间优势，结合妈祖文化产业资源、旅游文化资源、民俗资源等，从非遗保护、博物馆学、艺术学及传播学等角度，对妈祖信俗做出适应新时代和新生代需求的保护和传承。

“中国英语”在妈祖文化传播中的价值探析

李 芃

《莆田学院学报》2015 年第 4 期

阐述“中国英语”作为外语的使用型英语变体，是对外交流中不可或缺的中性信息媒体。在妈祖文化向外传播的过程中，“中国英语”的重要性也凸显出来。文章分析中国英语在妈祖文化传播过程的价值，探讨旅游业的发展、新技术及新时代人等因素对“中国英语”传播妈祖文化的诸多影响。

妈祖与古希腊海洋女神“爱”的母题比较

黄海燕

《莆田学院学报》2015 年第 4 期

妈祖是中国的海洋女神，阿芙洛狄特是古希腊神话中的海洋女神。两位女神故事都言说了“爱”的母题。妈祖之“爱”主要表现的是对父母的孝道、对兄妹的亲情乃至于对国家的忠义，具有浓厚的人伦价值意蕴；而阿芙洛狄特之“爱”主要表现的是男女情爱、婚外恋事乃至于乱伦之爱，带有明显的个体本位价值取向。在中国传统文化中，男女情爱让位于家国亲情，而西方传统文化中的人本意识强调个人情感重于集体责任，从一个侧面反映了中西文化的重大差异。

以妈祖宫庙为视角看马来西亚华人的妈祖信仰

庄琳璘

《莆田学院学报》2015 年第 4 期

马来西亚的妈祖宫庙作为当地华人精神信仰的载体，随着妈祖信仰在马来西亚的传播和迁徙而逐步发展起来，而且个别宫庙还形成了鲜明的特色，其独特的文化功能特点在海外华人群体传播妈祖文化、形成宗教信仰认同、族群认同和文化认同方面具有重要的意义。

太仓浏河镇天妃宫的保护与利用研究

赵雯丽　王福鑫

《中国市场》2015 年第 35 期

浏河天妃宫作为浏河镇的优质文化资源和国家重点文物保护单位，其保护利用工作取得了一定成效，但也存在一些问题，解决这些问题，提升其保护利用效果，应从五个方面开展工作。

中国海洋文明的核心价值观
——以海神妈祖在东南亚的传播为例

苏文菁

《福建广播电视大学学报》2015 年第 4 期

作为中华文明的重要组成部分，中国海洋文明同样体现了“和谐”“和平”“共享”的核心价值观。“和谐”代表着中华价值观中的“人与自然”的关系；“和平”表达的是中华民族与不同民族之间关系的价值准则；而“共享”则是中华民族与不同民族共建命运共同体的基本原则。这种价值观既是源于中华文明本身发展的逻辑，又在中国海洋族群迁徙东南亚的过程中得到了彰显。这种核心价值观不仅使得中华文明绵延数千年，更是今天重返世界舞台中心的中国的价值理念。

论仙游枫塘宫《天后显圣故事图轴》

柯立红

《美术观察》2015 年第 8 期

妈祖信仰源于宋代，在其形成和发展的过程中，尤以元、明、清以来累积的文献保存得较多。以海神天妃为题材的绘画是妈祖文化中常见的一种美术形式。现藏于福建省莆田市仙游县枫塘宫的《天后显圣故事图轴》是清代民间画师绘制的妈祖圣迹组画，是妈祖文化的重要组成部分，在妈祖民间美术中具有极其重要的地位和研究价值。本文着重介绍这组画本图像的艺术表现，进而探讨妈祖文化的精神内涵。

惠安县妈祖信仰特点初探

董立功

《福建史志》2015 年第 4 期

惠安县位于泉州湾和湄洲湾之间，与台湾隔海相望，是闽南著名侨乡和台湾汉族同胞主要祖籍地之一。惠安与妈祖信仰的诞生地——莆田在地理上非常接近，惠安县的妈祖信仰开始时间较早，且信众多。根据地方志中的记载和当地政府编辑出版的一些著作，笔者对惠安县妈祖宫庙情况进行了梳理，发现惠安县的妈祖信仰有如下特点：第一，从宫庙的建造时间来看，惠安县妈祖信仰历史悠久，宫庙始建年代久远。第二，从宫庙的地域分布来看，靠海越近，妈祖庙的分布越密集。第三，从主神和陪祀神的关系来看，惠安县的大多数妈祖宫庙内，并非只有妈祖神位，往往还有其他的陪祀神。

福建古代的海神信仰与酬神演剧

田彩仙

《集美大学学报（哲学社会科学版）》2015 年第 3 期

福建地处东南沿海，由于海洋渔业历来为其重要产业，海难也时有发生，所以自古便有众多的海神崇拜，其中又以妈祖崇拜为最重要的海神信仰。福建地方戏曲中历代都存有很多与海神信仰相关的剧目，这些剧目的中心人物主要以福建百姓历来尊奉的海神妈祖与陈靖姑为主。与海神信仰相关的戏曲演出主要为在特定场合的宗教酬神演剧中。这些都充分反映了福建古代地方戏曲与海神信仰的密切关系。

作为朝圣行为的进香活动
——以台湾地区妈祖进香仪式为例

宋嘉健

《集美大学学报（哲学社会科学版）》2015 年第 3 期

妈祖进香是妈祖信仰行为的重要内容。近年来，随着妈祖影响力的不断增强，各类妈祖进香活动日渐频繁，妈祖进香活动成了妈祖信俗延续且不断扩展的一个重要表现。文章以维克托·特纳的“朝圣”概念为视角，理解妈祖进香仪式过程中的“朝圣”内涵，并就进香行为本身对妈祖信众的心灵冲击与现实生活的影响加以分析。在妈祖进香过程中，信众通过大范围、长时段内的进香行为不断重申着民间信仰主动适应当代社会的积极性，而进香过程中的能动者——信众，也在“朝圣”过程中进行了生命体验的更新，反观自我，增进群体生活认知与相互认同。

论元代妈祖信仰进一步国家化的历史原因

王宏刚　张安巡

《东北史地》2015 年第 4 期

妈祖信仰始于宋代，最重大的转机出现在元代。元代海运漕粮的成功使皇帝册封妈祖为“天妃”，并和“护国”联系起来，从此妈祖成为中国人维护海权的精神旗帜。妈祖信仰促进了国家航运事业的兴起；轰轰烈烈的航运事业也将湄洲岛的妈祖信仰传播到了沿海、沿河，甚至内陆之地和世界各地，为妈祖信仰国际化奠定了基础。

妈祖文化的起源与传播研究

王医复　许京伟

《才智》2015 年第 19 期

本文运用文献资料法、内容分析法等对妈祖文化的起源进行了梳理，在此基础之上，对妈祖文化在大陆沿海地区、港澳台地区以及国外的传播进行了系统的阐释。

口述历史与莆田文峰宫《妈祖经》音乐

黄　璟

《莆田学院学报》2015 年第 3 期

文章运用口述历史的研究方法，以莆仙民间音乐传承人为访谈对象，挖掘莆田城内文峰天后宫（简称文峰宫）《妈祖经》音乐，通过对两个版本的音乐比较与分析，提出对《妈祖经》音乐活态传承的一些看法。

莆田山区碧溪宫的妈祖信俗调查

薛世忠

《莆田学院学报》2015 年第 3 期

莆田碧溪宫历史悠久，是研究莆田山区妈祖文化难得的实物资料。文章重点就碧溪宫的沿革、建筑特色以及当地妈祖信仰民俗活动等方面进行田野调查，并分析妈祖信仰对莆田山区社会的影响。

湄洲妈祖祖庙的陪祀神体系及其特征

周丽妃

《莆田学院学报》2015 年第 3 期

文章简介湄洲妈祖祖庙供奉神祇的主要建筑，归纳妈祖陪祀神的五个主要神灵体系，最后分析湄洲妈祖祖庙陪祀神体系的四个特征。

妈祖精神及对当代大学生思想教育的辅助作用

徐 颖

《莆田学院学报》2015 年第 3 期

妈祖精神作为妈祖文化的核心，其思想内涵与高校思想政治教育内容在本质上是契合的，在大学生思想政治教育中可发挥一定的辅助作用。文章通过探讨妈祖精神的内涵及其教育价值，分析了当代大学生行为特点，讨论妈祖精神对大学生思想政治教育的辅助作用，提出具体的实践路径。

妈祖信仰的北方传播及其特点

张利民

《安庆师范学院学报（社会科学版）》2015 年第 3 期

妈祖信仰是中国社会中一个极富特色的民间信仰。沿海漕运北上催生了妈祖信仰向北传播，而沿海和运河贸易的发展促使北方妈祖信仰进一步扩展。与南方相比，妈祖信仰的北方传播无论是传播路径、信众来源，还是价值功能都体现出了北方特性。通过简单归纳北方妈祖文化的特点，政府或民间可在今后的倡导和推进工作中采取更有针对性的方针与措施。

作为共生文化的妈祖文化
——以妈祖文化的日本传播为对象

林　晶

《日本问题研究》2015 年第 3 期

日本妈祖文化的传播，呈现出或是传承中国民间的文化信仰，或是融会佛教文化的习合文化，或是被标榜为日本本土化的信仰等特征，即带有了中国文化与日本本土文化相互融合、彼此分离的特征。这样一个具有“共生文化”性格且根植于日常生活的“生活文化”的妈祖文化，为构思 21 世纪东亚文化的框架建设与未来模式提供了有利的借鉴。

妈祖文化如何传播与营造“媒介奇观”

吉　峰　张恩普

《传媒》2015 年第 12 期

道格拉斯·凯尔纳提出“媒介奇观”的概念，传媒时代下，通过多元化的媒介形式，在一定时间段内，不断地制造话题，吸引更多的人注意。妈祖文化先天根基建立在民间妈祖宗教信仰的基础上，后天又受儒、释、道三种文化的沁浸，逐渐成为中华传统文化的一部分，传承妈祖文化也有利于促进海峡两岸的融合。以传播文化为主线，以娱乐运作为主要的传播途径，让妈祖文化变得更加亲民，让这种正面的文化精神不再仅仅局限于区域，而是被更多的受众所了解。

论天津天后宫与佛教文化的关系

刘 芹

《安康学院学报》2015 年第 3 期

妈祖文化由南方传入天津后，在其文化发展的进程中，因不同时期统治者对佛教和道教宗教信仰倾向性不同，受到不同程度道教和佛教文化的影响，天津妈祖文化有了天津地方特色。本文从社会学、建筑学、艺术学、宗教学等多学科角度，采用田野考察、文献分析等方法，探讨天津天后宫的妈祖文化在形象定位、神职功能、事务管理、装饰隐喻等方面与佛教文化之间的关系。

台湾妈祖信众湄洲朝圣现象之探析

周金琰

《江苏社会科学》2015 年第 3 期

自清代前期以来，台湾妈祖信众组团返回福建莆田湄洲妈祖祖庙进香以及湄洲祖庙妈祖神像赴台巡游的活动，构成了海峡两岸之间独特的妈祖朝圣现象。通过这种朝圣行为，原有的妈祖信仰领域突破了传统的祭祀圈和信仰圈而扩大至文化圈。妈祖文化圈的形成，对于建构两岸在中华文化版图中的主体地位有着积极的作用。

留住台湾民俗信仰文化的根

杨 光

《皖西学院学报》2015 年第 3 期

台湾民俗信仰文化内容十分丰富，百代不衰，是大中华文化圈中的重要组成部分。台湾民俗信仰的根在大陆，留住台湾民俗信仰文化的根，是继承和发扬中华民族优秀传统文化的任务之一，也是当前不容忽视的问题。

妈祖进香与闽台汉人社会

郑少雄

《读书》2015 年第 6 期

白沙屯“囡仔神”和她的竞争者白沙屯妈祖到北港进香活动现在已经声名远扬，成为台湾妈祖信仰三大“无形文化资产”之一。文章通过白沙屯妈祖进香的田野调查，分析妈祖的结构主义形象及闽台汉人社会从“熟”文化到“生”自然的进程。

对妈祖民俗体育“耍刀轿、摆棕轿”竞技化赛事探析

黄丽华

《湖北科技学院学报》2015 年第 4 期

妈祖民俗体育活动“耍刀轿、摆棕轿”是各种妈祖节庆仪式中不可缺少的运动性表演类项目，又是仪式外民间休闲娱乐的民俗体育活动项目。要使“耍刀轿、摆棕轿”在妈祖文化区及全世界妈祖信众中广泛开展，妈祖民俗“耍刀轿、摆棕轿”必须以传统的结构、动作为基础，结合现代体育竞技的特点，进行科学化、规范化的整理，从而具有竞技赛事与健身娱乐等多方面的价值。要加强竞赛规则规范化，要具有观赏娱乐性，要突出安全健身性，要提倡公平竞争，要建立健康平安竞赛氛围，要具有体育竞技化的特点。

构建妈祖民俗体育旅游经济圈的方略
——以福建莆田湄洲岛妈祖为例

郑高翔 杨少雄

《福建体育科技》2015 年第 3 期

采用文献资料、逻辑分析法等方法，对当前构建妈祖民俗旅游经济圈进行分析与设想。提出四个方略：第一，按市场经济发展统筹规划高起点建设，为妈祖民俗体育旅游经济真正步入正轨奠定基础。第二，以妈祖文化为基石，形成文化搭台经贸旅游唱戏打响品牌。第三，加大改革及创新度，形成特色的区域民俗体育旅游经济，盘活区域文化、经济、政治灵活性。第四，营造招商引资良好氛围。研究结果：应抓住机遇，积极作为，努力提高管理水平和服务质量，大力提升妈祖民俗体育旅游经济圈的竞争力，在与国内外经济圈的竞争中独领风骚于世界，展示妈祖民俗体育旅游经济圈的风采。

宋代以来福建莆田妈祖宫庙的时空分布研究

纪小美 付业勤 陈金华 陈晴晴

《海南师范大学学报（自然科学版）》2015 年第 2 期

福建莆田是妈祖信仰诞生地，其信仰的重要物质载体妈祖宫庙始建于宋代；莆田境内妈祖宫庙具有较高的历史和文化价值，然而现有相关研究在完整性和规范性等方面都存在不足。文章运用 GIS 方法，揭示了宋代以来福建莆田境内妈祖宫庙的空间分布和历史变迁特征，针对妈祖宫庙的分布态势和管理问题提出解决对策。

多元文化环境中文化遗产的传承与创新
——浅析澳大利亚土著文化和天津妈祖文化保护措施的相似性

王　静

《大众文艺》2015 年第 10 期

自 20 世纪 70 年代以来，澳大利亚联邦政府推行的多元文化政策有效缓解了因为民族差异而产生的文化冲突，土著文化已成为澳大利亚民族文化的象征，多方对土著文化遗产进行保护的成功实践可以给在文化的多元共存方面摸索中的天津市一些启示。

明清福州妈祖信仰的发展及其缘由

杨　榕

《闽江学院学报》2015 年第 3 期

宋代，妈祖信仰在莆田形成后不久，就流传到福州沿海一带，至明清时期已成为当地重要的民间信仰。明清朝廷对妈祖的屡次赐封，官方推行的外交活动，如郑和七下西洋、册封琉球国，以及因福州商贸兴起而创建的会馆等，对福州妈祖信仰的发展与传播产生很大影响。至民国时，妈祖信仰随着福州商贸活动的兴盛，相继传至福建以外更多的省市。

神灵信仰的标准化与本土化
——以胶东半岛妈祖信仰为例

李　凡

《民俗研究》2015 年第 3 期

“神的标准化”一经问世就成为民间信仰研究中强有力的解释工具，但胶东半岛妈祖信仰的发展实践表明，“神的标准化”有其局限性，不能适应于所有地区。因为神灵信仰势必要与传播地的文化相融合而实现本土化，而本土化是对标准化的消解，这就使得神灵信仰不能实现彻底的“标准化”，而只能是一种“半标准化”。

古代民间文化跨区域之传播模式
——以妈祖文化在河南南阳的传播为考察中心

张富春

《中州学刊》2015 年第 5 期

清代闽籍人士在河南南阳地区供奉妈祖，传播妈祖文化，共有三处，其中宛城天妃庙由闽籍游宦士人创建，邓州天后宫由闽籍屯垦移民创建，赊店福建会馆由闽商创建。此三座妈祖庙宇的创建方式基本上涵盖了古代民间文化跨区域传播的模式：游宦士人传播、屯垦移民传播、客商传播。庙宇供奉乡土神既是团结同乡的精神纽带，又是张扬本土文化的强力手段。这种模式使妈祖文化在南阳地区落地生根发展。

宋元以来浙江妈祖信仰研究初探

陈政禹

《中国海洋大学学报（社会科学版）》2015 年第 3 期

宋元以来浙江的妈祖信仰日益兴盛，庙宇的分布从海运漕运沿线扩展到了内陆，信仰的人群也从福建移民扩大至浙江本地人。妈祖信仰最早传入浙江的时间在绍兴初年或更早，艮山、嘉兴和宁波都有可能是妈祖信仰的最早传入地。妈祖信仰在浙江的传播过程中，其神格得到了扩大，职能从护航扩展至司雨和平潮护海塘，而且出现了与碧霞元君混同的现象。浙江地方官吏对妈祖信仰表现出很大热忱，无论从祭银上还是从庙宇修建上都给予巨大支持。

福建民俗文化之妇女服饰研析
——以福建“三大渔女”服饰为例

刘丽莉　靳雄步

《戏剧之家》2015 年第 9 期

本文从服饰学的角度对福建东南沿海“三大渔女”——惠安女、蟳埔女、湄洲女传统服饰展开研析；探究“三大渔女”服饰的传承与变异，对她们的服饰现状做优劣分析，并尝试性地提出完善发展方案。

福建省社会科学界 2014 年学术年会分论坛“海洋视野中的妈祖文化与华文文学”学术研讨会会议综述

孟建煌　张宁宁

《国家航海》2015 年第 2 期

妈祖文化源远流长、历久弥新，受到民俗学、宗教学、人类学、历史学、社会学等学科的广泛关注。2014 年 11 月 25 日至 28 日，由福建省社会科学界联合会、福建省台港澳暨海外华文文学研究会、福建省妈祖文化研究会、莆田学院联合主办的“海洋视野中的妈祖文化与华文文学”学术研讨会在福建省莆田市举行。大会有四个分论题：中华文化传承与两岸文化交流、妈祖与施琅、海洋视野中的妈祖文化、海洋视野中的华文文学。

妈祖文化资源数字化保护技术探究

许振和　曾　伟

《莆田学院学报》2015 年第 2 期

阐述妈祖文化资源数字化保护的现实意义和必要性，分析妈祖文化资源数字化技术保护现状和技术特点，重点探讨妈祖文化数字化技术网络数据库技术以及妈祖文化数字化传承保护与传播等问题。

“美丽中国”视角下的中华妈祖民俗体育探析

林顺治

《湘南学院学报》2015 年第 2 期

文章阐述了美丽中国的内涵及根本价值，分析了中华妈祖民俗体育发展的特性及价值：自然性与生态性、时空性与交融性、时代性与社会性；提出了“美丽中国”视角下中华妈祖民俗体育的发展策略：美丽中国是目标，确保项目开发的可持续性；“以人为本”是宗旨，内化生态文明新理念；发展是硬道理，建构妈祖生态体育新文化。

区域“非遗”与旅游深度融合的机制与模式研究
——以莆田湄洲妈祖信俗为例

蒋长春　黄丹凤

《资源开发与市场》2015 年第 4 期

非物质文化遗产是联合国为保护人类传承下来的传统文化提出的概念（简

称“非遗”)。培育和形成以非遗为主要内容的文化产业，进一步推动社会、经济和文化协调发展，使非遗与当代社会相适应、与现代文明相协调，已成为一个新课题。文章以莆田湄洲妈祖信俗发祥地为例，通过调研分析，综合运用系统动力学、协同发展等相关理论，深入探讨了妈祖信俗与旅游融合的影响要素、融合机制与模式。研究结论对旅游业激发非遗、发挥旅游对非遗的传播功能、扩大妈祖文化的影响、提升福建文化软实力，具有十分重要的现实意义和理论指导价值。

明清时期京杭运河沿线区域的天妃信仰

胡梦飞

《淮阴工学院学报》2015 年第 2 期

天妃又称妈祖，是我国东南沿海地区从南到北都崇信的一位女性神灵。基于海运和河运的重要性，南宋以来，历代王朝不断对其进行加封。明代永乐年间京杭大运河全线贯通后，天妃信仰逐渐从沿海扩展到运河沿线区域，祭祀天妃的庙宇遍布运河沿线各州县。官方的倡导和推动以及运河航运的现实需要是天妃信仰盛行的主要原因，福建商人更是在其中扮演了极为重要的角色。天妃庙宇在为明清官方提供祭祀场所的同时，对运河沿线区域民众社会生活也产生了深刻影响。

南宋时期妈祖信仰在福建的传播辨析

陈建生

《福建史志》2015 年第 2 期

福建为妈祖祖籍地，妈祖信仰故里，又因航海之故，其信仰最早开始在沿海传播。本文试通过相关史料，对南宋时期妈祖信仰在福建的传播情况作综合梳理。

中琉交往与妈祖东渡琉球

何振良

《福建史志》2015 年第 2 期

中琉友好交往历史悠久。自明洪武五年（1372）始，中国即与琉球建立官方封贡关系，直至清光绪五年（1879）琉球被日本侵占为止，历时五百余年。其间，中琉两国政治、经济、文化交流频繁，又由于航海的需要，海神妈祖随之东渡，成为琉球人崇祀的主要神祇。

浅析妈祖文化的网络传播

吉 峰

《文化与传播》2015 年第 2 期

分析在互联网等新兴技术与新媒体的承载与支持下的妈祖文化在网站建设、自媒体利用和品牌传播等方面存在的问题，并根据实际情况针对性地对妈祖网站的设计、妈祖文化创意产业、广告宣传和新媒体的开发与利用等方面进行探讨，提出与之密切相关的传播路径，以期为妈祖文化的网络传播提供可以借鉴的思路，更好地促进妈祖文化的传播与发展。

台湾大甲妈祖祭典仪式民俗舞蹈的文化内涵初探

赵雨程

《大众文艺》2015 年第 6 期

台湾大甲妈祖祭典仪式是妈祖文化中最为盛大的民俗活动之一，该仪式中的民俗舞蹈是妈祖信仰体系的重要组成部分，具有独特的文化精神和艺术特征。本文立足于对台湾大甲妈祖祭典仪式的实地考察，通过对妈祖祭典仪式中民俗舞蹈的探究，意在分析其中所蕴含的文化内涵。

浙江妈祖信仰的“佛教化”研究

陈政禹

《浙江档案》2015 年第 2 期

妈祖的宗教属性问题是妈祖研究的一个重要方面。本文从“佛教化”的角度，以浙江地区为中心，通过大量明清地方志的记载，考察了明清浙江妈祖信仰佛教化的类型和空间分布，分析了妈祖信仰在浙江佛教化的原因，指出妈祖信仰与佛教之间的密切关系。

论《湄洲日报》妈祖文化报道及创新策略
——以 2011—2013 年 300 份抽样为例

帅志强　朱志敏

《莆田学院学报》2015 年第 1 期

采取抽样方法对 2011—2013 年《湄洲日报》妈祖文化报道进行内容分析，对《湄洲日报》负责妈祖文化采写的记者进行深度访谈，发现妈祖文化报道存在的问题，从报道议题、报道技巧、报道策划、新媒体利用等方面提出具体的创新策略，以增强报道宣传的效果。

论马来西亚妈祖宫庙与华文教育

林　希

《莆田学院学报》2015 年第 1 期

马来西亚是海外华文教育最为发达、体系最为完备的华人华侨侨居国。但在马来西亚，华文教育长期遭受当地打压，生存环境颇为恶劣。马来西亚的华文教育能有如今的成就，与华人社会的努力和支持是密不可分的。尤其是妈祖宫庙对华文教育的鼎力支持，更可谓是一股不可或缺的助力。

泛动画在妈祖文化产业中的应用形态及其特征

许元振

《莆田学院学报》2015 年第 1 期

文章说明泛动画概念的内涵与外延；分析泛动画在妈祖文化产业中的应用形态有两大类，即静态图形表达方式与动态图形表达方式，分别呈现出“化”与“萌”、“奇”与“幻”的主要特征；探析其形态及特征，将有利于进一步推动妈祖文化产业的良性发展。

台湾屏东乡村的妈祖信仰
——以万丹乡万惠宫为例

杨淑雅

《莆田学院学报》2015 年第 1 期

屏东县是台湾地区农产品重要产地之一。本文以屏东县万丹乡万惠宫为例，介绍宫庙建筑概况，说明该宫是当地民众的信仰中心，而随着社会发展，妈祖在当地乡村神职也产生一定的转变，以此可窥见妈祖信仰对当代台湾乡村的文化影响。

清口地区妈祖信仰与文化遗产综考

奚　敏　徐业龙

《莆田学院学报》2015 年第 1 期

江苏淮阴清口历史上曾经是黄、淮、运交汇之地，为黄淮襟要、漕运锁钥、治水重地，这一地区妈祖信仰盛行。崇祀妈祖既是元明清时期国家治理黄运水患保障漕运安全的重要手段，也成为黄、淮、运沿岸民众的精神慰藉。清口地区诸多妈祖宫庙遗址和以“天妃”命名的水闸、堤坝等水工建筑，以及流传于民间的诸多传说和植根于群众生活的各种民俗文化，为妈祖文化在运河沿线的传播提供了重要的历史实证。

海峡两岸文化共同体的媒介呈现
——以“妈祖之光”大型电视晚会为例

连水兴　郑登滨

《中国广播电视学刊》2015 年第 2 期

妈祖信俗是海峡两岸文化“同源性”的重要体现，也为当前海峡两岸传媒业的合作提供了重要的文化契机。“妈祖之光”作为海峡两岸共同合作推出的大型电视晚会，在民间文化的表达、传递与接受方面，都有着独特的呈现。本研究通过探讨大型电视晚会“妈祖之光”的媒介表达与传播效果，阐释了大众传媒、民间信俗与海峡两岸“文化共同体”的建构三者之间的关系。

略论天津天后宫与道教文化的关系

刘 芹

《中华文化论坛》2015年第1期

天津天后宫与道教文化有着密切的关系。天后宫建筑特色、妈祖与众道神的关系、对天后宫的管理以及妈祖信俗活动的组织安排等，天津妈祖文化与道教文化都有着千丝万缕的关系，道教为天津妈祖文化的传承发展作出了贡献，妈祖文化也丰富了天津道教文化。

浮动的“中心”：湄洲岛妈祖信仰空间考察

吴晓美 周金琰

《民俗研究》2015年第1期

台湾的祭祀圈（信仰圈）理论，为研究汉人民间信仰提供了一个具有参照性的体系架构。台湾的妈祖信仰具有完全民间性的特征，这与湄洲岛的妈祖信仰不同。湄洲岛的妈祖信仰空间由本岛14间妈祖宫与祖庙组成，其祭祀组织可划分为以祖庙为中心的地方性信仰组织与全球性信仰组织。前者具有民间性特征，祖庙作为全岛祭祀中心，与各社区有着紧密的互动联系，中心与地域相叠合；后者则因国家政治、地方形象塑造和旅游经济等外力的介入，形成官方与民间并行的权力结构，本岛社区在祖庙管理中被边缘化，信仰中心浮动于地域之外。

从宋故清河张氏墓志铭辨析妈祖名字

唐宏杰

《福建史志》2015年第5期

本文从福建省闽侯县南屿大学城工地内发现的“宋故清河张氏墓志铭”中发

现海神妈祖真实姓名的重要信息，并对其进行辨析。

从妈祖生平传说故事探论妈祖信仰之宗教属性

杨淑雅

《高雄海洋科技大学学报》第 29 期

妈祖原本是地方上一位具有神奇能力的女性，因为她救助人民及国家等灵验事迹不断地展现与流传，民间自然形成妈祖信仰。但妈祖的信仰无固定教义、无专有教仪，甚至无教团，因此有些宗教无形中将妈祖纳入其宗教神祇。而妈祖信仰应属于何种宗教，目前尚无专门论述的文章。本文试图从妈祖生平传说故事的内容特色，探讨妈祖信仰之宗教属性。

海洋台湾的民俗与信仰传统：以妈祖与王爷为例

张　珣

《台北城市科技大学通识学报》第 4 期

（略）

以“文化记忆”诠释“妈祖接炮弹”传说

吴炳廷

《有风初鸣年刊》第 11 期

妈祖是台湾地区民间信仰里最常见的神明之一，其神迹传说自古以来便盛传不断。妈祖原先只是个守护海上渔船安全、拯救其免于海难的女神，但渐渐地随着信众的越来越多，显灵救难的范围也渐渐扩大，到今天已经成了一位万能的女神。而第二次世界大战期间，台湾历经美军无数次的轰炸，各地妈祖庙纷纷出现了妈祖显灵替居民抵挡炸弹的传说，这些传说绘声绘影，完全不亚于妈祖数百年来的神迹故事，这是因为自古以来，妈祖救难的神迹传说，在信仰妈祖的信众心中形成了一个救难的“文化记忆”，此种深铸在信众心中的记忆，与后来战争逃离空难的“集体记忆”融合，于是便有了“妈祖接炮弹”的神迹传说了。

面海的女神
——台中滨海妈祖庙文物资源调查与研究

李建纬　张志相　林郁瑜

《庶民文化研究》第 12 期

清代的妈祖庙中，北港朝天宫、鹿港天后宫与彰化南瑶宫皆位于中部地区，显示出中部地区为台湾妈祖信仰之重镇。日据时期，中部妈祖成为台湾妈祖信众的朝圣地；然而，相对于今日声势赫赫的大甲镇澜宫，早年发展的天后宫庙显得些许落寞，特别是在台中滨海妈祖庙中，有不少拥有历史故事性且特殊的信仰祭仪、祭祀组织与驾前团体，甚至藏有大量的历史文物，具高度的研究、观光发展与文化创新的潜力。有鉴于此，本文以台中地区开发较早且具鲜明的区域特色之滨海地区妈祖庙为对象，择其清代以前创建、但香火却未如早年鼎盛之宫庙，以庙内所见物质文化与其信仰为调查重点，从在地化的视野与社会实践角度，进行讨论。

小学生参与北港妈祖绕境艺阁表演活动的体验、体验价值与满意度研究

钟志强　陈雅婷　黄孟立

《管理实务与理论研究》第 9 卷第 2 期

（略）

妈祖造像、挪用现象与“标准化”问题讨论

张　珣

《考古人类学刊》第 82 期

（略）

节庆游客的体验对满意程度、忠诚度及地方意象之影响
——以大甲妈祖绕境为例

李君如

《人文与社会学报》第 3 卷第 4 期

（略）

做醮与地方社会：以埔里两次醮仪为例

梅慧玉

《民俗曲艺》第 187 期

本文以“通过仪式”（rite of passage）与“仪式化”（ritualization）概念探讨埔里做醮的在地观点。醮祭一般被视为是具有宇宙秩序重建、社区洁净意涵的社群仪式，但此论点往往依据道士行仪演法而陈述，本文则从庙门外的热闹探讨起，阐释“做醮即普度”与做醮包含了“如何做醮”的在地思维。“做醮即普渡”涉及醮仪与地方宗教社会公共性脉络的连结，尤其是鸾堂化与龙华化的影响；不同范畴的行动者“如何做醮”展演了建构地方社会共同体的仪式化过程，他们不仅进行竞合协商的权力角逐，同时也因举醮所设置的多元实践场域而体验交融状

态，完成各自所处脉络的社群通过仪式。埔里个案说明道士行仪演法与地方之间存在着复杂的辩证关系，科仪表是醮祭流程的主轴，但就如何做醮层面而言，科仪的内容与风格须符合地方传统。道士虽负责设坛祭神，但几种来自不同脉络的作用力，包括地方权力网络的变化、道坛的职场竞争以及区域性科仪惯例等交错影响如何做醮，本文的研究说明只凭借分析仪式专家展演的研究切点不能充分解读醮祭转化地方的议题。

台北市寺庙之游客参访动机与满意度之研究
——以万华（艋舺）龙山寺及财团法人行天宫为例

时台华　吴盈萱　邓序彤

《商业现代化学刊》第 8 卷第 1 期

（略）

清代南鲲鯓庙兴盛原因之探讨
——以民间传说为主要分析对象

谢贵文

《台湾文学研究集刊》第 17 期

位于台南北门偏乡、被誉为王爷总庙的南鲲鯓代天府，在清代中叶已是全台知名的庙宇。本文主要透过民间传说的分析与解读，指出该庙兴盛的原因有四,一是南鲲鯓与倒风内海的地理环境，加上五王随王船漂流而来，都使其香火具有开放性，可以自由地向外传播。二是五王以“代天巡狩”进行“标准化”的改造，不仅规避官方对“淫祀”的打压，也借此扩大信众基础，并获得官员的支持。三是五王定期出巡府城、盐水与麻豆，并扩及澎湖，过程中所展现的神迹及与各地庙宇、神明、居民的结盟，都加速其信仰的扩张。四是五王原具有“邪神”的性格，特殊的灵验性与位阶不高、不受约制的神格，都符合台湾社会的边缘性而能吸引广大庶民，使该庙更加兴盛发展。

明末清初期における媽祖伝説の変容：媽祖の出生故事を例に

川岛麻衣

《中国俗文学研究》

文章比较分析了明末清初带有佛教色彩的《三教源流搜神记》、章回小说《天妃娘妈传》、妈祖传说的集大成《天妃显圣录》三种文献中妈祖的家庭环境、诞生细节的异同，解读了三种性质各异的出版物对妈祖诞生故事的不同诠释。

妈祖学专著评介

《妈祖学概论》评介

王震中①

《莆田学院学报》2015年第1期

莆田学院妈祖文化研究院院长黄瑞国教授主编的《妈祖学概论》由人民出版社出版，该书系“福建省高校服务海西建设重点项目·妈祖文化传承与海峡西岸经济区建设”研究成果之一。本书是海峡两岸也是全世界首部提出“妈祖学”这一概念、并系统加以论述的学术著作，因此出版后在海峡两岸妈祖文化学界以及海外引起巨大反响。

《妈祖学概论》共58万字，16开，630多页。全书设计淡雅，装帧精美，由莆田学院多个院系的四十多名学者合撰而成。书中章目设置为：绪论、妈祖术语、妈祖文献、妈祖信仰发展简史、妈祖文化传播、妈祖神灵体系与灵媒、妈祖宫庙、妈祖信众与妈祖组织、官方妈祖祭典与仪式、妈祖民俗、妈祖信仰与宗教、妈祖精神、妈祖与国家事务、妈祖文化遗产、妈祖与海洋文化、妈祖文学、妈祖工艺美术、妈祖音乐与表演、妈祖民俗体育、妈祖与医学人文、妈祖文化与旅游、妈祖与华人华侨、妈祖文化创意产业等共计23章，约100节；另有“传播妈祖文化重要历史人物”“国家级、省级妈祖信俗重点文化保护单位名录”和“《福建省涉台文物名录》中的妈祖文物（2011）”3个附录。

全书结构严谨，内容颇为全面，涉及与社会学、宗教学、历史学、考古学、经济学、外交史、科技史、人文医学、海洋文化、文学艺术、民俗体育等众多学

① 王震中（1957— ），陕西三原人，中国社会科学院学部委员，中国社会科学院历史研究所副所长、中国社会科学院研究生院历史系主任，教授、博士生导师。

科的关系，涵盖了妈祖物质文化、制度文化、行为文化、心态文化等各个层面。该书不但厘清了妈祖信仰、妈祖信俗、妈祖文化、妈祖学等学科概念，而且阐明了建立妈祖学的必要性、可能性以及妈祖学的性质、特点、研究原则与方法等，集史和论、理论与实践于一体，是妈祖文化本体论和认识论的统一。该书从多学科角度切入，论证妈祖学这门新兴文化专学的综合和多学科的属性，是一部将妈祖文化理论化、学科化和时代化的著作，对夯实妈祖学理论基础、打造妈祖学学科体系、凸显妈祖文化学术价值等，均具有重要现实意义和深远的影响。

作为第一部大部头的妈祖学著作，自然还不能尽善尽美，如书中一些资料还可做进一步精选；一些内容如妈祖与海洋文化、与海上丝绸之路关系等可进一步充实。世界和平女神妈祖的故乡在莆田，莆田学院是妈祖学研究的重镇和中心，当前，"妈祖学"方兴未艾，我们期待莆田学院"妈祖学研究丛书"系列的其他著作亦能早日面世，以嘉惠学林，不断推进妈祖学研究向纵深发展。

简评《莆田妈祖信俗大观》的特色

潘真进①

《莆田学院学报》2015 年第 1 期

《莆田妈祖信俗大观》一书主编和编委会主任为林国良，副主任为郑世雄、刘福铸。该书由中华妈祖文化交流协会组织莆田市十多位妈祖学者合撰而成，由海风出版社出版。全书 52 万字，16 开，布面精装，典雅大方。这是第一部全面系统介绍和展示莆田妈祖信俗的专著。全书分为祭典、节庆、进香、神器、供品、出游、艺文、习俗、祈愿、传说等 10 篇；每篇下再分章节，共计 41 章 145 节。纵观这部巨著，我认为有如下特色：

第一，纵横交错，古今贯通。妈祖信俗以崇奉和颂扬妈祖的立德、行善、大爱精神为核心，以宫庙为主要文化活动场所，以习俗和庙会等为表现形式，其内涵十分丰富。妈祖祭典与祭黄帝、祭孔子并列国家三大祭典。本书以妈祖故乡作

① 潘真进（1958— ），男，福建莆田人，《湄洲日报》主任编辑。

为典型蓝本，采用纵横交错，古今贯通方法来展示妈祖信俗这项中国唯一的信俗类“人类非物质文化遗产”。如在“祭典”篇中，从妈祖祭典的宋代雏形、元代升格、明代发展、清代规范，一直到当代湄洲妈祖祭典，进行了“纵”的探源溯本；同时又有湄洲青浦底海祭、文峰宫三献礼、贤良港祖祠祭仪、仙游龙井宫祭仪等“横”的叙述。在第十篇“传说”中，也有“古籍所载妈祖传说”和“古代妈祖民间传说”以及“现当代妈祖民间传说”的明确时间标识。其中宋代又分为妈祖成仙前和成仙后两个时段。书中各篇均注意时间的延续和莆田各地不同特点的例证，纵线和横线交互印证。

第二，点面结合，详略有致。妈祖信俗与百姓生活水乳交融，已成为中华民族优秀传统文化的组成部分。莆田妈祖信众在妈祖信俗活动中，都会献祭供品、表演舞蹈和进行其他信俗活动。妈祖宫庙和个人家庭中，各类规模的祭祀仪式也全年不停歇地进行着。因此仅是莆田的妈祖信俗活动，也呈现各种各样纷繁的程式科仪。本书删繁就简，分门别类，做到点面结合，详略有致。如在“妈祖陪神”章节中，详记妈祖信俗发祥地湄洲祖庙的陪神，略述莆田其他妈祖宫庙陪神。又如“出游”篇中，既综述妈祖出游特色，又详细分述出游过程，还重点记述元宵妈祖出游和湄洲妈祖出游，在“其他宫庙出游举隅”中则略述10家妈祖宫庙出游概况。

第三，图文并茂，赏心悦目。为了全面真实地展示妈祖信俗这项“世遗”，本书构架合理，层次明晰。特别是书中插入了四百多幅彩色图片，为本书增色不少。如“节庆”篇中有妈祖诞辰进香场景、妈祖庆诞民俗表演场面、升天纪念日和海祭等彩照，还有祈年庙会、妈祖文化旅游节等活动情景照片。其中中央电视台“心连心”艺术团以两岸情缘为主题赴湄洲岛慰问演出和中秋晚会等的大场面照片，增加了妈祖活动的直观感；又如“供品”篇中的花筵、武筵、文筵、蔗塔、桔塔、糕塔，“神器”和“艺文”等篇章中的许多实物照片插图，都恰到好处，给人以赏心悦目之感；就是在“传说”篇中也配有精美彩图，可帮助读者理解内容。

另书末的“莆田市妈祖信俗相关非物质文化遗产名录”对于读者进一步了解与妈祖信俗相关的非遗文化亦极为有用。总之，本书一卷在手，可尽览莆田妈祖信俗全貌，称为“大观”，名副其实。

《妈祖祭典》：一部填补空白的新专著

黄海德[①]

《莆田学院学报》2015年第3期

妈祖祭典是人类非物质文化遗产“妈祖信俗”的重要组成部分，但学界尚无专著予以研究；中华妈祖文化交流协会副秘书长兼学术部主任周金琰先生撰写的《妈祖祭典》，由山东友谊出版社出版，首次对妈祖祭典进行了客观全面的考察和研究，填补了该项研究的学术空白。该书出版以后在海峡两岸以及海外的妈祖文化界引起了广泛的关注和反响。

《妈祖祭典》为16开精装，约32万字，装帧淡雅庄重，印制精美。该书系国家出版基金项目“非物质文化遗产记忆档案”系列丛书之一，作为献礼中华妈祖文化交流协会成立10周年的专著，特色明显。

妈祖信仰属于民间信仰的范畴，各地祭祀习俗各具特色，但长期以来缺乏详细完整的文字记载，故留存史料很少。本书作者充分利用平时参加各地妈祖活动的多种机会，开展实地考察，留心搜集资料，结合口述访谈等，积累了许多田野调查的第一手资料，然后加以分类整理选用。书中所述，既有妈祖文化“核心区相关活动”的田调资料，也有妈祖文化“流播区祭祀活动”的实际记载。此外，作者还注意搜集海外妈祖祭祀活动的有关资料，介绍了许多海外的妈祖祭祀活动。该书资料翔实，学术视野开阔，是研究妈祖祭典不可或缺的重要参考书。

该书丰富的史料奠定了坚实的学术基础，作者对相关妈祖祭祀的学术问题进行了客观论证，观点明确，史论结合，间有新见。如有关元代朝廷对妈祖祭祀的“褒封”问题，作者通过详细考察和研究，得出结论：“褒封因漕运而起，也为保佑漕运顺利，安定当时的社会，发展经济，缓解官民紧张的关系起到了很大的作用。”又如对湄洲地区的妈祖祭典，书中论述了湄洲祖庙妈祖祭典的地位、作用与意义，并明确指出：“在妈祖文化处于断层的危急时刻，湄洲妈祖祖庙重新进行了妈祖文化的各

① 黄海德（1953— ），祖籍湖北宜昌，华侨大学哲学与社会发展学院教授，博士生导师，宗教文化研究所所长。

项恢复，其中妈祖祭典就是恢复妈祖文化的最重要内容。”明确告知世人当代的湄洲妈祖祭典并不是古代祭典的翻版或照搬，而实际是特殊时代恢复的文化产物。

该书所论，涉及“妈祖信俗发祥”“妈祖祭典的历史沿革”“妈祖信仰核心区相关活动”“妈祖信仰流播区祭祀活动（一）（二）”“妈祖祭典”“相关祭祀”“祭祀供品”“妈祖祭典”“‘非遗’保护”等九个方面的内容，并按此分为九个篇章。由此可知,《妈祖祭典》所述实际属于广义祭典，其中包括了有关妈祖信仰多种类型的妈祖祭祀活动。书中的内容安排，先述妈祖信俗发祥简史，再对妈祖祭典历史沿革予以考察，并按妈祖信仰核心区、流播区顺序叙述海内外各地多种类型的妈祖祭祀活动，如此则纵横结合，主次分明，也凸显了妈祖祭典的时代性、地域性和草根性。

全书彩色印制，配有三百多幅彩色插图，图文并茂。在编排方面，还充分利用彩色排印长处，文中的各章节大小标题，也使用不同字号和不同颜色来印刷，使纲目更加分明，令人赏心悦目。

《妈祖祭典》一书客观全面地叙述了各种妈祖祭祀活动，对研究祭祀文化，传播妈祖精神，弘扬中华文化都具有重要的学术价值和现实意义。诚如中华妈祖文化交流协会常务副会长林国良在再版序言中所说：“全书立足妈祖信俗发祥地湄洲，在客观、全面、详尽描述湄洲妈祖祭典的基础上，也关照其他妈祖传播地的祭祀活动，点面结合，主次分明。……相信,《妈祖祭典》的出版发行，对于弘扬妈祖精神传承优秀传统，尤其是祭祀文化，必将发挥积极作用。”妈祖信仰传播久远，信俗多彩多姿，希望作者能继续搜集更多的妈祖信俗资料，将来可把本书修订得更加充实完善，俾助于妈祖文化的深入研究。

《妈祖文献整理与研究丛刊》述评

孙　晓[①]

《莆田学院学报》2015 年第 4 期

《妈祖文献整理与研究丛刊》（第一辑）由鹭江出版社出版，丛书共 20 卷，

① 孙晓（1963— ），祖籍河南正阳，中国社会科学院历史研究所研究员、文化史研究室主任、博士生导师。

16开精装，厚重大方，收录有关妈祖文献达一百多种，是目前海内外篇幅最大、内容最为丰富的妈祖文献丛书，部分文献属于首次面世，堪称妈祖文献整理研究的标志性新成果。

该丛书是“国家十二五重点图书出版规划项目”和“国家古籍整理出版规划项目”的成果，也是中国社会科学院历史研究所妈祖文化研究基地、福建省社会科学研究基地莆田学院妈祖文化研究中心和莆田学院妈祖文化研究院合作主持的一项重大研究成果。该丛书主编刘福铸，副主编翟金明、林明太。在编纂过程中，由莆田学院妈祖文化研究院和中国社会科学院历史研究所专家组成的编委会起了重要的组织协调和指导作用。

2009年“妈祖信俗”入选联合国《人类非物质文化遗产代表作名录》后，妈祖文化日益受到海内外学者的关注，但与日益升温的妈祖文化研究热不相匹配的是，妈祖文献挖掘整理和出版方面尚无大的突破，致使研究成果重复、雷同现象严重。因此，开展搜集整理研究妈祖文献这项基础性工作，正好因应了新形势的急切需要。

丛书搜集的妈祖文献范围较为广泛，在文献搜集标准方面，与原来编纂的排印本《妈祖文献史料汇编》不完全一样。丛书不但着眼于文献的稀缺性，也注重文献对实际研究的需要。所收文献包括九大类:（1）文学类：主要有小说、戏曲，如《天妃娘妈传》《奉天命三保下西洋》。（2）传录类：即妈祖志书，如《天妃显圣录》《湄洲屿志略》。（3）图志类：如《天后圣像图志》《天后圣母事迹图志》。（4）经忏类：即经书、宝忏，如《天上圣母真经》《弘仁普济天后救苦灵验宝忏》。（5）籤谱类：包括籤诗、药籤，如《天后元君灵籤》《中港慈裕宫药籤》。（6）典簿类：如《湄洲妈祖祭祀簿》《濬川天后会簿》。（7）会馆类：如《湘潭闽馆类成堂集》《闽中会馆志》。（8）考证类：如《天津皇会考》《福建三神考》。（9）相关类：范围较广，如使琉球录、水路簿、族谱、诗文集、笔记等。因考虑彩色绘画如用黑白印刷，文献的价值将大打折扣，所以这一辑丛书中，没有收录彩色绘画文献。

丛书采用的是影印整理方式，最大限度地保证了文献的完整性、原真性和可靠性，使研究者不再需要去苦苦寻找原始文献进行核对或存疑争议。另外，丛书“前言”简述了妈祖文献整理研究的历史，并对今后愿景进行了展望；在每种文献前也都撰有“解题”，供读者参考。

近年，莆田学院妈祖文化研究院提出了“妈祖学”概念，并编纂出版了学界第一部《妈祖学概论》专著，引起同仁的巨大关注。妈祖文化研究的确应进一步时代化、学科化，并固化其学科特质。目前，从妈祖研究到“妈祖学”已成为学界共识。而妈祖学的建立，不是只有一部《妈祖学概论》就能解决的，它必须有系列研究成果来共同支撑，其中就包括妈祖文献的整理与研究。因此，这部丛书的出版对夯实妈祖学学科基础也具有重要意义。笔者曾提出“妈祖藏”概念，获得学界的赞同，希望这部丛书能成为“妈祖藏”工程的一个良好开端。

评简而不俗的《妈祖文化简明读本》

王朝明[①]

《莆田学院学报》2015 年第 4 期

2009 年，联合国教科文组织将妈祖信俗列入《人类非物质文化遗产代表作名录》，标志妈祖信俗从此真正成为了全世界人民共有的文化遗产。当下，在 21 世纪海上丝绸之路建设中，作为“海丝”一面旗帜的妈祖文化，其研究更是风生水起，方兴未艾。在此背景下，作为一般妈祖信众和普通游客，都十分希望了解妈祖文化的一些基本知识，而目前市面上缺乏这类简明通俗的读物。中华妈祖文化交流协会组织编写的《妈祖文化简明读本》，正好契合了这个急需。

《妈祖文化简明读本》30 万字，16 开精装，由海风出版社出版。主编林国良，副主编郑祖杰、刘福铸、苏健、周金琰。该书的编者们都是多年从事妈祖文化的研究者，也是历年重大妈祖活动的见证者和亲历者。因此他们能从汗牛充栋的妈祖文献资料中披沙沥金、去伪存真，又能吸纳海峡两岸专家学者的最新研究结果，对妈祖文化进行了一次全面梳理，从而为读者奉献出这样一本简明扼要、客观严谨的妈祖文化权威读物。

---

① 王朝明（1970— ），男，福建莆田人，《湄洲日报》专刊部编辑。

全书共分六章。第一章介绍妈祖生平家世，编者并不纠缠于繁琐的考证，主要依据明代《天妃显圣录》等权威史料，把约定俗成的说法向读者做了介绍。第二章主要从祖庙沿革、历代褒封、传播轨迹等三个方面来叙述和揭示妈祖文化的起源、传播与发展进程。第三章选取具有代表性的十则妈祖传说故事进行诠述。第四章介绍了十多项较典型的妈祖信俗活动，彰显妈祖习俗的丰富性和草根性。第五章选择一些具有一定代表性的诗词、对联、赋文加以注释简析，得窥妈祖的“雅”文化之一斑。第六章则从精神内涵、文化特征、社会功用和重要意义四个方面阐述妈祖文化的价值、作用和意义，重点阐释了“立德、行善、大爱”的妈祖精神内涵精髓。总体看来，该书以做学问的态度对待妈祖文化研究中的主要问题，叙述严谨、客观、稳健、明晰，灼见叠呈。如在第二章“信仰传播”中，编者就颇有见地地指出，在妈祖文化传播的不同时期存在着一个共同的规律，那就是妈祖文化与当时的社会背景和人们的思想观念存在着密切联系，与当时的社会经济、政治生活和文化背景等各因素相互融合、密不可分。作为一个佐证，如在第六章中，编者对妈祖文化的核心内涵介绍就显然带有鲜明的时代印记。

全书各章节采用“文字叙述 + 插图 + 延伸阅读”形式，则是体例方面的创新，其意在满足不同层面的读者需求。“文字叙述 + 插图”突出介绍妈祖文化常识，并配有适量插图，力求达到图文并茂的效果；“延伸阅读”则是在妈祖文化常识基础上，选择一些相关学术内容，以扩大知识容量，供探究型读者参考。妈祖文化博大精深、内容丰富，而该简明读本是简而不俗，简明性和资料性兼顾。该书的出版发行，必将为更多的读者走近妈祖、学习妈祖精神和研究妈祖文化开启一扇方便之门。

妈祖类文章

点头天后宫的西洋彩绘

张先清

《寻根》2015 年第 6 期

本文沿着海上丝绸之路追寻中国人的航海文化，谈到福建省福鼎市点头镇天后宫的建筑风格、西洋彩绘及其蕴含着的闽东人融入海上丝绸之路的一段珍贵历史记忆。

象山渔区民俗文化大巡展

沈婷婷

《海洋世界》2015 年第 10 期

本文生动地记录了浙江省象山县石浦镇举行的渔区民俗文化大巡展活动的全过程。

象山举行渔民谢洋节

章勇涛

《宁波通讯》2015 年第 12 期

本文记录了 2015 年 5 月 30 日象山石浦渔港以“感恩海洋、与海生息、祈福、平安”为主题举行渔民谢洋节的过程。

石浦港妈祖巡安仪式

沈婷婷

《海洋世界》2015 年第 10 期

本文记录了石浦港妈祖巡安仪式的过程。

妈祖文化景观的重要组成部分
——莆田湄洲岛妈祖祭典

佚　名

《地方文化研究》2015 年第 1 期

本文对莆田湄洲妈祖祭典进行简要介绍，妈祖祭典于每年农历三月二十三日举行，妈祖信众以妈祖宫庙为主要活动场所，向妈祖献礼、膜拜，以表达对妈祖的虔诚之心和对美好生活的期许。

澳门妈阁庙

陆　琦

《广东园林》2015 年第 1 期

澳门民间流传一种说法："先有妈阁庙，后有澳门城"，可见妈阁庙历史之悠久，是澳门三大古刹中最古老的一座。本文对澳门妈祖庙进行了介绍。

历代妈祖神像鉴赏

唐宏杰

《东方收藏》2015 年第 2 期

随着妈祖信仰的传播范围和影响越来越大，妈祖也从一名地区性神祇变成无所不能、有求必应的全国性的海神，供奉其神像的大小妈祖庙宇也逐渐遍布海内外。目前，各地许多博物馆和私人收藏家手中，都收藏着数量不等的妈祖雕像。本文对不同的妈祖神像进行分类、鉴赏。

湄洲岛观潮

陈舟宝

《绿色中国》2015 年第 7 期

本文生动形象地描述了湄洲岛观潮盛况。

赤坎文章湾“簕古龙”

林保虔

《源流》2015 年第 10 期

本文生动地描述了赤坎区文章湾村天后宫巷“簕古龙”的盛况。

妈祖耀千年 福佑新南沙

林保虔

《源流》2015 年第 6 期

本文生动地描述了以“妈祖耀千年 福佑新南沙”为主题的广州南沙妈祖文化旅游节。

象山：五彩纷呈的渔文化

佚 名

《宁波通讯》2015 年第 8 期

象山渔文化历史悠久，根系散发着浓郁的海味。此外，它是除了福建、广东以外，信奉妈祖比较集中与兴盛的地方。本文详细介绍了象山的渔文化。

道教何以崇拜女性

熊施施

《文史博览》2015 年第 7 期

道教对女性的尊重，在中国传统文化中表现得非常独特。在道教的神仙谱系中，西王母为女仙之首。在她麾下，南有航海女神天妃娘娘（妈祖），北有碧霞元君，分别受到南北香客经久不衰的崇拜。

失而复得的郑和碑

赖 晨

《福建史志》2015 年第 2 期

“郑和碑”是明朝宣德六年（1431）十一月，郑和等在长乐时，树立在南山天妃（后）宫的石碑，是现存有关郑和航海史的七方珍贵刻碑之一。碑文明确记载了郑和七次下西洋的时间及前六次访问亚非国家与地区的状况，并褒扬了在航海过程中天妃娘娘（妈祖林默娘）的保佑之恩德。

“福”文化的传承与嬗变
——妈祖祈福活动中的“世界福”标志创意之我见

柯立红

《美术观察》2015 年第 3 期

标志是无国界的，是人类世界通用的语言。在 2013 年 6 月举办的第五届海峡论坛莆田妈祖文化周的活动中，许多海报、招贴宣传画、广告语、彩旗以及精致设计的令旗都别开生面地为“台湾千尊妈祖湄洲谒祖进香驻跸祈福活动”营造出一种具有浓厚“福”文化气息的典礼氛围，也充分表明了妈祖祈福活动和“世界福”标志创意理念的成功融合。

规格最高、规模最大的“妈祖庙”
——泉州天后宫保护

宋菀之

《中华建设》2015 年第 2 期

长期以来，由于妈祖故里莆田隶属于历史上的泉州管辖，也由于泉州一度为中国最大的对外贸易港口，随着泉州民众不断地向东南亚各国及台湾移民和进行海交贸易活动，妈祖信仰经由泉州向这些地区广泛传播。作为妈祖庙的始祖，泉州天后宫自建至今，历经了 14 次的修缮工作。经历多年间不断的维修恢复，泉州天后宫基本恢复了历史鼎盛时期的风貌。

博士后论文

妈祖图像研究

肖海明

（中国社会科学院 2015 年，指导老师：金泽）

（略）

博士论文

山东地区妈祖信仰研究

李　凡

（山东大学 2015 年，指导老师：叶涛）

妈祖信仰的分布十分广泛，但对其研究却是“南热北冷”。通过梳理妈祖信仰研究的相关文献可以发现，妈祖信仰研究的热点集中于闽粤台港澳等地区，中国北方的研究相对较少，山东省的研究更少。虽然在山东沿海和沿运河地区，妈祖信仰也颇为兴盛，与当地的龙王信仰并列为最基本的海上信仰，但学界对山东妈祖信仰的研究关注度低，并且起步较晚，研究内容以传统史学为主，主要研究山东妈祖信仰的传播史，近几年才逐渐出现了人类学、社会学等多学科的研究，但这方面的研究仍然较少。总体来看，山东的妈祖信仰研究缺乏整体性和当代性的关注。论文选题正是基于这种研究现状，选取了山东地区的妈祖信仰为研究对象，本文拟在吸收以往研究成果的基础上，关注山东妈祖信仰的整体性研究和现状研究。

第一，考证辨析妈祖信仰是何时传入山东的，传播路线是什么，并根据文献资料整理出山东地区的妈祖信仰分布区域，根据统计整理出妈祖庙的具体分布情况。通过分析，本文认为，妈祖信仰在元代时传入山东，形成了两条传播路线，东线是海运航线，西线是运河沿线，在东西两线上修建了近五十座妈祖庙。从清朝末期开始，山东的妈祖信仰就进入了衰落期，这与漕运的终止、福建商人的撤离、妈祖信仰自身的发展、国家的政策等诸多因素有关。

第二，在关注历史传播的基础上，本文重点关注的是妈祖信仰在山东地区的当代复兴，以展现妈祖信仰在山东的发展现状。在田野调查中，笔者发现，妈祖信仰在山东的当代复兴出现了两种趋势，在山东沿海乡村和城市的传播情况不同，因为不同的生态语境，致使妈祖信仰在乡村和城市的传播原因、方式、功能都有很大区别。在乡村中，妈祖信仰的复兴是基于民众内在的信仰需求，因而保持了妈祖信仰的本真性，妈祖庙也是作为纯粹的庙宇而存在。在城市中，妈祖信仰的复兴得益于国家的鼓励与提倡、旅游业的带动，因而妈祖信仰的宗教意味被弱化，世俗性得以凸显，妈祖庙也具有了政治、经济、文化、娱乐等多种功能。从表面上看，当前妈祖信仰在山东的迅速“复兴”呈现出一派“欣欣向荣”的局面，但实际上，复兴的背后潜藏着信仰缺失的巨大威胁，是一种衰落中的复兴。

第三，妈祖庙是妈祖信仰的载体，本文还对山东的妈祖庙进行了研究，举例了山东当前最有代表性的妈祖庙，并讨论山东妈祖庙的官方与非官方属性，分析妈祖庙里的神灵供奉格局，辑录妈祖庙里的碑文，并对碑文进行分析。分析表明，山东妈祖庙的神灵供奉具有多神共祀的特点，妈祖信仰的宗教属性不明确，兼有儒释道的特征，这从碑文中也可以反映出来。

第四，通过妈祖信仰在山东地区的历史传播和当代复兴的考察，可以看到妈祖信仰在山东发展的全貌。但妈祖信仰传入山东以后，还经历了与本地文化的融合而实现了本土化，因此，还需要关注地域情境中的妈祖信仰文化元素，本文主要从妈祖的名称、妈祖的神职、妈祖的神格、妈祖信仰对当地社区与民众的影响四个方面进行了探讨。

最后，本文对山东妈祖信仰的发展进行了思考。笔者发现，与以福建为代表的中国南方地区的妈祖信仰相比：山东地区的妈祖信仰既有标准化的一面，将妈祖庙命名为“天后宫”“天后圣母宫”等，还采用了湄洲祖庙的祭典；同时也具有本土化的特征，山东民间将妈祖称为“娘娘”，并采用当地的仪式来祭祀妈祖。这种现象表明，山东妈祖信仰虽然有标准化的一面，但其标准化是不彻底的，是基于本土化的标准化，这实质上更是一种“半标准化”。

金门碑铭石刻调查与研究

叶钧培

（福建师范大学 2015 年，指导老师：陈庆元）

碑铭因具有不易损坏特性，成为史料中的第一手资料。本研究以金门田野碑铭调查为基础，经长期调查发现：金门碑铭计有 2151 方。寺庙碑铭，记录建庙及捐款善信，亦可作为地方历史及姓氏分布的最好佐证；壁画上的文字深具内涵，但尚未有人提出专文论及，本文通过对壁画中的文字研究，点出其价值的所在。

本研究绪论除外，内文分为上篇及下篇。上篇为金门碑铭调查，分为两章，第一章为碑铭概论，第二章为金门碑铭分类。下篇重点为碑铭的价值，用以诠释碑铭的内容，分为七章。

第一章：碑铭订补研究——以“福建宗教碑铭汇编泉州府分册”订补为例：笔者曾到金门各处，收集碑铭，利用第一手实物，用于汇编一书的校正及增补证据，并且认为要做汇编的工作，现存碑铭实物是最可靠的证据。

第二章：墓葬碑铭研究——以“金门墓道碑及墓志铭”为例：本章以文献为

主，所以注重墓道碑及墓志铭的文献（史料）的收集。

第三章：寺庙碑铭研究——以“妈祖信仰”为例：以妈祖碑铭来分析寺庙的内容，另由善信捐献，可知妈祖信仰，遍及全岛。

第四章：辟邪碑铭研究——以“风狮爷碑铭”为例：明末清初，金门风沙为害，居民设立石狮子以御风害，使金门的石狮爷变为风狮爷。烈屿则设立白鸡以御灾害，金门的风狮爷及烈屿的风鸡则成为金门文创的素材来源。

第五章：砖契碑铭研究——以“庙祠砖契”为例：金门砖契是寺庙或宗祠奠安完成后的重要证物，笔者把所收集的砖契抄录并加以探讨，有助于了解金门人为何重视奠安庆典的埋砖契行为。

第六章：壁画碑铭研究——以“上林寺庙壁画”为例：烈屿乡寺庙中壁画上的文字，在一般人表面看与其他壁画并无二致，然而笔者通过比对的方式，可发觉该村的姓氏及其数量分布。

第七章：碑铭与观光：摩崖石刻大都位于风景区，对摩崖石刻的了解，为观光旅游注入深度与活力。

结论：碑铭实物是不易损坏的第一手资料，本研究在对金门的碑铭全面调查的基础上进行，为金门建立了最完整的原始的碑铭资料，可为纠正出版物的误录提供佐证。壁画上的题字，可分析出该村的姓氏分布及婚姻状况，是本论文的首次提出，是属创新论点。通过全面性的调查发现，有许多碑铭不曾于文献中出现过，本研究的贡献是完整地记录金门碑铭，并发现许多文献的缺漏，借由本文可弥补文献中碑铭的缺失与误录。

妈祖信仰故事研究：以大陆沿海、台湾地区为主要考察范围

谢瑞隆

（台湾中正大学 2015 年，指导老师：王三力、谢明勋）

妈祖因其信仰故事等传播而拓衍出各种信仰文化，诸如神性发展、神格演

升、神人交流、信仰与地理环境等都可以看见信仰与叙事的交杂连接。本论文透过妈祖信仰故事的发展与演变来探讨妈祖形象的衍化、妈祖信仰故事与汉人传统文化的联系、妈祖应灵故事的衍化与民间信仰的互动、妈祖信仰故事在大陆沿海、台湾地区等空间的发展特点，从而揭举作为民间信仰载体的神明信仰故事是探索民俗极为重要的无形文化资产，这些为数颇众的叙事传统丰富着民间知识与民俗情趣，是研究民间信仰的重要素材。

硕士论文

妈祖文化的地理过程与空间影响研究
——以福建省为例

陈晴晴
（华侨大学 2015 年，指导老师：陈金华）

妈祖文化是以妈祖信俗为基础的民俗文化。妈祖文化起源于宋代福建湄洲岛，现已成为全球华人同根同源的精神信仰。2009 年妈祖信俗被列入世界非物质文化遗产名录，受到海内外人士的高度关注。妈祖文化是一种历经上千年历史的活态文化。对妈祖文化的深入研究，有利于进一步地开发和利用海洋资源，拓展海洋发展空间，促进区域经济的协调发展，推进海洋强国的建设。

本文通过对国内外相关文献的梳理以及实地调研，以人地关系地域系统理论、文化线路理论和文化空间理论作为理论支撑，运用文献分析法、3S（RS/GIS/GPS）、空间分析方法、问卷调查法和访谈法，研究福建省妈祖文化的地理迁移过程和空间影响。

通过分析福建省各朝代妈祖宫庙的空间分布，莆田市妈祖宫庙与各地理要素的关系，结合社会访谈与问卷调查，掌握了大量第一手资料，最终获得论文的主要研究结论：第一，妈祖文化有由沿海向内陆扩散的趋势，即自宋代至民国时期，妈祖文化沿海岸线南北扩张，后期向内陆扩散的规律；从文化扩散的类型来看，妈祖文化传播在大尺度和中尺度上属于迁移扩散，小尺度上属于接触扩散和传染扩散。第二，妈祖文化与地理环境之间存在空间衰减规律。以莆田市妈祖文化与地理环境的关系为例，妈祖宫庙的数量与高程呈负相关的关系，递减率大约为 3（座），而河流对妈祖宫庙的影响范围大约在 2400 米，两者之间的水平距离每增加 100 米，将减少 2 至 3 座妈祖宫庙。位于莆田市西北部和南部乡镇的妈祖宫庙的人均占有率较高，信众基础较好。第三，从居民的感知调研结果来看，闽中沿海妈祖文化的空间影响最大，其次是闽南沿海地区。闽西地区的文化、政治和生态影响较为良好，经济影响较小。闽北地区，妈祖文化的空间影响局限在一些移民后裔的村落，本土化不彻底，空间影响最小。妈祖文化的空间影响亦印证了空间递减规律。闽北地区的空间递减规律明显，闽南、闽中和闽西地区较为缓慢。第四，妈祖文化在福建省存在发展不协调、过度商业化、信众流失等问题，可以通过区域合作、城市规划、文化传承等方面加以解决。

妈祖文化遗产传承中的政府行为研究

宋君君

（华侨大学 2015 年，指导老师：王焕芝）

作为中国非物质文化遗产的重要组成部分，妈祖文化源于“林默”本人的一些客观事迹及民间传说，从宋朝开始即有相关的历史记录，萌芽于妈祖海洋文化，发展于妈祖信仰、风俗的传播，弘扬于妈祖旅游资源的开发以及相配套产品的产业化，目前莆田市政府在妈祖文化的传承过程中采取了一定的行为措施，但仍有可改进之处。

本文以妈祖文化为例，探讨政府在非物质文化传承创新过程中的行为。首先回顾了国内外关于非物质文化遗产保护、传承中的政府行为，运用文献研究法、比较研究法和案例分析法，分析总结国内外非物质文化遗产传承中政府行为的经验借鉴，认为政府在非物质文化遗产保护与传承中主要采取制定保护与传承的法律法规，发挥政府职能与民间组织的共同保护作用，加强非物质文化遗产传承人才队伍的建设，开发非物质文化遗产的市场价值等手段。其次，对妈祖文化的起源、发展与传承进行介绍，重点分析了莆田市在妈祖文化传承中的主要不足：一是妈祖旅游产品缺乏引导，产品形式单一且创新性不足；二是两岸妈祖文化交流力度不够，妈祖文化的知名度和品牌影响力可以进一步提升；三是妈祖文化高级创意人才稀缺，传承队伍建设不足。最后，在借鉴国内外非物质文化遗产政府传承经验的基础上，提出妈祖文化传承中政府行为的优化建议：一是政府合理引导，丰富妈祖文化产品类型，突出旅游文化及产品特色；二是加强妈祖品牌营销，扩大妈祖文化的知名度和影响力；三是加强妈祖文化创意人才的培养力度，为妈祖文化的弘扬提供智力保障。

北京妈祖宫庙建筑的传承与保护
——以东岳庙海神殿、通州佑民观为例

潘志宏

（北京理工大学 2015 年，指导老师：于小川）

妈祖是我国福建莆田地区诞生的一位世界上最为著名的海上女神。妈祖起源于民间，名叫林默，与百姓有着天然的感情关联。其救苦救难、乐善济世和侠义、慈悲的品德深深地感染了当地的百姓，并自发地为其建庙立祠歌颂她的丰功伟绩。妈祖是闽台海洋文化及东亚海洋文化的重要元素，妈祖信俗正是以崇奉和颂扬妈祖的立德、行善、大爱精神为核心，以庙会、习俗和传说等为表现形式的民俗文化，现已在世界范围内得到了广泛地传播和发展。2009 年，妈祖信俗入选《人类非物质文化遗产代表作名录》，成为中国首个信俗类的世界遗产。

本文通过实地调研、挖掘史料和跨学科分析的研究方法，以北京地区的东岳庙海神殿和通州佑民观为主要研究对象，目的是更深入地了解妈祖信俗及妈祖宫

庙建筑在北京的现状。从建筑的空间特点、院落布局、建筑特征及基本形制等方面进行研究，总结归纳出妈祖文化在建筑特征中的重要脉络，还原当时的历史场景；并且发现北京妈祖宫庙建筑在保护中存在的问题，探讨如何更好地使其在北京得到传承与保护。

本文由五部分内容组成，第一章介绍了研究的背景、目的、意义和方法等基本内容。第二章研究了妈祖信俗传播到北京的历史过程和发展历史、妈祖宫庙建筑在北京的分布，并对北京妈祖宫庙建筑与湄洲妈祖祖庙进行了比较。

第三章和第四章对北京地区现存的东岳庙海神殿和通州佑民观进行了深入细致的分析研究。北京妈祖宫庙建筑的研究范围主要包括北京妈祖信俗的传承脉络及现存妈祖庙的建筑研究，着重以河运和海运这条路线，研究海神殿、佑民观的地理位置、建筑空间、基本构造、院落布局等特点，这些建筑体现了妈祖文化在北京地区传播的过程，对于北京地区妈祖信仰的研究来说是非常重要的实证，为历史建筑的保护提供有力的基础研究支撑。

第五章总结了北京妈祖宫庙建筑的现状及在保护中存在的问题，并提出了一些保护建议和措施。海神殿和佑民观在北京的现状不容乐观，在民众的保护意识、政府的重视程度和专业人才的培养方面存在着一些问题，笔者也从个人的角度给予一些诚恳的建议，希望能够对北京地区的妈祖信俗和妈祖宫庙建筑的传承与保护起到一些帮助，但是好消息是它们正在得到社会各界越来越多的关注和重视。

厦门地区妈祖信仰研究

陈简希

（黑龙江大学 2015 年，指导老师：郭渊）

妈祖信仰是最大的民间信俗类文化，目前学者多以“妈祖之祖湄洲”为中心进行阐述，对于其文化的传播地——厦门的妈祖信仰文化却少有提及。本文以厦门民间信俗为视角，从海峡两岸关系出发，探究厦门地区的妈祖信仰文化的地域特色。作为一个多元信仰的沿海城市，厦门地区的妈祖信仰与其他信仰彼此融合影响，形成了“妈祖、保生大帝二神共存共祭、同姓村落酬神娱神”的独特地域信俗文化风格，民众尊重包容其他神祇。厦门妈祖信仰不是独立存在的民间信俗，在历史、政治、宗教等诸多因素交织推动之下，得以在厦门城市和村落之间广泛传播。同时，妈祖信仰又与南海观音、巫祝、客家文化的多种文化载体密切关联，在特定的信仰族群中，形成了具有厦门特色的地方性祭典。

莆田妈祖民俗体育研究

王妙清

（西北师范大学 2015 年，指导老师：王增喜）

妈祖文化作为中华民族的传统文化，绵延千年而历久弥新，对增进中华文化认同、中华民族认同有着非同寻常的意义。湄洲祖庙祭祀大典与陕西黄帝陵祭典、山东曲阜祭孔大典并称为中华三大祭典。2009 年 9 月“妈祖信俗”被联合国教科文组织列入世界非物质文化遗产名录，是我国首个信俗类的世界非物质文化遗产，是中华民族文化的瑰宝。妈祖民俗体育是妈祖信俗不可缺少的一部分，是大力发扬妈祖的精神内核、延续传承民族文化、团结和凝聚全球华人、促进社会和谐发展的重要内容和手段。随着全球现代化进程加速，人们对妈祖民俗体育没有太多的认识。在经济全球化的今天，保护和传承妈祖民俗文化显得尤为重要，探寻特定环境下妈祖民俗体育的形成、发展及传承，是认识和研究其的出发点，也是弘扬和发展妈祖民俗体育的动力。

本文内容分为五大部分，主要以文献资料法、田野调查法、逻辑分析法，运用民俗学、体育学、社会学等学科理论，探讨莆田妈祖民俗体育。对妈祖文化、民族体育进行理论阐述，着重对妈祖民俗文化的渊源、莆田地理环境特点进行探析。旨在让更多的人了解、认识妈祖民俗体育，从而使其得到更好的传承与保护。

第一部分简介妈祖的生平，历代王朝对其的褒封；妈祖文化的形成因素有地理环境、物质基础、群众基础等；介绍妈祖文化在国内外的传播范围及传播的途径，其传播主要是因为海上交通、贸易和漕运的发达、人口的迁移和郑和下西洋等。

第二部分阐述了民俗体育的内涵，民俗体育主要受自然环境、社会制度和政策、宗教和文化传统、经济和生活方式等外部环境的影响，其物质文化元素、制度文化元素、精神文化元素相互协调、相互配合，彼此为前提，共同构成民俗体育的内涵；民俗体育主要起源于劳动实践、军事战争、宗教祭祀等；而宗教信仰作为一种文化现象，其为民俗体育的产生提供了条件。

第三部分列举了莆田妈祖民俗体育个案如摆棕轿、耍刀轿、车鼓、妈祖健身舞、妈祖健身功、妈祖健身操、舞龙、舞狮等。它们集传承文化、信仰、健身、表演于一体，在一些妈祖信俗活动中展示并推广，受到妈祖信众的喜爱。

第四部分阐述了妈祖民俗体育具民族性、地域性、传承性、乡土性、创新性、变异性等显著特征。

第五部分阐述了“妈祖体育文化圈”的概念，其主要目的是打造一个以妈祖信俗为纽带的“体育圈”，促进海内外妈祖文化信仰地区的民间体育文化交流，繁荣与发展妈祖文化事业和体育产业，加快海西经济和社会发展。提出了“妈祖体育文化圈”的建设路径；构建“妈祖体育文化圈”的意义，有利于弘扬妈祖文化精神、有利于促进海峡两岸的交流、有利于提升中华文化软实力。

最后，笔者提出了加强相关理论研究、推进其创新、加强组织建设、加强人才培养、利用大众传媒对其进行广泛宣传、把其融入到学校体育中、打造妈祖民俗体育品牌等可持续发展对策。

蓬莱地区妈祖信仰文化的考古学研究
——以蓬莱阁天后宫现存碑刻为中心

焉鹏飞

（西北师范大学 2015 年，指导老师：李迎春）

妈祖信仰文化是中国传统文化的重要组成部分，它在中国东部海域广泛流传，是重要的文化资源。蓬莱地区作为妈祖信仰文化存在的重要地域，对中国北方妈祖文化的传播和发展产生了很重要的影响。文章以蓬莱地区的妈祖信仰文化为研究对象，通过对一些留存于世的碑刻等文物资料的研究来分析古代蓬莱地区的妈祖信仰文化。文章通过对古代蓬莱地区天后宫庙的相关考证，反映出古代蓬莱地区妈祖信仰文化产生的时间。通过对蓬莱地区对妈祖身世的认识和蓬莱地区妈祖信仰的形象的研究，反映出古代蓬莱地区妈祖信仰的起源和涉及范围。通过对妈祖信仰的祭祀活动研究，反映出古代蓬莱地区妈祖信仰的程度大小。通过对妈祖信仰文化在蓬莱地区的特色和特质研究，反映出妈祖信仰文化在蓬莱地区有着特殊的一面。通过以上研究，得出古代蓬莱地区的妈祖信仰文化早在宋代就产生了，涉及范围广，信仰程度深，而且有深厚的儒教色彩的结论。蓬莱地区的妈祖信仰文化虽然历史悠久，但其传承下来的东西并不多，所遗留的妈祖文化色彩也并不浓厚，本文利用相关历史考古资料挖掘其历史资源。笔者通过对相关问题的研究，希望将蓬莱地区的妈祖信仰文化完整展现出来。

信仰及其“认同半径”的建构
——基于津、闽、粤三地妈祖信仰的比较研究

张晓艺

（华东师范大学 2015 年，指导老师：李向平）

本文以天津、福建湄洲、广东汕头三地的妈祖信仰为田野考察对象，试图以妈祖信仰这一当代中国典型的民间信仰为例，探究信仰行动者对民间信仰的认同情况及其特点。

本文首先介绍了本研究的研究背景、研究内容与方法，将妈祖信仰作为讨论中国民间信仰的一个典型研究对象，通过个案比较法呈现信仰行动者对妈祖信仰的认同及其信仰逻辑，研究影响信仰认同的要素及其内在动因。文章随后试图呈现并厘清本研究的三个核心概念：信仰认同、认同要素、认同半径。信仰认同即信仰行动者对信仰的认可与喜爱；认同要素即影响（包括促进或阻碍）信仰认同的因素；认同半径是本文提出的概念工具，用以串联认同要素并呈现信仰认同的层级关系。津、闽、粤三地的妈祖信仰分别以政府主导、官民共建和村落自治为

特点形成了各自的信仰建构路径，并产生了不同的后果。基于“关系—信仰”模式和对妈祖信仰建构模式的梳理与比较，概括了三个田野地点所呈现的信仰关系特征，并阐释了信仰关系、信仰认同及其凸显要素的互动关系，得以探讨不同信仰行动者对民间信仰认同的要素特征，并提出了四个命题及其推论。

研究发现，信仰建构者与个体信仰者在信仰认同要素方面具有较大分野，而涉入二者之间的特定群体则根据所处的信仰关系在二者间游移。首先，信仰建构者通常将地方文化传统和信仰建构方式作为认同要素，其中后者为认同凸显。信仰关系越偏向公权力，灵验性越难以成为信仰建构者对外共享的认同要素。其次，灵验性与地方文化传统是公众认同民间信仰的最基础要素。公众对民间信仰的认同存在叠合认同效应，基础认同要素可一定程度冲抵反认同要素的阻碍效果。再次，地方文化传统是妈祖庙员工认同妈祖信仰的主要基础要素。信仰建构方式与灵验性可能能够成为其认同要素，但在私人关系为主导的信仰关系中，也可能阻碍其认同。妈祖庙员工对妈祖信仰认同的凸显要素与各自的信仰关系有关：公权力一以贯之，则偏向作为权力精英的信仰建构者；公权力与民间精英混合，则常与地方文化传统整合并偏向地方文化传统的认同，兼有对信仰建构方式的认同；私人关系主导，则以灵验性作为认同凸显。换言之，若信仰关系偏向公权力（公），其认同凸显则偏向于“公”（权力及其精英、弘扬妈祖文化的使命等），若信仰关系偏向私人关系（私），则认同凸显亦偏向于私人化的信仰方式（如强调个体收益的灵验性）。最后，涉入到民间信仰建构的互惠过程中的信仰行动者具有横跨“民—官”“公—私”的信仰认同要素，其认同偏向与所处的信仰关系中“公—私”的主导具有对应关系。

基于上述结论，在总结不同信仰关系中信仰认同特点与共性的基础上，认为信仰认同是具有不同层级的，并由此提出了信仰认同半径这一概念工具，指出信仰关系的不同是不同信仰者对民间信仰的认同差异之所在，进一步印证了信仰的“关系主义”。信仰个体总是能在身份区隔与信仰区隔的可能性之间自我建构出一种互不干扰的可能，并在自我能动中找寻二者的动态平衡。

湄洲岛妈祖祭典乐舞的舞蹈研究

吴绪琴
（重庆大学2015年，指导老师：饶开芹）

福建莆田湄洲岛是妈祖的诞生地和妈祖信仰的发祥地，妈祖信俗文化以其博大精深的内涵和深远广博的外延闻名于世，历史文化绵延千年而历久弥新。妈祖信仰于宋代在湄洲岛产生，后辐射传播遍向世界各地，文化底蕴深厚，文化遗产丰富。2009年9月30日，妈祖信俗被联合国教科文组织正式列为《世界人类非物质文化遗产代表名录》，受全世界所关注。妈祖祭典乐舞是妈祖信俗的重要组成部分，具有保护和传承的价值。

本文主要依据前人的研究成果，综合学者实际参与的田野经验，着重关注妈祖祭典乐舞的舞蹈形态与特征，采取层层递进法、田野考察法、文献分析法、舞蹈形态分析法，向人们呈现了妈祖祭典乐舞所特有的舞蹈形态和文化内涵，并深入分析了妈祖祭典乐舞所表现出来的社会功能、价值以及如何将其传承、发扬下去。

莆田第四中学校本课程开发
——以《莆田乡土文化》为例

林　敏
（华中师范大学2015年，指导老师：刑来顺）

伴随着我国新一轮基础教育改革的步伐，中学历史课程改革不断拓展、深入，进而提出了建立国家课程、地方课程和校本课程开发相结合的三级课程管理模式，以此来代替长期实行的单一的课程管理模式。基于福建莆田具有丰厚的乡土资源，笔者借实习期间对所在学校进行校本课程开发初试，并且对《莆田乡土文化》校本课程系列之一《领略莆田妈祖信仰》实施授课。本论文所探讨的便是关于《莆田乡土文化》校本课程开发的过程和实施以及最后所带来的反思与总结。

本文共分四个部分：

第一部分：涉及《莆田乡土文化》校本课程开发的背景，主要从新课标的指向、学校情况、学生情况分析以及丰富的莆田乡土资源入手加以简要论述。

第二部分：对《莆田乡土文化》校本课程开发提供课程方案。特别在具体方案中，对《莆田乡土文化》的总课程目标进行了制订，并且对课程内容与活动上的安排、课程实施说明以及考核和评价说明进行设定。

第三部分：介绍《莆田乡土文化》课程系列之一《领略莆田妈祖信仰》的案例实施。在实施过程中，主要书写了此课程的教学设计，此课程主要依照多元智能的教育理论采用了小组合作探究的教学策略加以实施，鼓励学生发挥自身主动性和小组合作能力去主动了解关于莆田妈祖信仰的起源、发展、民风习俗和旅游开发。最后笔者对此课程进行了教学过程的回顾与反思。

第四部分：主要针对《莆田乡土文化》校本课程开发进行思考。此部分主要划分为两部分，讲述了此校本课程开发的意义以及不足之处。

湄洲岛旅游者地方认同研究

田 青

（湖南师范大学 2015 年，指导老师：赵玉燕）

地方认同研究与地方依恋理论密切相关。本文首先介绍了场所依赖理论中一系列概念和研究领域，它们是“恋地情结”“地方依恋”“地方认同”。之后，重点针对“地方认同”进行展开，阐述了地方认同的内涵，介绍了目前的研究进展及研究方法。最后指出截至目前，针对旅游者的地方认同所展开的实证研究尚为数不多。

本文介绍了湄洲岛的概况及旅游发展历程，在此基础上确定了研究对象并自我设计问卷，内容涉及旅游者人口学特征、行为特征与地方认同。实证研究中，通过问卷调查的方法，检测旅游者对湄洲岛的地方认同程度。在对福建湄洲岛的 110 名旅游者预调查之后，又对问卷进行了修改，之后实地发放了 500 份问卷。问卷分析采用 SPSS19.0 进行处理。

研究结果表明，旅游者的行为特征和人口学特征与其对湄洲岛的地方认同存在显著相关性：旅游者的文化程度、旅游者居住地与湄洲岛的距离、旅游者妈祖信仰程度以及旅游者停留时间长短这四个因素都与其地方认同成正相关；而旅游者的性别、个人月收入、旅游频率、了解程度和与谁同游对旅游者的地方认同没有显著影响，但职业、年龄、旅游动机这三个变量与其对湄洲岛的地方认同存在部分显著相关性。具体来说，旅游者中的学生和公务员对湄洲岛的地方认同程度较低；29—35岁年龄段的旅游者地方认同程度最高；宗教观光者的地方认同程度最高。

依据聚类分析，本文将湄洲岛旅游者分为三类：地方认同高者、地方认同中等者、地方认同低者。问卷分析进一步表明，旅游者对湄洲岛的地方认同普通较低。在湄洲岛旅游者地方认同的影响因素中，旅游者的宗教文化认同（民族文化认同和宗教文化氛围认同）、社会认同（宜居性认同和社会身份认同）、内在自我认同（情感认同和承诺认同）等三个关键因素对旅游者的地方认同具有较大作用。在以上实证研究结论的基础上，本文对如何提升湄洲岛旅游者的地方认同感提出了一些可行建议，尤其对政府如何推动旅游给出了某些思路，如积极营造妈祖文化的地方特色氛围；从不同层面提升旅游者的地方认同感以及依托妈祖文化开发生态旅游产品等。

明清漕运与水神崇拜
——以运河山东段为个案的考察

周平平

（山东大学2015年，指导老师：晁中辰）

明清时期，由于南北运河的畅通和漕运的兴盛，运河流域工商业日趋繁荣，再加上政府官员的推动和旱灾水患的频繁等因素的影响，随之兴起了“水神热”。山东处于京杭大运河中段，北控京师、南接江淮的独特地理位置，使这一地区的水神崇拜特别盛行。本文主要以明清时期山东运河沿岸的水神崇拜为切入点进行研究，分为绪论、正文、结语三大部分。

绪论主要探讨了水神崇拜的研究现状，对明清时期山东运河及漕运、水神崇拜、漕运与水神崇拜关系的研究分别进行了系统的阐述。另外，绪论部分还阐述了选题的缘由、意义和研究方法。

正文共有四个部分。第一部分主要论述了明清时期山东运河水神信仰兴起的背景。除了国家和地方官员的合力推动、旱灾水患的频繁、商人的传播等公共因素外，重点阐释了山东运河的地理环境及其特殊价值对水神崇拜的影响。第二部分以水神信仰的客体为研究对象，通过阐述金龙四大王、妈祖、龙神、河神及其他人格化水神的信仰情况，总结各类水神庙宇的兴建情况，来说明山东运河的水神信仰已经成为一种十分普遍的现象。第三部分以第二部分为基础，进而探讨了水神信仰的主体。水神信仰已波及官员、治河人员、运军、商人、普通民众等各个阶层，透过他们的各种活动，推动了水神信仰的繁荣，从而形成一种浪潮。第四部分主要探讨明清时期山东运河水神信仰的地域特色与影响。地域性主要归纳为具有水特色、祠庙多分布在运河沿线漕运重要码头和闸坝等地、具有当地的历史文化特色三个方面，水神信仰的盛行与扩散对封建君主专制制度、商人经商活动、地方社会秩序、社会风俗、祭祀制度、文学作品等都产生了深远影响。

结语对全文进行概括性总结，强调指出：山东运河区域的水神信仰具有鲜明的地域特色，作为一种特殊的精神活动，传承了运河文化的基因，体现了精神信仰和地域文化的长期互动。

秀山天后宫设计研究
——传统风貌与地域建筑探索

曾柳银

（重庆大学 2015 年，指导老师：张兴国、魏宏杨）

作为建筑的基本属性之一，地域性是建筑在漫长的发展演变过程中与一定的自然环境及社会环境相互作用的结果。当下愈演愈烈的全球化对本土文化产生了巨大冲击，地域性作为文化保持多样性的重要手段，受到了全世界的重视。中国建筑师已经逐渐认识到研究中国传统建筑的地域性特征对于继承中国文化，延续场所精神的重要性。如何发扬建筑地域特色，赋予传统空间以时代活力乃是建筑创作中需要探讨的重要问题。

本研究以实际项目为契机，依托秀山天后宫历史文化展览馆的设计实践过程，研究多民族地域文化影响下的传统会馆建筑创作方法。

绪论部分首先界定了历史建筑重建、复原和传统建筑风貌的概念，对研究传统建筑空间的现代化、地域化重构的意义进行了深入分析，提出了论文研究的结构框架。并对中国当前地域建筑理论研究做了简要回顾。

文章主体通过四个部分对天后宫建筑的创作研究进行阐释。第一部分以秀山渝东南少数民族文化区为背景，对当地地理环境、民族民俗文化和传统场镇及民居建筑的地域文化特色进行概述。第二部分通过对西南地区传统祠庙会馆建筑的大量文献研究和实地调研，阐述传统会馆建筑形成的历史文化背景，从建筑功能、空间、装饰等方面对祠庙会馆的建筑特色进行归纳。结合妈祖文化的发展，研究天后宫建筑随地域变化建筑意义的转变。总结多元文化融合背景下传统会馆建筑的设计特点，为探索同类型建筑创作手法提供依据。第三部分是具体项目的设计构思和设计方法。从天后宫项目的文化定位、布局方式的选择、建筑形态的确定、传统空间特征的提炼、细部装饰的借鉴和建筑营造技术等方面分析在具体环境条件下传统风格地域建筑的设计创作过程。最后，根据项目设计积累经验，通过对设计过程的分析、理解和反思，概括总结具有多元文化内涵的传统建筑所表现出的地域特征；在自然生态观影响下，因地制宜，根据项目实际要求重构建筑与周边环境关系；继承发扬当地本土建筑形态特色，在当代建筑意识形态下适应新的功能需求；创造性地结合历史和现代建筑技术，再现本土建筑形态；总结具有移民文化特质的地域性建筑设计手法以指导未来的设计创作。

中越海神传说与信仰比较研究

陈新兵

（广西民族大学 2015 年，指导老师：唐小诗）

中国和越南是一衣带水的邻邦，均位于太平洋西岸，都有漫长的海岸线。海洋因素在中国和越南的历史文明演进中一直存在。两国的沿海地区很早就有居民生活，海洋为沿海地区的居民提供了丰富的生活资料。中越两国的涉海民众在向海洋发展与开拓、利用的过程中，创造了丰富多彩的海神信仰文化。本文以中越两国的众多海神传说与信仰为研究对象，采用文献分析法、比较研究法、实地考察等研究方法，力图探究中越两国多海神信仰的基本特征、形成原因及相互交流的途径。本文认为中越两国的海洋自然环境孕育了中越两国民众的多海神信仰，中越两国民众所信仰的各种海神可以按照神格人化、人格神化和物格神化的标准进行分类归纳，神话传说及灵物显现事迹是海神信仰与崇拜产生的基础，中越两国的海神信仰具有信仰仪式的海洋性、信仰目的的功利性、信仰对象的多元性和信仰的地区族群性特征，形成中越多海神的原因有“泛灵信仰”的原始观念、多民族产生多元文化、渔业生产的风险性需要获得海神的精神庇护及便利快捷的海洋交通有利于海神信仰的传播，中越两国有共同信仰的海神的交流途径为移民带入和跨境民族传播。

海峡两岸非物质文化遗产保护机制对比研究
——以妈祖信俗为中心

黄　琎

（首都师范大学 2015 年，指导老师：钱益汇）

（略）

湄洲岛旅游业与城镇化互动发展研究

罗　瑨

（厦门大学 2015 年，指导老师：张其邦）

湄洲岛是我国较早进行旅游开发的海岛之一，其旅游业至今已有二十多年的发展历史，作为妈祖信仰的发源地，每年都有众多游客慕名而来。旅游业的发展逐渐使湄洲岛从一个无人知晓的荒凉小岛变成了今天著名的旅游胜地，当地经济得到了快速发展，城镇化水平也随之提高。本文即对湄洲岛旅游业发展与城镇化建设的历程进行研究，分析其发展现状，探寻两者间的时空关联，深入挖掘两者相互影响的作用机制，为实现良性互动发展提供理论依据。在此基础上分析湄洲岛目前的发展困境，提出相应解决对策，并为其他海岛乡镇旅游业的发展及新型城镇化的实现提供参考和借鉴。

本文共分六章。第一章为绪论部分，首先介绍了湄洲岛的基本情况，其次阐述了本文的选题背景与研究意义，对主要内容和研究方法进行概括，最后提出全文的研究思路及技术路线。第二章为基础理论和研究综述。对文中涉及的基本概念进行界定，通过寻找相关理论为论文后续的研究作支撑，梳理、总结国内外相关研究，对旅游业与城镇化的互动发展构建初步的认识。第三章分析发展现状。以湄洲岛作为实证研究对象，论述其旅游业的发展历程，总结各阶段发展特征，对当地旅游业与城镇化的发展现状进行综合地论述与评价。第四章研究互动关系及机制。通过基于单指标和综合指标的回归分析，探究湄洲岛旅游业发展与城镇化之间的相关性。立足于岛内空间，运用 ArcGIS 软件实现湄洲岛旅游业与城镇化发展水平的空间可视化，对比两者的空间分异情况，并挖掘其内在联系。进一步分析嵋洲岛旅游业与城镇化间的相互作用，提取出相关的影响因素，探究其互动发展机制。第五章探索良性互动发展路径。针对目前旅游业发展与城镇化进程中存在的问题，提出相应的解决对策，以促进两者良性互动，协调发展。总结湄洲岛的发展过程中的经验与不足，提出适宜于海岛乡镇的发展思路，以此升华本文的研究价值。第六章为结论。对本文中的研究结论进行总结归纳，提出不足之处及研究展望。

马来西亚槟城山海宫妈祖信仰静态与动态空间的经营

林炳洲

（台湾清华大学 2015 年，指导老师：陈中民、罗烈师）

本论文以空间的视角，研究马来西亚槟城山海宫的妈祖信仰，讨论其如何在国家与在地精英的缺席中达到信仰的普遍化。首先，在庙宇的空间布局方面，神明和香炉的摆设以及拜祭实践象征当地的宇宙观。其次，神诞节庆活动空间的布局，更缔造一种宗教的神圣感，迎合当地信众的喜好。另外，动态的活动空间方面，整个 2009 年槟城妈祖的仪式透过网络影片仿效台湾的妈祖绕境形式，适度地因地制宜来吸引当地人，引起巨大的共鸣，使得山海宫名扬岛外，受邀为其他神庙节庆表演助兴。文章引用了布尔迪厄场域与资本的理论来讨论山海宫海外妈祖信仰的经营模式及其现代性意涵。

《优昙花》
——妈祖前身传绘本创作

李　玫

（台湾云林科技大学 2015 年，指导老师：郭世谋）

妈祖信仰为台湾民间的重要信仰，也是海洋文化的表征，其在世期间默默行善与舍己为人的精神，不但深植人心且广为流传。妈祖前身传是指妈祖从诞生至升天为神明期间的传奇轶闻，而本创作欲透过绘本表现，并以改写文本和增加对话口白的方式诠释妈祖的传说轶闻，以普及各年龄层阅读。由于绘本具有易于阅读的特性且书籍本身为一切传播信息的媒体，能借此传达创作的理念与价值，所以本创作透过“专家访谈法”针对文本与绘图视觉两部分探讨，再采用“叙述性理论”方式完成绘本的分镜，并借由故事、事件到情节的发展描述，使绘本的画面具有更丰富的情节。创作技法采用手绘结合电脑绘图进行插画表现，并以经折装的装帧方式完成。本创作除了让观者认识妈祖历史、祈求平安之外，更进一步传达妈祖信仰“慈悲”与“大爱”的核心精神，并效法其大慈大悲的情怀。

宗教团体对青少年道德教化之影响
——以新竹香山区天后宫阵头为例

曾兰英
（台湾玄奘大学2015年，指导老师：林金木）

本论文是以宗教团体对青少年道德教化之影响——以新竹香山天后宫阵头为研究主轴，研究采访对象，以参加新竹香山天后宫阵头的学生为主要研究对象，初步呈现出因宗教信仰而影响学生行为之改善，自探讨参与宫庙阵头的动机与历程，并在参与阵头前后之历程中自我行为之改变，进而对宗教信仰之影响其道德行为进行析论。

首先，了解香山天后宫历史的沿革、人文地理环境与聚落发展概况，进而整理天后宫对人们的综合影响，采访对象在参与天后宫阵头活动后，都可见到他们日常行为之改善，思想也更加正向、积极及乐观。

从阵头文化中可以发现，近年来之发展也开始有年轻化趋势，加入了许多创意并混搭于仪式内容中，而学校也自个体发展逐渐向外拓展为结合社区整体的运作，彰显了世代传承之精神。孩子们把在阵头活动中的正向表现再带回学校里面，不仅在生活、学习上，也在道德认知上，从好奇地加入阵头进而能因宗教信仰感悟来修养心性，延伸到公德心的实践与合理的公平正义伸张。本文将呈现宗教信仰与道德教化契合之最佳佐证。

庙会娘伞技艺之研究
——以高东天后宫娘伞团为例

夏秀兰
（台湾高雄师范大学2015年，指导老师：杜明德）

娘伞，从天上的华盖，黄帝因大战蚩尤而作华盖，到成为帝王的仪仗，最后却演变成神明的器物，深具文化的意义。可惜，这一路的演变，文献的记载并不多。在庙会中，娘伞套路是一种神祇见面的礼仪，即透过主宾双方娘伞手的步法，展现神祇见面礼仪及主人待客之道，表达的不但是神与神间，也是庙与庙间、人与人间的礼仪。

但随着社会的日趋商业化，传统娘伞手法、步法、身法及套路渐渐式微，取而代之的是贪图便利的娘伞车，娘伞技艺的传承后继乏人，致娘伞套路步法零落不全，部分庙会娘伞手变成聊备一格，无法发挥其应有的礼仪功能，更成为徒具形式的传统阵头。

高雄高东娘伞团对娘伞的传统技艺未能加以保存深感隐忧，自 2009 年以高东天后宫为重心，以发扬娘伞文化精神为使命，积极推广娘伞技艺，希望台湾庙会活动中极为重要的娘伞阵法得以完整地再现，让娘伞得以永续流传。

高东天后宫娘伞团表达当客人的敬意及做主人的欢迎之礼仪，具高度宗教文化意义。高东娘伞团的娘伞套路结合武术招式充满阳刚之美，着重步伐与气势，深具艺术性，也有别于其他地区的娘伞套路。

高东天后宫娘伞团的步法虽传承自澎湖，但透过吕柏达与陈天荣两位师傅结合当地武术，其展演的套路有别于台湾其他地区的娘伞套路，逐渐建立出高雄娘伞体系，深具地方色彩。在探讨高东天后宫娘伞团的娘伞技艺的同时，也比较了澎湖的娘伞发展，作为借鉴。

白沙屯妈祖北港进香
——其组织文化之研究

王子贤

（台湾玄奘大学 2015 年，指导老师：郑维仪）

拥有百年传统的苗栗县通霄镇白沙屯拱天宫妈祖往北港朝天宫进香活动，是目前全台徒步距离最远的进香活动，进香范围横跨苗栗、台中、彰化、云林四个县的乡镇。其特色在于没有固定的进香路线，信众相信，所有择路、停驾、驻驾的地点，全由妈祖行轿决定，除了进香活动的日期、天数，由值年炉主掷筊请示妈祖后决定外，进香过程随着妈祖旨意而有所不同。

究竟有何种魅力，使信众在交通便利的今天，仍然选择徒步进香？近年香灯脚络绎不绝，进香人数逐年增加，祭祀圈的扩大要如何管理与维持传统？通讯媒体的普及，新世代的参与，所带来新旧交织的进香景致，值得笔者研究探索。

本研究以在地人的角度，从乡土文化与妈祖信仰的观点出发，辅以文献书籍的佐证，探究进香的历史源流及割火的目的，并透过实际参与徒步进香的过程与进香仪式的洗礼，从中取得宝贵经验外，更加以深度访谈地方耆老与香灯脚的感受，建构属于白沙屯妈祖进香的组织、仪式、文物与文化。

笔者以在地人的优势，从小到大就以不同角度观察白沙屯妈祖进香，更在2015年深度跟随白沙屯妈祖进香，进行更深入严谨的田野调查。身为白沙屯人，笔者容易获得丰富的口述历史，将早期进香模式与现今的差异加以整理归纳，先介绍有关白沙屯妈祖进香的背景与仪式（第二章、第三章），再将历年的演变进行比较分析（第四章），希望进一步传承与保留本地文化，活络进香研究与讨论。

以台南祀典大天后宫龙柱之视觉要素探讨文创商品设计之研究

谢秋玲

（台湾台南应用科技大学2015年，指导老师：覃瑞南）

本文针对台南祀典大天后宫的古建筑形制，研究建筑中蕴含的意义象征及用途，并以视觉要素层面探讨其建筑中带给人们的视觉感受及安定效果，进而加入现代科学元素，延伸建筑图像设计之商品，将传统赋予新的生命力，使之得以传承。本文分为四个部分：第一，逐一对建筑形制、视觉要素、民间信仰进行介绍及解说。第二，针对建筑形制延伸可应用的文创设计，选出其代表性的建筑形制。第三，对于大天后宫历史建筑及时空背景，对建筑的象征意义分项解说。第四，将传统建筑中所代表之意涵延伸至后续文创商品之探讨。

本文以台南祀典大天后宫的信仰空间与历史沿革作为研究之主要目标，对于在信仰及建筑中所衍生之建筑、造形、仪式等神圣性意涵作深入性探讨之研究，并搭配运用方法诠释之。于建筑中何处特色，给予人的视觉感受，代表用途与意义的解说，希望将以古建筑形制寻找文创商品之设计要素，延伸于现代文创商品中之设计，进行新的诠释。

台湾中部各地白沙屯妈祖联谊会之调查研究

吴家铨

（台湾师范大学 2015 年，指导老师：林美容、庄佳颖）

妈祖为台湾中部白沙屯地区的主要信仰。每年，白沙屯妈祖都要前往北港进香，沿途经过苗栗县、台中县、彰化县、云林县。在此四县市中，许多民众自愿筹组白沙屯妈祖联谊会，在白沙屯妈祖前往北港进香时，服务沿途随香的香灯脚。

本文以台湾中部地区白沙屯妈祖联谊会作为研究对象，借由实地深入访谈的方式，探究此一类组织的组成原因、组织架构、年中行事等事情。笔者将该组织区分为“任务型组织团体”与“常态型组织团体”，此二者最大差别在于“分灵妈祖与否”。“任务型组织团体”以白沙屯妈祖进香时，服务随香的香灯脚作为该组织主要目的；“常态型组织团体”除了在白沙屯妈祖进香时，服务随香的香灯脚以外，并举办许多关于会内妈祖的活动，例如联谊会内部进香、会庆、掷炉主、恭祝妈祖圣诞等。

笔者借由调查台湾中部地区白沙屯妈祖联谊会组织，试图分析白沙屯妈祖信仰传播的方式。其中“白沙屯妈祖”进香路线不定，时常停驾、驻驾于民宅、店家甚至工厂，无形间拉近与民众的距离。民众也以自身所能付出的方式回馈，“妈祖”与“信众”二者间相互影响，使得参与人数增加，白沙屯妈祖信仰也借由此种方式在台湾中部地区逐渐扩散。

庙宇吸引力、感知价值、体验价值与行为意向之探讨
——以台南妈祖宫为例

伍芝娴

（台湾树德科技大学 2015 年，指导老师：蔡丰隆）

透过庙宇节庆活动发展文化观光带动地方产业与经济已经成为世界的潮流。许多大型节庆活动，每年为地方带来庞大商机，带动周边观光与经济效益。近年来台湾各地常借由举办庙宇节庆文化活动来增地方的知名度与效益，加上周休二日增加了出游的机会，带动了休闲风气。运用庙宇文化资源结合节庆活动，创造有吸引力的产业产品，以吸引游客参与是重要的地方观光发展。而如何突显地方庙宇特色而不失活动本身的文化意义，也是许多学者关注的课题。

本文以台南市的妈祖宫为例，探讨游客参与庙宇文化庆典活动的状况，以探讨庙宇吸引力、感知价值、体验价值与体验满意度等因素对庙宇参观游客行为意象的关系及影响。文中以问卷调查的方式，针对参与台南大天后宫、鹿耳门天后宫及土城鹿耳门圣母庙活动之游客进行调研。运用因素分析、单因子变异数分析、相关分析、抽样方法、多元逐步回归分析等方法进行资料分析。

研究结果显示，不同的庙宇参观游客在庙宇吸引力、感知价值、体验价值与体验满意度等面向上，存在不同的看法与体验感受。同时，从庙宇吸引力、感知价值、体验价值与体验满意度等可以解释庙宇参观游客的行为意向，解释量达 78.9%；而从庙宇吸引力、感知价值、体验价值与体验满意度等也可以预测庙宇参观游客的行为意向，其预测力达 63.4%。

白沙屯妈祖进香活动之无形文化遗产效益评估

欧淑雅

（台湾新竹教育大学 2015 年，指导老师：阙雅文）

位于苗栗县通霄镇的白沙屯，是一个滨海小村落，和台湾其他临海聚落一

样，以农渔业为主要的经济方式，供奉妈祖为守护神。每年，白沙屯妈祖都会前往北港进香，是为白沙屯妈祖进香活动。白沙屯妈祖进香活动历史悠久，且承袭传统，以徒步进香为主，进香路线不固定，具有“以妈祖旨意为依归”的独特性。

白沙屯妈祖进香活动之无形文化遗产效益无法使用一般财货市场交易价格衡量，必须使用非市场财货评估法来加以估算。旅行成本法（Travel Cost Method，TCM）是常用的非市场价值评估法，本文利用旅行成本法来评估白沙屯妈祖进香活动之无形文化遗产效益，并结合多准则决策理论（Multi-criteria Decision-making，MCDM）来了解“心灵满足”“薪火相传”“休闲与观光”“家乡归属感”“身心锻炼”“情感交流”这六大价值在进香客心目中的比重，再分别算出其为白沙屯妈祖进香活动带来的效益。

本文以旅行成本法为基础，使用截断 Poisson 模型为分析工具，计算出进香客的消费者剩余（Consumer Surplus，CS），结果显示，以交通成本及时间成本为旅行成本的模型一估算出最近五年受访者参加白沙屯妈祖进香活动的效益（CS）每人每次为 31166 元，每人每年为 22882 元，每人最近五年为 114411 元。而以包含参加进香活动期间花费为旅行成本的模型二估算出最近五年受访者参加白沙屯妈祖进香活动的效益（CS）每人每次为 47797 元，每人每年为 35093 元，每人最近五年为 175465 元。

而模型一结合多准则决策理论所得之比重可估算出每人每次之直接使用价值为 11491 元，非直接使用价值为 19675 元；模型二结合多准则决策之权重可算出每人每次之直接使用价值为 17623 元，非直接使用价值为 30174 元。期望本研究结果可为白沙屯拱天宫或相关部门在保护、传承此一无形文化遗产的政策选择时提供参考。

彰化南瑶宫妈祖文化于互动艺术之研究与创作

颜靖叡

（台湾“建国科技大学”2015年，指导老师：赖瑞昌）

妈祖宗教的历史文化，从清朝来台开垦，已在台湾扎根百年。本文灵感来自于笔者的一次大甲妈祖经彰化南瑶宫绕境活动，因缘际会下扛到妈祖神轿，感受到信众对于妈祖信仰的虔诚，便希望借由创作将这份信仰更好地传承。

台湾对于妈祖的信仰十分虔诚，但于文化典故等方面非人人都清楚，所以本次创作希望借由大众化的互动装置，来让信仰妈祖的民众更了解自己信仰的文化及典故，加深对自我信仰文化内涵的理解。

本研究创作，取自彰化当地著名妈祖庙“南瑶宫”。作品《心字五号》，因创作前于庙中求签，得此吉签，故以此签诗头作为名称，作品呈现方式是将妈祖文化、南瑶宫文化，结合二维码来制作而成的互动装置。《心字五号》共分五篇，第一篇为南瑶宫建庙历史及内供奉神祇的“史记篇”，第二篇述说妈祖于台湾的传说典故“古早古早说书人篇”，第三篇教导在庙中与神明沟通请示的桥梁“杯筊篇”，第四篇妈祖出巡前头开导压煞避邪的“凉伞篇”，以及第五篇众神明相聚所设置的宴席“逢春宴”。

透过本研究的互动创作，民众可选择自己所感兴趣的题目来观赏，相较于传统纪录片多了选择的功能性，并借由智慧型手机或平板电脑人手一机的优点，使本创作各题材可以提供更多人观赏。

屏东县妈祖信仰文化研究
——以慈凤宫与万惠宫为例

杨秀玉

（台湾屏东大学 2015 年，指导老师：黄文车）

在多元文化的传统宗教信仰中，妈祖信仰尤其重要并具有代表性。

笔者籍贯屏东，而在地意识启发了笔者的身份属性及在地性。因此对于土生土长屏东的地方意识，最直接源自于亲身体会。现以内在者真实经验，来表达专属屏东在地妈祖信仰文化，将屏东作为台湾的标记。

本文是研究妈祖信仰对在地文化的影响，且妈祖信仰业已于 2009 年公告为世界非物质文化遗产，显见我们华人的传统信仰，已可拥有世界级的知名度，传统妈祖文化活动更是具有深远及深厚宗教文化内涵。

本文以最具代表性的地方庙宇：屏东慈凤宫及万丹乡的万惠宫为依据，冀望透过妈祖信仰与宗教文化，庙宇的建筑、雕刻、宗教仪式与庆典活动、产业观光、文化创意等，从多元文化角度的面向与视野，来深入了解在地文化包括：屏东县群落的起源，先民建庙历史沿革、人文活动及宗教信仰与传承等，以期能更深入了解两地的先民文化，为历史寻根及现代传承妈祖信仰代表之文化意义。

期刊影像

期刊

● 《中华妈祖》CN-35（Q）第0071号　2015年第1期 总第58期

中华妈祖文化交流协会主办

栏目：

新闻视点

常熟天后宫举行祈福安座典礼（书　剑）

莆商弘扬妈祖大爱精神（苏丽彬）

文峰天后宫妈祖神像巡安马来西亚怡宝（林洪国）

旗山湄洲鹿港妈祖欢喜“回娘家”（陆　港）

凤山妈祖庙重光20周年纪念活动举行（筱　舟）

浙江苍南举办妈祖文化交流活动（李卫国）

新春掠影

专题笔会

绕不过的原点，缺不了的席位（王金煌）

妈祖文化与海洋文明的关系（孟建煌　冉海军）

妈祖是郑和七下西洋的保护神（周金琰）

妈祖信仰与港口城市之兴起（王福梅）

妈祖故乡是“海上丝绸之路”重要一站（谢如明）

“海上丝绸之路”中的莆田（柯凤梅）

史料宝库

咏赞湄洲妈祖之古诗选录（刘福铸）

地区巡礼

世愈久而德愈彰（林金榜）

励精图治开新篇（翁卫平）

湄洲祖庙·建设篇

湄洲祖庙·文化篇

湄洲祖庙·交流篇

湄洲祖庙·综合篇

大爱情缘

随香者（肖　笑）

妈祖宝玺，灵肇湄洲（陈祖芬）

文论纵横

妈祖信仰传入福州（杨　榕）

浅议莆田妈祖出游民俗事项（伍　凌）

传奇写真

妈祖缘（许　平）

圣迹寻踪

机上救亲（仕　雄）

●《中华妈祖》CN-35（Q）第0071号　2015年第2期总第59期

中华妈祖文化交流协会主办

栏目：

新闻视点

寻找妈祖文化与“海丝之路”的契合点（黄国清）

妈祖·凤凰号“重走海丝路”活动很有意义（国　清）

惠州·巽寮第四届妈祖文化旅游节开幕（筱　舟）

妈祖信俗引白俄罗斯国家电视台来湄洲拍摄（文　湄）

台湾大甲镇澜宫绕境场面盛大（伟　锋）
“妈祖大学堂”在台湾开设（吴伟锋）
“妈祖之光”文艺演出在台中市大甲镇举行（一纸清风）
闽南朝天宫庆成开阖启扉大典举行（墨　华）
湄洲妈祖祖庙信众代表大会暨妈祖慈善基金会授牌仪式举行（吴国春　高亚成）
台湾郑成功文化交流协会一行赴湄洲进香（群　华）
翟墨团队赴湄洲恭请妈祖重走海上丝绸之路（林群华）

特别报道

届中回眸，亮点再现（苏　健）
两岸交流，精彩回放（翁卫平）
汇编史料，传承千年（周金琰）
传承文明，打造经典（黄志霖）

专题笔会

海上丝绸之路与妈祖文化（何　索）
海上丝绸之路的守护神（许培元）
从港台、东南亚地区妈祖文化看“海丝”（李　书）
“海丝”线路遗产保护与妈祖文化（良　宽）

大爱情缘

爱心无疆界，异国妈祖情（翁劲松）
身为异乡客，盛会解乡愁（公　羽）

文论纵横

妈祖精神的普世意义（郑世雄）
辽南天后庙宇的初步考察（张晓莹）
妈祖是两岸共同尊崇的道德楷模（祈金华）

艺苑揽胜

湄洲日出（林　松）
妈祖：海浪以后的爱（张　平）
写在妈祖土地上（朱谷忠）

山海守望寄乡愁（陈建平）
四海仰望颂妈祖（词 / 吴大集　曲 / 邱平孝）
美术作品选登（金冰清）
书法作品选登（郑晓华）
传奇写真
三明天后宫选址记（高珍华）
地区巡礼
碧海银滩话巽寮（陈亚娟）
巽寮湾的神奇传说（林洪国）
巽寮天后宫（苏丽彬）
殚精竭虑献爱心（王　炎）
巽寮魅力旅游节（周丽妃）
圣迹寻踪
化草救商（仕　雄）

●《中华妈祖》CN-35（Q）第 0071 号　2015 年第 3 期 总第 60 期

中华妈祖文化交流协会主办
栏目：
刊首寄语
十年献辞（郑世雄）
寄语之窗
各世界人士为《中华妈祖》题词
经典扫描
高端善引领，浓墨记关怀（杨云鹏）
盛会呈精彩，盛事显魅力（陈建平）
平凡妈祖人，大爱群英图（潘真进）
两岸手足情，交流谱新篇（周金琰）
民俗大观园，亮丽风景带（炎　鹰）

封面传真

封面总揽

踏平坎坷成大道（肖　笑）

坚持特色办刊，传播妈祖文化（翁卫平　苏　健）

编者感言

十年树木逢其时（周文辉）

玫瑰之力谱大爱（陈　丹）

肃穆灵动呈情愫（颜青山）

读者心声

一本杂志十年爱（许　平）

传期刊，播福音，暖乡情（谢铭洋）

墨香传撒妈祖情，齐力共筑中华梦（尚　洁）

我与《中华妈祖》有个约会（林保虔）

妈祖信仰真在这里“文化”了（李家卫）

海外妈祖信众的精神食粮（冯一飞）

展示妈祖文化独特历史记忆的平台（张晓莹）

海外华人华侨的集体家书（翁美芳）

拥有《中华妈祖》十年（董振雄）

十年，我们一起走过（陈祖芬）

一本高品位的期刊（杨　榕）

文脉连四海，光华照五洲（罗　镲）

扬正气，以文“化”人（游荔生）

诗词咏赞

中华妈祖颂（郑世雄 / 词 马国泰 / 曲）

诗声心曲

大爱情缘

睿智引领聚合力（黄志霖）

中华当代文化名人的妈祖情结（陈金狮）

慈善心大爱清（陆　丰　小　工）

信俗大观

葛沽宝辇会——国家级非物质文化遗产巡礼（定　伯）

文论纵横

《中华妈祖》栏目十年回望（秒　秒）

《妈祖文化简读本》简介（刘福铸）

●《中华妈祖》CN-35（Q）第0071号　2015年第4期 总第61期

中华妈祖文化交流协会主办

栏目:

新闻视点

第七届海峡论坛·妈祖文化活动周在莆举行（吴伟锋）

两岸学者聚台北研讨妈祖文化（王　炎）

美国纽约妈祖大厦落成，湄洲妈祖分灵神像开光（潘真进）

莆田市贸促会代表团参访美国妈祖基金会（陈少卿）

青岛市妈祖文化联谊会第二届会员代表大会举行（亚　磊）

台湾鹿港天后宫主委张伟东一行赴湄洲参访（肖　笑）

莆田16家宫庙赴台湾北港朝天宫会香（中　时）

特别报道

两岸妈祖大学堂活动·综述（苏丽彬）

两岸妈祖大学堂活动·创新（伍　凌）

两岸妈祖大学堂活动·情缘（良　宽）

专题笔会

郑和在江苏太仓（徐业龙）

郑和在南京（奚　敏）

郑和在福建长乐（周金琰）

郑和与湄洲妈祖祖庙（周丽妃）

明代下西洋船队中的妈祖故乡武宫（刘福铸）

妈祖信仰在“西域”（潘真进）
郑和下西洋与妈祖信仰在海外的传播（李天锡）
大爱情缘
情缘，情结，情怀（黄志霖）
与马来西亚华裔青少年的一次偶遇（林保虔）
艺苑揽胜
姑妈的心愿（徐甘蒂）
沧浪湖石（陈建平）
大爱妈祖赋（曹　杰）
心向妈祖（蔡建财）
重游凤山妈祖庙（石　磊）
你总在眺望（苏　静）
书法作品选登（顾亚龙）
美术作品选登（蔡永辉）
信俗大观
湄洲妈祖祭典（宋嘉健）
文论纵横
妈祖文化：海上丝绸之路的精神家园（程　强）
试论三位一体的妈祖精神（郑世雄）
韩国所在妈祖现状（朴现圭）
地区巡礼
妈祖光耀田寮境（罗镲 / 文　何夏逢 / 图）
天后宫呈异彩
众手浇花别样红
信俗薪火代代传
神奇故事成佳话
拜谒走亲叙情缘
圣迹寻踪

挂席泛槎（仕　雄）

《中华妈祖》CN-35（Q）第 0071 号　2015 年第 5 期 总第 62 期

中华妈祖文化交流协会主办

栏目：

新闻视点

湄洲妈祖文化旅游节隆重举行（卓晋平　吴伟锋　周凌瀚）

中华妈祖文化交流协会 2015 年年会顺利召开（田　普）

两岸妈祖巡安绕境湄洲（翁志鹏　周　龙）

莆田贤良港举行海祭大典（董太领　李妙珠）

妈祖之声

慈善之光耀大地（吾　农）

莆田市妈祖文化交流促进会成立（林　芳）

专题笔会

助战抗倭佑和平（郑世雄）

妈祖“抗倭”护国佑民（潘真进）

大破倭寇 大快人心（晓　海）

大爱情缘

赵朴初与妈祖文化（颜青山）

翁太明住持谈妈祖（黄志霖）

圣母玛利亚与妈祖（正　理）

艺苑揽胜

佛在信众（陈其浩）

妈祖，妈祖（外二首）（刘向英）

遥远的青海湖（陈建平）

书法作品选登（李　琪）

文论纵横

福州妈祖信仰的地方化（杨　榕）

泉州在妈祖信仰传播过程中的作用（李天锡）

厦门地区妈祖信仰的由来、沿革与现状（石奕龙）

妈祖文化在闽西的传播与影响（张开龙）

闽北南平的妈祖信仰（刘福铸）

妈祖信仰在宁德（林国敏）

妈祖文化在三明的影响（高珍华）

漳州妈祖信仰（柯　力）

信俗大观

天津皇会（定　伯）

地区巡礼

漕运枢纽妈祖缘（奚　敏）

天妃闸史话（董　菁）

昔日的惠济祠庙会（周素霞）

天妃坝考古新发现（祈小东）

乾隆皇帝题惠济祠楹联（徐业龙）

妈祖托梦建三闸（吴　妍）

湄屿心语

国粹——“礼”（陈亚娟）

圣迹寻踪

铁马渡江（仕　雄）

●《中华妈祖》CN-35（Q）第0071号　2015年第6期 总第63期

中华妈祖文化交流协会主办

栏目：

新闻视点

妈祖文化是中国海洋文化重要组成部分（黄晓烨）

“慧聚妈祖”回銮返昆山（黄　莹）

2015年世界神明朝山联谊会盛大展开（台　雯）

新港奉天宫百年大醮登殿大典（奉　闻）
南京妈祖文化交流研讨会举行（南　文）
鹿港天后宫与朴子配天宫首度联合绕境（刘晓欣）
妈祖之声

特别报道

祖地盛事，妈祖出游（周金琰）
进村入户，家庭互访（潘真进）

专题笔会

妈祖·台湾·颜思齐（颜青山）
妈祖·台湾·郑芝龙（肖　笑）
妈祖·台湾·郑成功（文　天）
妈祖·台湾·施琅（林庆扬）
妈祖·台湾·福康安（蔡国耀）
妈祖·台湾·蒋元枢（晓　海）
妈祖·台湾·沈葆桢（陈祖芬）
妈祖·台湾·刘铭传（重　磊）

大爱情缘

佛海无涯诚为岸（罗金沐）

艺苑揽胜

妈祖给予的爱（吕　畅）
湄洲妈祖颂（林洪国　林陈宇）
美术作品选登（俞　峥）
书法作品选登（赵学敏）

信俗大观

洞头妈祖祭典（何　索）

文论纵横

从天妃显圣录看中华传统价值观（郑世雄）
论“新海丝”背景下的妈祖文化对外传播（林庆扬）

地区巡礼

树标杆，齐心协力襄盛举（公　羽）

献爱心，游子盛情报桑梓（苏丽彬）

护文物，众筹重建灵慈宫（海　松）

助学教，回报社会情意浓（李金灿）

奉善行，热心公益妈祖人（伍　凌）

仿古例，欢乐喜庆三巡游（黄黎强）

湄屿心语

国粹——“义”（周丽妃）

圣迹寻踪

祷雨济民（仕　雄）

2015 年妈祖文化交流大事记（翁劲松）

2015 年度《中华妈祖》总目录

2016 年《中华妈祖》总杂志订阅单

●《妈祖故里》CN-35（Q）第 0028 号　2015 年第 1 期

湄洲岛国家旅游度假区党工委宣传部主办

栏目：

瓣香

让心度个假（陈　言　陈　北）

在场

秋祭妈祖典礼上的青春面孔（朱朱等）

个人史

陈爱萍：我要画妈祖与众不同的美（郑　晓）

文创录

伴手礼，伴心礼（石　城）

海峡风

台湾印象（厉江斌）

风物馆

从西山宫到九牧祖祠（慕　眺）

艺文志

原乡（康　桥）

唱过的妈祖歌（黄披星）

沙之书（林落木）

阳光里的爱（杨繁华）

资讯

北京妈祖仁爱慈善基金会成立等

●《妈祖故里》CN-35（Q）第0028号　2015年第2期

湄洲岛国家旅游度假区党工委宣传部主办

栏目：

瓣香

温暖的湄洲年（庄见果　石　城）

岛屿书

湄洲微旅行（林　秋　洋小布）

个人史

徐国雄：画不完的乡愁（麦　冬）

风物馆

一街繁华有神助（黄披星）

风之味

莆田味道（小　谢）

艺文志

心向妈祖（肖龙华）

密码（张　旗）

出走到岛国（西　西）

资讯

2015年湄洲岛春节黄金周游客爆满等

《妈祖故里》CN-35（Q）第0028号　2015年第3期

湄洲岛国家旅游度假区党工委宣传部主办

栏目：

瓣香

爱在妈祖身边（陈　北）

聚焦

妈祖：守护“海丝”一千年（王　炎）

个人史

大主祭有大智慧（陈祖芬）

岛屿书

精美的石头会歌唱（吴立晶　李　玲　马　娜）

风物馆

寂寞元妙观（张　翔）

海峡风

进香客“疯狂”摄影人更“疯狂”（阿　钵）

艺文志

看过的那片海（夏　雪）

在蓝色的臂弯里（张　平）

海的边缘（南　木）

资讯

翟墨领航帆船团队重走“海丝”之路等

《妈祖故里》CN-35（Q）第0028号　2015年第4期

湄洲岛国家旅游度假区党工委宣传部主办

栏目：

瓣香

见证：三月廿三（陈　言）

聚焦

流动的庙宇，永恒的精神（郑　晓）

个人史

捏海人黄亚棋的艺术人生（陈　北）

岛屿书

毕业季·来一场别样的湄洲之旅（唐立群）

风物馆

顺其自然（徐国雄）

海峡风

康青龙：走慢点，你才不累（黄　橙）

艺文志

漫步莲池沙滩（吴立晶）

一沙一世界（李　玲）

赶海的趣味（瘦　马）

在沙滩上奔跑（马　娜）

资讯

第七届海峡论坛·妈祖文化活动周开幕等

●《妈祖故里》CN-35（Q）第0028号　2015年第5期

湄洲岛国家旅游度假区党工委宣传部主办

栏目：

瓣香

湄洲之夏（黄披星）

聚焦

《平安号》：看上去很美（郑　晓）

个人史

照着妈祖的发型来梳头（友　风）

岛屿书

漫步天妃故里（吴立晶　李　玲　白　玫）

风物馆

海平佑归舟（石　城）

海峡风

十四名台湾学子的妈祖故里之旅（陈　霞）

艺文志

蓝调（朱以撒）

我们曾到过海边（张定浩）

男人女人与海（于燕青）

资讯

湄洲岛召开“文明湄洲岛”创建行动动员大会等

《妈祖故里》CN-35（Q）第0028号　2015年第6期

湄洲岛国家旅游度假区党工委宣传部主办

栏目：

瓣香

不仅仅是信仰（陈　言）

聚焦

那些年，我们一起追的“心连心”（郑　晓）

“把妈祖文化研究国际化”（朱　朱）

个人史

爱妈妈的人，才会忠于国家（林群华）

岛屿书

一瓣心香到湄洲（王进宝　陈愉连　杜瑞潇）

风物馆

灵光重现南日山（杨繁华）

艺文志

微语湄洲（唐立群）

海南岛的天（西　西）

我和大海（清　风）

资讯

《湄洲妈祖颂》进入“丹桂奖”决赛等

●《湄洲论坛》闽内刊准印证第 101 号　2015 年第 2 期

莆田市社会科学界联合会主办

栏目：

热点话题

“莆田社科论坛 · 融入‘海丝’”专集

打造世界妈祖文化区　推动莆田融入“海丝”战略（黄瑞国）

融入“海丝”——莆田的优势和出路（陈天宇）

发挥莆田优势　积极融入国家“一带一路”倡议（蔡天新）

莆田：海上丝绸之路的一颗明珠（金文亨）

我市参与“海丝”申遗的对策建议（刘晶洁）

打造“海丝”重要枢纽　促进莆田港口发展（吴玉忠）

把莆田打造成 21 世纪海上丝绸之路先行区（谢如明）

把握机遇，借势发力，打造“海丝”重要节点城市（李　伟）

思政论丛

试论妈祖精神与社会主义核心价值观的契合（陈天宇　曾　伟）

●《连江妈祖》第 16—17 期合刊

目录

妈祖在线

连江县妈祖文化研究会到访同安三宫庙（秘书处）

连江妈祖庙举办活动为妈祖庆生（秘书处）

连江县妈祖诗文艺术交流学会在第三届全球妈祖文化征文暨摄影大赛中荣获佳绩（魏碧贞）

连江县妈祖文化研究会赴安徽参观考察（魏碧贞）

连江县妈祖文化研究会赴闽西采风（杨文健）

壶江妈祖在马祖“升天祭”巡游纪实（林长成）

妈祖诗颂

妈祖颂（郑家敬）

颂妈祖（李福金）

妈祖感吟（魏碧贞）

第三届妈祖文化节在黄岐（杨文健）

贺连江第三届妈祖文化节（秦淮梦）

妈祖神光耀粗芦（魏　朗）

妈祖颂（林风华）

颂妈祖（静悟斋主）

妈祖精神颂（郑碧城）

妈祖巡游（杨文健）

颂太祖姑——林默娘（林发银）

妈祖缘（杨文健）

采桑子·妈祖圣诞盛会有感（阮道明）

妈祖研究会浙江采风组诗（魏　朗）

妈祖佑航行（潘振沧）

游湄洲岛妈祖庙有感（静悟斋主）

盛世龙塘（杨文健）

影像

●《妈祖法缘》，任伟龙作品，兰寿春老师指导，龙岩学院客家民俗文化研究所2015年11月摄制。

●《2015白沙屯妈祖往北港徒步进香纪实》光盘，台湾苗栗县拱天宫制作。

综合类图书

●《文化根·民族魂·中国梦——2014年“礼敬中华优秀传统文化”系列活动项目撷英》：教育部思想政治工作司、全国高校博物馆育人联盟主编，上海交通大学出版社2015年版，232页。第179页“建设‘八个一’工程 推进妈祖文化‘四进’校园——湄洲湾职业技术学院传承、发展妈祖文化的实践”。

●《闽台历史名人画传》：周旻著，厦门大学出版社2015年版，304页。本书为《厦门社科丛书》之一，第12页“妈祖”。

●《古城泉州》：杨昌鸣、方拥著，中国建筑工业出版社2015年版，95页。本书为《中国精致建筑100丛书》之一，第59页“妈祖天后庇佑安宁”。

●《当文化遇上经济：福建文化产业发展思维与路径》：林朝霞著，厦门大学出版社2015年版，248页。第158页“湄洲岛：妈祖文化符号的提炼升华”。

●《福地行踪》：何少川著，海峡文艺出版社2015年版，255页。本书为《“八闽风采”纪实文学丛书》之一，第193页“奇木巧结妈祖神缘”。

●《“客家祖地·闽台客家”研讨会论文集》：龙岩学院闽台客家研究院编，龙岩学院闽台客家研究院、福建省统一战线理论研究会客家文化龙岩研究基地，2015年，223页。第85页张鸿祥：“汀州妈祖与台湾妈祖的神缘关系”。

●《乡野·乡情·乡韵》：吴建华著，海峡文艺出版社2015版，214页。本书是《“八闽风采”纪实文学丛书》之一，第102页“泉州天后宫散记”；第134页“铜陵天后宫”。

●《土楼风情》：苏志强编著，刘先裘主编，中国评论学术出版社2015版，341页。本书是《永定客家土楼文化丛书》之一，第96页“妈祖”；第299页“永定的天后宫”。

●《福建省政协文史资料选编·医家类》：黄有霖主编，厦门大学出版社

2015 年版，238 页。本书为《闽台中医药文化丛书》之一，第 66 页“立夏闲话帝君公、妈祖婆”。

●《项南的故事》：林志远著，福建人民出版社 2015 年版，176 页。第 86 页“智修妈祖祖庙”。

●《长汀文史资料·第 46 辑》：中国人民政治协商会议福建省长汀县委员会文史资料委员会编，中国人民政治协商会议福建省长汀县委员会文史资料委员会，2015 年，307 页。第 254 页章新梓：“独具特色的汀州妈祖‘清河祭祀’”；第 257 页邹文清、赖绍良：“汀江明珠：羊牯天后宫”；第 260 页廖进琳：“汀州天后宫的双塘名胜”。

●《闽南文化学术年鉴 2013—2014（上）》：林华东主编，中国社会科学出版社 2015 年版，675 页。本书为《闽台与海丝文化研究丛书》之一，第 266 页高芙蓉：“国内妈祖祭祀音乐研究现状综述”；第 356 页孟建煌、许元振：“弘扬妈祖文化精神架设两岸交流桥梁——2013 年海峡两岸妈祖文化学术研讨会综述”；第 459 页“‘妈祖与海丝’学术研讨会在莆举行”。

●《八闽侨乡福建·2》：陈健主编，中国旅游出版社 2015 年版，184 页。本书为《中国地理文化丛书》之一，第 99 页“你知道莆田人为何崇拜妈祖吗？”；第 101 页“妈祖文化习俗主要有哪些？”；第 109 页“你知道皇帝在天后祖祠赐金豆的传说吗？”；第 170 页“泉州天后宫是为奉祀谁而建造的？”。

●《永定文史资料·第 34 辑》：中国人民政治协商会议龙岩市永定区委员会学生宣传文史资料委员会编，中国人民政治协商会议龙岩市永定区委员会学生宣传文史资料委员会，2015 年，339 页。第 136 页廖永茂：“西陂天后宫楹联赏释”；第 150 页王贵垣：“龙灯大闹西陂天后宫”。

●《中国非物质文化遗产百科全书·代表性项目卷（下）》：冯骥才总主编，中国文联出版社 2015 年版，1171 页。第 972 页“妈祖祭典”。

●《非物质文化遗产研究集刊·第 8 辑》：陈华文主编，浙江省非物质文化遗产研究基地编，浙江工商大学出版社 2015 年版，352 页。第 152 页余海霞：“民间宗教文化资源开发中的‘圣俗二元再生产’——以台湾大甲妈祖绕境进香为例”。

●《广州非物质文化遗产志（下）》：贡儿珍主编，广州市人民政府地方志办公室、广州市文化广电新闻出版局编，方志出版社 2015 年版，1544 页。本书为《广州史志丛书》之一，第 1387 页“南沙妈祖信俗”。

●《中国非物质文化遗产百科全书·传承人卷》：冯骥才总主编，中国文联出版社 2015 年版，698 页。第 663 页“妈祖祭典”。

●《文化福清·非遗福清》：林秋明编著，武汉大学出版社 2015 年版，154 页。本书为《文化福清》之一，第 129 页“妈祖信仰”。

●《禅话》：南怀瑾著，东方出版社 2015 年版，150 页。第 106 页“马祖不是妈祖”。

●《迷路原为看花开》：李伟文著，北京联合出版公司 2015 年版，247 页。第 170 页“妈祖与众生”。

●《香浓的桂花酒：海峡两岸故事 3》：林世恩主编，海峡文艺出版社 2015 年版，467 页。第 92 页林贵福：“一宫两妈祖”。

●《水色的光芒》：倪伟李、沈丙龙著，海峡文艺出版社 2015 年版，367 页。第 65 页“妈祖”；第 205 页“妈祖颂”；第 214 页“妈祖·大爱”。

●《一个人的绘画之旅：游画港澳台》：杨云平著，东方出版中心 2015 年版，389 页。第 226 页“妈祖文化村”。

●《南海神信仰》：乔培华编，中山大学出版社 2015 年版，179 页。第 144 页孙利龙：“南海神洪圣文化与妈祖文化的现代诠释”。

●《全彩图解茶经（超值全彩珍藏版）》：李叶编，北京联合出版公司 2015 年版，427 页。本书为《国学典藏馆丛书》之一，第 271 页“台湾茶工怎样拜祭茶郊妈祖？”。

●《台湾文献与史实钩沉》：陈支平著，商务印书馆 2015 年版，419 页。第 385 页“闽台地区回族、畲族等少数民族的妈祖信仰”。

●《台湾的民俗信仰与文化资产》：谢宗荣著，博扬文化事业有限公司 2015 年版，257 页。本书为《博扬文化人物系列》之一，第 3 页“台湾的妈祖信仰及其造像艺术”；第 31 页“从文化资产的观点看台湾的妈祖信仰及其有关文物”；第 63 页“庙会祭典与阵头艺术——以妈祖进香绕境活动为例”。

●《中国大陆台湾史书目提要》：中国社会科学院台湾史研究中心著，李细珠主编，中国社会科学出版社 2015 年版，457 页。第 203 页“妈祖的子民：闽台海洋文化研究”；第 315 页“妈祖研究论文集”；第 395 页“清代妈祖档案史料汇编”。

●《华风鲲影话台湾》：赵颐柳著，东方出版社 2015 年版，440 页。第 146 页“全岛三月祭妈祖”。

●《赵国杰诗词集》：赵国杰著，东方出版社 2015 年版，295 页。第 117 页“台湾神祇妈祖”。

●《台湾剧史沉思》：徐亚湘著，国家出版社 2015 年版，515 页。本书为《国家戏曲研究丛书》之一，第 281 页“戏曲创作中妈祖形象的选择分析——以国光剧团《妈祖》为例”。

●《一本书读懂民俗常识》：赵宗福、梁家胜编著，中华书局 2015 年版，428 页。第 305 页“妈祖”。

●《新中国散文典藏》第 3 卷：王景科主编，山东友谊出版社 2015 年版，390 页。第 146 页“妈祖”。

●《中国古代航海》：乔志霞编著，中国商业出版社 2015 年版，182 页。本书为《中国传统民俗文化政治经济制度系列》之一，第 141 页“海神妈祖”。

●《中华五福吉祥图典·福（汉英对照）》：黄全信、黄迎主编，华语教学出版社 2015 年版，245 页。第 178 页“妈祖保佑”。

●《中国神话与民间传说》：刘媛编著，北京联合出版公司 2015 年版，434 页。本书为《经典典藏丛书》之一，第 212 页“妈祖的传说”。

●《中华姓氏全书》：鸿雁主编，中国华侨出版社 2015 年版，408 页。本书为《国学典藏丛书》之一，第 283 页“妈祖的传说”。

●《观音圣地史迹文脉》：刘辉著，巴蜀书社 2015 年版，146 页。第 95 页“观音化身西部妈祖”。

●《长山列岛的语言及民俗文化研究》：张廷国、刘援朝、张红梅著，山东大学出版社 2015 年版，318 页。本书为《山东省社会科学规划研究项目文丛》之一，第 48 页“千年妈祖文化”；第 58 页“妈祖祭祀与庆典”；第 61 页“妈祖文化的传播”。

●《人类学学刊》第 1 辑：张先清主编，商务印书馆 2015 年版，248 页。第 15 页石奕龙："天后妈祖传说故事与神像隐含的象征意义"。

●《新课标小学生必读中国神话故事》：吴晓萍编，浙江人民美术出版社 2015 年版，205 页。第 66 页"妈祖娘娘"。

●《广东省优秀社会科学家文库·姜伯勤自选集》：姜伯勤著，中山大学出版社 2015 年版，299 页。第 272 页"大汕禅师的澳门南海航行与唐船贸易圈中的禅宗信仰及妈祖礼拜——兼论 17、18 世纪之交唐船海客的宗教伦理"。

●《奇闻趣事未解之谜 》：彭杰编，黑龙江美术出版社 2015 年版，154 页。本书为《青少年必读百科探索丛书》之一，第 17 页"妈祖为什么成为了海神象征"。

●《时光的门闩——流淌的岁月》：陈明秋著，江西美术出版社 2015 年版，253 页。第 103 页"妈祖"。

●《图说水与文学艺术》：朱海风、张艳斌、史月梅著，中国水利水电出版社 2015 年版，195 页。本书为《图说中华水文化丛书》之一，第 11 页"妈祖护航，神佑郑和——妈祖故事"。

●《纸上的硝烟》：倪伟李著，海峡文艺出版社 2015 年版，210 页。第 78 页"妈祖与海"；第 92 页"妈祖"。

●《舞行无疆——中国首届舞蹈编导教学高峰论坛论文集》：张守和主编，中央民族大学出版社 2015 年版，466 页。本书为《北京舞蹈学院 60 周年献礼丛书》之一，第 443 页张茜："浅析莆田妈祖祭祀活动中的妈祖祭祀舞蹈"。

●《北京，仁慈的城》：荒林著，九州出版社 2015 年版，148 页。第 10 页"妈祖"。

●《中心与边缘：东亚文明的互动与传播》：李焯然著，广西师范大学出版社 2015 年版，312 页。本书为《海外中国学丛书》之一，第 227 页"宗教景观的转变与新加坡的妈祖信仰"。

●《胶东文化通论》：刘焕阳、陈爱强著，齐鲁书社 2015 年版，494 页。第 137 页"胶东仙道文化与胶东妈祖的兴盛"。

●《创意兴国》：柯可著，世界图书广东出版公司 2015 年版，271 页。本书为《中华国学经典教育丛书》之一，第 127 页"中华海神妈祖之海洋文化发展战略"。

●《风俗雅韵》：戴永夏著，山东画报出版社 2015 年版，263 页。第 220 页“山东沿海的妈祖信仰”。

●《尚书、探花林士章（增订本）》：林祥瑞著，漳浦县政协文史委编，漳浦县政协文史委，2015 年，158 页。第 76 页“林士章迎回妈祖的考证”。

●《老地方，慢时光》：一哥著，九州出版社 2015 年版，202 页。本书为《我的旅行留影中丛书》之一，第 97 页“北港朝天宫”。

●《诗画山水浙江（一）》：童少飞、陈建华主编，中国旅游出版社 2015 年版，248 页。本书为《中国地理文化丛书》之一，第 167 页“妈祖宫是一座什么样的建筑？”。

●《诗画山水浙江（二）》：童少飞、陈建华主编，中国旅游出版社 2015 版，268 页。本书是《中国地理文化丛书》之一，第 140 页“天妃宫为什么又称‘天后宫’、‘妈祖庙’？”。

●《中国民间故事丛书·浙江宁波·江东卷》：罗杨主编，知识产权出版社 2015 年版，222 页。本书为《中国民间文化遗产抢救工程》之一，第 92 页“妈祖的故事”。

●《中国民间故事丛书·浙江宁波·象山卷》：罗杨主编，知识产权出版社 2015 年版，324 页。本书为《中国民间文化遗产抢救工程》之一，第 38 页“妈祖娘娘”。

●《文·化宁波——宁波文化的空间变迁与历史表征》：黄文杰著，浙江大学出版社 2015 年版，348 页。第 118 页“妈祖、观世音、弥勒与东海信仰”。

●《道教与岭南俗信关系研究》：王丽英著，社会科学文献出版社 2015 年版，296 页。本书为《广州大学·广府文化系列》之一，第 138 页“妈祖崇拜与碧霞元君信仰”。

●《中国神像鉴藏录》：章用秀著，上海远东出版社 2015 年版，207 页。第 189 页“妈祖——扶危济困”。

●《留下曾经的足迹》：张锦才主编，海峡文艺出版社 2015 年版，424 页。第 148 页潘健：“闽台茶叶与妈祖文化”。

●《历史回眸文化博览》：张丽丽主编，北京教育出版社 2015 年版，192 页。

本书为《中国少年儿童百科全书》第 5 辑，第 169 页“沿海人民膜拜的妈祖”。

●《中国历史文化十万个为什么 · 3》：李娇、于元编著，吉林文史出版社 2015 年版，464 页。第 218 页“‘妈祖娘娘’是谁？”。

●《中国历史文化十万个为什么 6》：于元编著，吉林文史出版社 2015 年版，463 页。第 357 页“妈祖信俗是怎样形成和发展的？”。

●《南宋全史（七）》：范立舟著，上海古籍出版社 2015 年版，402 页。第 281 页“妈祖（天妃）信仰”。

●《天津方言与津沽文化》：谭汝为著，中国国际广播出版社 2015 年版，216 页。本书为《方言与文化丛书》之一，第 155 页“妈祖文化影响大”。

●《大张人诗词集——网友唱和集》：张喜海著，三秦出版社 2015 年版，378 页。第 220 页“澳门马祖阁——和星辰日月《妈祖阁春题》”。

●《中国客家对联大典 · 上》：陈平主编，广西师范大学出版社 2015 年版，976 页。本书为《客家文化丛书》之一，第 841 页“泰国天后圣母宫”；第 842 页“泰国叻丕府天后圣母宫”；第 875 页“香港马湾天后古庙”“香港地铁天后庙”；第 894 页“永定仙师乡瑶上水口庵妈祖殿”；第 902 页“日本长崎兴福寺妈祖堂”；第 903 页“日本崇福寺妈祖堂”；第 976 页“天后诞辰”。

●《秋枫集》：詹金术著，上海大学出版社 2015 年版，265 页。第 128 页“七律 · 湄洲妈祖”。

●《八闽魅力：福建文化特色与形态》：肖东发主编，罗洁编著，现代出版社 2015 年版，167 页。本书为《中华精神家园》之一，第 29 页“慈悲林默创下妈祖文化”。

●《九九踏秋：重阳节俗与登高赏菊》：肖东发主编，李勇编著，现代出版社 2015 年版，167 页。本书为《中华精神家园丛书》之一，第 108 页“福建重阳祭祀妈祖祈求平安”。

●《宝岛台湾——台湾文化特色与形态》：肖东发主编，周丽霞编著，现代出版社 2015 年版，167 页。本书为《中华精神家园丛书》之一，第 119 页“最为普遍的妈祖信仰”。

●《冷门知识大全》：鲁中石主编，天津科学技术出版社 2015 年版，408 页。第 194 页“‘妈祖’是什么神，沿海人民对她的崇拜是从什么时候开始的？”。

●《冷门知识大全》：宋佳芹编著，北方妇女儿童出版社2015年版，578页。第278页"'妈祖'是什么神，沿海人民对她的崇拜是从什么时候开始的？"。

●《冷门知识大全》：马兰主编，天津人民出版社2015年版，408页。本书为《悦读坊》丛书之一，第194页"'妈祖'是什么神，沿海人民对她的崇拜是从什么时候开始的？"。

●《冷门知识全知道》：朱立春主编，北京联合出版公司2015年版，436页。第214页"'妈祖'是什么神，沿海人民对她的崇拜是从什么时候开始的？"。

●《不可不知的中华民俗常识》：《微经典》编委会编著，江苏美术出版社2015年版，176页。本书为《微经典丛书》之一，第111页"妈祖是谁"。

●《杨丽娟客家书》：杨丽娟著，四川大学出版社2015年版，269页。第163页"妈祖的退化"。

●《中国古代祭祀》：王俊编著，中国商业出版社2015年版，184页。本书为《中国传统民俗文化丛书》之一，第42页"妈祖"。

●《沧海航灯——岭南宗教信仰文化传播之路》：郑佩瑗著，广东经济出版社2015年版，170页。本书为《海上丝绸之路研究书系》之一，第153页"妈祖崇拜"。

●《中国珠江文化简史》：司徒尚纪编著，中山大学出版社2015年版，638页。本书为《珠江文化丛书》之一，第216页"妈祖崇拜出现"。

●《道教》：谢路军著，中国民主法制出版社2015年版，210页。本书为《宗教文明品析丛书》之一，第150页"女神妈祖和王母娘娘"。

●《岭上造船笔记》：陶里著，作家出版社2015年版，419页。本书为《澳门文学丛书》之一，第103页"妈祖娘娘塑像"。

●《潮俗花絮》：林声友著，文化走廊出版社2015年版，163页。第122页"妈祖显灵扇炸弹"；第125页"妈祖文化"。

●《黄启根惠风和畅精品》：贾德江主编，北京工艺美术出版社2015年版，40页。本书收录有妈祖的歌谣。

●《日常生活中的当代宗教》：黄应贵主编，群学出版有限公司2015年版，369页。本书为《新世纪社会与文化》之一，第79页吕玫锾："当代妈祖信仰的个人化与宗教性：以白沙屯为例"。

●《惠安五刘人文图志》:《惠安五刘人文图志》编委会编，中国博学出版社2015年版，330页。第165页“妈祖文化”；第221页“妈祖宫里内的匾”；第222页“溪底妈祖宫的匾”。

●《心居清品》：冯骥才著，中华书局2015年版，193页。第140页“莆田妈祖祖庙石坊对联”。

●《图说老吉祥》：矫友田著，济南出版社2015年版，244页。本书为《中国传统记忆丛书》之一，第50页“救急扶危：妈祖”。

●《语坛探新录》：董月凯、黄国豪、蒋美贤主编，中国社会科学出版社2015年版，484页。本书为《澳门教育丛书》之一，第43页蒋美贤、邓景滨：“澳门妈祖阁‘詹顼亭’正解”。

●《纵横时空——叶志德现代水墨画集》：飞鸿文化股份有限公司2015年版，111页。第46页“妈祖”。

●《庆元序跋》：陈庆元著，兰一出版社2015年版，327页。本书为《人文小品系列》之一，第107页“刘福铸、王连弟《历代妈祖诗咏辑注》序”。

●《海洋史研究》第8辑：李庆新主编，社会科学文献出版社2015年版，352页。第284页吴宏岐：“澳门妈祖信仰的形成、扩展及其与中西宗教的交融”。

●《海洋文化的信仰渊源探究》：王巧玲著，中国社会科学出版社2015年版，271页。本书为《媒介·文化·社会丛书》之一，第183页“观音、妈祖等神灵作为船神”；第214页“海神妈祖”。

●《海洋强国与粤澳未来发展——2013粤澳高端论坛文集》：李向玉、温宪元主编，中国社会科学出版社2015年版，240页。第169页郭德厚：“妈祖文化与沿海城市品质提升”。

●《海洋生活ABC》：何仕平、蒋蓉著，中国评论学术出版社2015年版，218页。本书为《中国精神文明学（意识社会学）大型丛书〈海洋社会ABC〉科普丛书》之一，第91页“什么是妈祖？”；第93页“什么是天后宫？”。

●《海洋文化ABC》：程潮、范英著，中国评论学术出版社2015年版，222页。本书为《中国精神文明学（意识社会学）大型丛书〈海洋社会ABC〉科普丛书》之一，第90页“妈祖信仰的海洋文化意蕴是什么？”。

●《每天读一点民俗文化常识》：王颖编著，江苏文艺出版社 2015 年版，290 页。第 139 页“妈祖信仰是如何产生的”。

●《人类学学刊 · 第 1 辑》：张先清主编，商务印书馆 2015 年版。第 15 页石奕龙：“天后妈祖传说故事与神像隐含的象征意义”。

●《中国古代宫殿》：乔志霞编著，中国商业出版社 2015 年版，184 页。本书是《中国传统民俗文化——建筑系列》之一，第 171 页“烟台天后行宫”。

●《踵事增华：贵州省黔东南苗族侗族自治州不可移动文物集萃》：安成祥编撰，贵州民族出版社 2015 年版，381 页。第 112 页“镇远县 · 天后宫”。

●《中西交通史 · 下》：方豪著，上海人民出版社 2015 年版，935 页。第 402 页“天后与华侨之南进”。

●《顺德众涌风物》：陈三株、卢志广著，银河出版社 2015 年版，172 页。第 42 页“天后古庙命运多舛”。

●《山东古建筑》：刘苏、高宜生等编，中国建筑工业出版社 2015 年版，446 页。第 145 页“蓬莱天后宫”；第 146 页“青岛天后宫”。

●《辽宁、吉林、黑龙江古建筑下》：陈伯超、刘大平、李之吉等主编，中国建筑工业出版社 2015 版，308 页。本书是《中国古建筑丛书》之一，第 148 页“庄河青堆子天后宫”。

●《海南香港澳门古建筑》：陆琦主编，中国建筑工业出版社 2015 版，304 页。第 147 页“天后宫”；第 209 页“铜锣湾天后庙”；第 213 页“油麻地天后庙”。

●《福建古建筑》：王南编著，中国建筑工业出版社 2015 版，359 页。本书是《中国古建筑丛书》之一，第 86 页“泉州天后宫”；第 88 页“永定西陂天后宫”。

●《台湾古建筑》：李乾朗著，中国建筑工业出版社 2015 版，286 页。本书是《中国古建筑丛书》之一，第 93 页“鹿港天后宫”；第 95 页“澎湖天后宫”。

●《中国历代名建筑志 · 下》：喻学才、贾鸿雁、张维亚、龚伶俐著，高介华主编，湖北教育出版社 2015 年版，788 页。本书是《中国建筑文化研究文库》之一，第 420 页“蓬莱天后宫”；第 423 页“天后宫（福建）”；第 549 页“天后宫”；第 607 页“天后宫（山东）”；第 609 页“天妃宫”。

●《镇远青龙洞古建筑群》：张兴国、廖屿荻、汪智洋编著，重庆大学出版社 2015 年版，255 页。本书是《中国西南古建筑典例图文史料》之一，第 222 页“天后宫”。

●《元史及民族与边疆研究集刊 · 第 30 辑》：刘迎胜主编，高荣盛、华涛、姚大力副主编，上海古籍出版社 2015 年版，216 页。本书是《中国历代涉海碑刻学术研讨会论文专辑》之一，第 149 页周运中：“漳州浯屿天妃宫碑所见明末清初闽南史”。

●《郑和的西洋梦》：雷宗友编著，上海科学技术文献出版社 2015 年版，156 页。本书是《探险家传奇丛书》之一，第 148 页“御制的天妃宫碑”；第 151 页“珍贵的天妃灵应碑”。

●《风俗里的吴中（下）》：沈建东著，凤凰出版社 2015 年版，481 页。本书是《吴中文库》之一，第 369 页“角头山下拜天妃”。

●《中国古船图说 · 中英双语版》：席龙飞、龚昌奇、蔡薇编著，武汉理工大学出版社 2015 年版，221 页。第 109 页“郑和在第七次出洋前镌立的天妃碑与铸造的铜钟”。

●《释神校注》：（清）姚东升辑，周明校注，巴蜀书社 2015 年版，232 页。第 59 页“天妃”。

●《动画造型设计教程》：孙立军、许晓旭编著，辽宁美术出版社 2015 年版，255 页。本书是《动画基础教程系列丛书》之一，第 174 页“大天后宫 永不停歇地庇佑”。

●《浮世梦影 上海剧场往事》：路云亭、乔冉编著，文汇出版社 2015 年版，291 页。第 18 页“海上保护神——天后宫戏楼”。

●《歌谣伴你游青岛》：海涛著，中国海洋大学出版社 2015 年版，166 页。第 20 页“青岛天后宫”。

●《广东省革命遗址通览 · 汕尾市》：中共广东省委党史研究室、中共汕尾市委党史研究室编，广东人民出版社 2015 年版，134 页。本书是《全国革命遗址普查成果丛书》之一，第 62 页“天后宫——海丰总农会旧址”；第 89 页“天后宫大榕树——彭湃宣传农运旧址”。

●《广州好》：广州市文学艺术界联合会编，花城出版社 2015 年版，387 页。

第 298 页“天后宫”。

●《老上海城厢掌故》：薛理勇著，上海书店出版社 2015 年版，213 页，本书是《薛理勇新说老上海》之一，第 184 页“上海的天后宫”。

●《刘炎臣文集》：刘炎臣著，天津古籍出版社 2015 年版，471 页。本书是《天津市文史研究馆馆员著述系列》之一，第 225 页“天后宫戏楼和旗杆”。

●《青岛老建筑之旅》：袁宾久编著，中国海洋大学出版社 2015 年版，356 页。第 250 页“天后宫”。

●《海上花园澳门》：晓凡编著，中国旅游出版社 2015 年年版，253 页。本书为《中国地理文化丛书》之一，141 页“妈祖文化村是怎样一个旅游胜地？”；第 160 页“娘妈诞与妈祖有什么关系？”。

●《绿色宝岛台湾 2》：宋全忠编著，中国旅游出版社 2015 年版，261 页。本书为《中国地理文化丛书》之一，第 4 页“信众们为什么称鹿港天后宫妈祖为‘黑面妈’或‘香烟妈’？”；第 60 页“妈祖受封‘天后’从哪里开始？”；第 69 页“郑成功为什么在鹿耳门建天后宫？”；第 166 页“为什么说澎湖天后宫是台湾全省历史最悠久的庙宇？”；第 254 页“天后宫和马祖岛有什么关系？”。

●《天子之渡天津》：天津市旅游局编著，中国旅游出版社 2015 年版，365 页。本书为《中国地理文化丛书》之一，第 63 页“你知道关于天后宫供奉的妈祖的传说吗”；第 65 页“为什么说天后宫是天津地域文化的标志之一？”。

●《辽海重地辽宁 · 1》：周力主编，中国旅游出版社 2015 年版，252 页。本书是《中国地理文化丛书》之一，第 152 页“为什么在‘天后宫’的原址上修复的却是‘普化寺’？”。

●《岭南热土广东（一）》：黎泉编著，中国旅游出版社 2015 年版，308 页。本书是《中国地理文化丛书》之一，第 70 页“为什么明代海军出征前都要到赤湾天后宫一拜？”。

●《圣人故里山东（一）》：曾招喜、张爱文编著，中国旅游出版社 2015 年版，328 页。本书是《中国地理文化丛书》之一，第 124 页“为什么说青岛天后宫是青岛市区最古老的庙宇建筑群？”；第 291 页“蓬莱阁景区天后宫戏楼有什么用途？”；第 292 页“天后宫内几块石刻的来历和含义是什么？”；第 295 页“蓬莱天后宫里为什么由四海龙王为她当站官？”；第 295 页“天后寝殿有什么特别之处”；第 292 页“天后宫坤爻石是怎么得名的？”；第 293 页“天后有什么来历？”。

●《畅游香港（2016—2017 最新超值版）》:《畅游香港》编辑部编著，华夏出版社 2015 年版，219 页。本书是《畅游世界系列》之一，第 210 页“鲤鱼门天后宫”。

●《福建攻略（最新超值版）》:《全球攻略》编写组编著，中国旅游出版社 2015 年版，191 页。本书是《速度游城市地标全球攻略》之一，第 112 页“泉州天后宫”；第 131 页“湄洲妈祖庙”；第 132 页“贤良港天后祖祠”，第 152 页“汀州天后宫”。

●《贵州攻略（最新超值版）》:《全球攻略》编写组编著，中国旅游出版社 2015 年版，185 页。本书是《城市地标》之一，第 133 页“天后宫”。

●《台湾攻略（2015—2016 最新全彩版）》:《全球攻略》编辑部编著，华夏出版社 2015 年版，235 页。本书是《旅游攻略》之一，第 104 页“天后宫”；第 179 页“鹿港天后宫”；第 199 页“台南大天后宫”；第 200 页“鹿耳门天后宫”；第 202 页“安平开台天后宫”。

●《广州玩全攻略》:《玩全攻略》编辑部编著，化学工业出版社 2015 年版，235 页。本书是《考拉旅行——玩全攻略系列》之一，第 147 页“天后宫”。

●《越南攻略》:《全球攻略》编写组编著，中国旅游出版社 2015 年版。第 159 页“天后庙”。

●《香港玩全攻略》:《玩全攻略》编辑部编著，化学工业出版社 2015 年版，224 页。本书是《考拉旅行——玩全攻略系列》丛书之一，第 99 页“铜锣湾天后庙”；第 162 页“天后庙”。

●《香港攻略（2015—2016 最新全彩版）》:《香港攻略》编辑部编著，华夏出版社 2015 年版，235 页。本书是《旅游攻略》之一，第 143 页“赤湾天后宫许愿树”；第 185 页“鲤鱼门天后宫”。

●《中国自助游完全攻略》:《中国自助游完全攻略》编写组编著，中国旅游出版社 2015 年版，775 页。第 754 页“妈祖阁”。

●《中国自助游 2015 最新升级》:《中国自助游》编委会编，中国轻工业出版社 2015 年版，799 页。第 528 页“天后宫”；第 774 页“澎湖天后宫”。

●《港澳旅行计划》:《袋鼠旅行》编辑部编著，中国水利水电出版社 2015

年版，252 页。本书为《私人订制丛书》之一，第 232 页“妈祖文化村”。

●《天津往事藏在旧时光里的秘密地图》：何玉新著，北方文艺出版社 2015 年版，412 页。第 115 页“天后宫 | 津门故里”。

●《越秀史稿》第 2 卷：广州市越秀区人民政府地方志办公室、广州市越秀区政协学习和文史委员会主编，广东经济出版社 2015 年版，449 页。第 258 页“天妃庙 · 天后宫 · 天妃宫 · 五羊驿 · 水驿馆 · 驿前街”。

●《中国地理百科 · 姑苏地》：中国地理百科丛书编委会编，杜宏争撰，世界图书出版广东有限公司 2015 年版，206 页。第 189 页“浏河天妃宫”。

●《蓟辽走廊——自然 · 经济 · 历史 · 文化》：中国地理百科丛书编委会编著，林颖、李莉撰，世界图书出版广东有限公司 2015 年版，182 页。本书是《中国地理百科》之一，第 160 页“锦州天后宫”。

●《闽西山地》:《中国地理百科》丛书编委会编著，世界图书广东出版公司 2015 年版，207 页。本书是《中国地理百科》之一，第 184 页“西陂天后宫”。

●《鸭绿江畔》:《中国地理百科》丛书编委会编著，世界图书广东出版公司 2015 年版，194 页。本书是《中国地理百科》之一，第 177 页“丹东天后宫”。

●《北京诗词卷（现当代 · 下）》：张桂兴主编，中国书籍出版社 2015 年版，261 页，本书是《中华诗词文库》之一。第 172 页“浣溪沙 · 题天后宫（薄海天街来妙津）”。

●《竹溪古韵》：东莞市厚街镇文化广播电视服务中心主编，世界图书广东出版公司 2015 年版，312 页。第 51 页“沙塘村天后宫”、“白濠村天后庙”；第 52 页“河田村天后宫”“双岗村天后古庙”“下汴村天后古庙”；第 119 页“重修天后宫并乡公所合碑序”。

●《印尼苏北华侨华人沧桑岁月》：印尼苏北华侨华人历史会社编，印尼苏北华侨华人历史会社 2015 年版，904 页。第 91 页黄天祥：“棉兰天后宫”。

●《川南古镇印象》：杨家驹绘画 / 撰文，学苑出版社 2015 年版，142 页。第 87 页“狮市镇的天后宫”。

●《药窗诗话》：吴藕汀著，中华书局 2015 年版，580 页。本书是《吴藕汀作品集》之一，第 381 页“天后宫”。

学界概况

研究课题

序号	课题名称	负责人	单位	研究时间	资助金额（万元）	项目来源
1	妈祖文献整理与研究（2014ZDJ040）	刘福铸	妈祖文化研究院	2015.01—2017.12	5	省社科研究基地重大项目
2	妈祖文化与海上丝绸之路（2014ZDJ041）	林明太	妈祖文化研究院	2015.01—2017.12	5	省社科研究基地重大项目
3	妈祖与海洋文化（2014ZDJ042）	黄少强	妈祖文化研究院	2015.01—2017.12	5	省社科研究基地重大项目
4	21世纪“海丝”背景下的妈祖音乐研究（FJ2015B171）	陈美静	莆田学院	2015.07—2017.08	1.5	省社科基金一般项目
5	妈祖文化研究论丛（四）	林明太	妈祖文化研究院	2015.11—2016.04	7.5	湄洲妈祖祖庙董事会
6	妈祖文化研究论丛（五）	林明太	妈祖文化研究院	2015.11—2016.10	7.5	湄洲妈祖祖庙董事会
7	妈祖文化年鉴（2013）	柯志松	莆田学院	2015.11—2016.07	7.5	湄洲妈祖祖庙董事会
8	古丝绸之路妈祖文化传播的现实意义研究	蔡天新	莆田市委党校	2015.07—2017.08	1.5	省社科基金一般项目
9	海峡两岸妈祖祭祀仪式舞蹈研究	陈育燕	福建师范大学	2015.07—2017.08	1.5	省社科基金青年项目

研讨会信息

●编写《妈祖信仰世界传播史》启动会

2015年1月21日,《妈祖信仰世界传播史》编写工作启动会在莆田学院学术交流中心1207会议室召开。会议由校长李永苍主持，厦门大学陈支平教授、王晓平教授，福建师范大学林国平教授应邀前来参加会议，妈祖文化研究院院长黄瑞国、副院长林明太、文传学院院长孟建煌等与会。

●莆田学院召开“妈祖与海上丝绸之路口号”的讨论会

2015年1月23日,“关于讨论妈祖与海上丝绸之路口号”会议在莆田学院妈祖文化研究院召开。妈祖文化研究院院长黄瑞国、副院长林明太、妈祖学刊主编陈天宇、文化与传播学院院长孟建煌等与会。

经与会人员讨论后，口号暂定为：妈祖文化是海上丝绸之路的光辉旗帜。

●“妈祖文化与海上丝绸之路”论坛

2015年6月11日下午，作为第七届海峡论坛·妈祖文化活动周内容之一、由莆田学院承办的“妈祖文化与海上丝绸之路”论坛在湄洲岛举行。莆田市委常委、统战部长林素钦，福建省妈祖文化研究会会长、莆田学院校长李永苍，福建省妈祖文化研究会副会长、莆田学院纪委书记姚志平，莆田学院副校长曾文华，莆田学院妈祖文化研究院院长黄瑞国，以及来自海峡两岸高校、研究机构、社会团体、妈祖宫庙等从事妈祖文化研究的140多位专家学者参会。

李永苍在论坛上致辞时简要介绍了莆田学院的发展概况。他说，莆田学院作为莆田市唯一一所本科院校，一直致力开展妈祖文化研究，取得了明显成效，先后获批成立全国台联海峡两岸妈祖文化研习交流基地等，这些成果对于进一步促进妈祖文化理论化、学科化、时代化，大力弘扬妈祖“热爱和平、扶危救困、慈悲博爱、无私奉献”精神，充分发挥妈祖文化在建设21世纪海上丝绸之路中的作用有着非常积极的意义。

台湾学者、台湾中台科技大学张桓忠在致辞时说，此次论坛至少有三个层面的意义：深化妈祖信俗、延续两岸文化交流、探讨妈祖信俗在海上丝绸之路的文化意涵。莆田，在上述的三层意义中，无疑具中心位置，是海上丝绸之路的文化起点、两岸妈祖信俗交流的汇聚通路，也是妈祖信俗研究的中心平台。

本次论坛共征集了妈祖文化学术论文70多篇，其中台湾专家学者提供的论文近20篇，大陆专家学者提供的论文50多篇。参加论坛的专家学者围绕妈祖信仰与海上丝绸之路，妈祖信仰在两岸，妈祖信仰传播、文献研究，妈祖文化产业与莆台交流等专题进行了交流。

曾文华在论坛闭幕致辞中表示，莆田学院作为妈祖故乡唯一的本科院校，在妈祖文化研究方面肩负着历史使命，莆田学院将为从事妈祖文化研究的专家学者提供各种力所能及的服务，希望广大专家学者继续支持莆田学院妈祖文化研究工作。

2015国际妈祖文化学术研讨会

2015年10月31日至11月2日，首届妈祖文化高峰论坛——2015年国际妈祖文化学术研讨会在湄洲岛举行。中华全国台湾同胞联谊会副会长杨毅周，莆田市委副书记陈立华，以及中国社会科学院历史研究所、中国社会科学院社会学研究所、同济大学、暨南大学、厦门大学、中国海洋大学、福建师大、莆田学院、中南财经政法大学、河北大学、西安外事学院、上海社会科学院、天津社会科学院、福建省社会科学院、中国国家博物馆、闽台缘博物馆等大陆高校和科研机构，以及中台科技大学、南亚科技大学、英玮中国民间文学研究室、金门县采风文化发展会等二十多所台湾地区高校及学术机构的妈祖文化研究专家、学者，还有来自日本、韩国、加拿大、澳大利亚、新加坡、马来西亚等6个国家的13名学者，共一百多人参加了研讨会。

研讨会由中国社会科学院历史研究所、莆田学院、福建省妈祖文化传承与发展协同创新中心、福建省社会科学研究基地莆田学院妈祖文化研究中心联合主办，由全国台联海峡两岸妈祖文化研习交流基地、中华妈祖文化交流协会、福建省妈祖文化研究会、福建省高校人文社科研究优秀基地妈祖文化研究中心、湄洲妈祖祖庙董事会、贤良港天后祖祠董事会、莆田文峰天后宫管委会、台湾新港奉天宫世界妈祖文化研究暨文献中心共同协办，由莆田学院妈祖文化研究院、莆田学院文化与传播学院承办，由福建省湄洲岛国家旅游度假区管委会提供支持。

本次国际学术研讨会就妈祖文化与海上丝绸之路、妈祖文化传播与妈祖文化产业、妈祖文化的地域特色、妈祖文化与社会教化及国家治理等议题展开了研讨。共征集到论文68篇，其中国外专家学者提供9篇，台湾地区专家学者提供6篇。大会还评出优秀论文20篇。

2015年国际妈祖文化学术研讨会论文目录

1. 濮蕾:《发挥宗教文化在推进“一带一路”实施过程中的助力作用》
2. 宋建晓:《妈祖文化与21世纪海上丝绸之路建设》
3. 王水漳:《妈祖信仰与海洋发展概述》
4. 古远清:《妈祖文化研究的国际视野》
5. 李亚娟、杨永庚:《海上丝绸之路建设与妈祖文化圈的发展路径研究》
6. 宋媛、杨永庚:《从民俗信仰到民心相通——妈祖文化在“一带一路”倡议中的影响》
7. 帅志强:《论21世纪海上丝绸之路与妈祖文化产业发展策略》
8. 周丽妃:《“新海丝之路”背景下的妈祖文化旅游文化产业》
9. 林喜娟、柯文:《妈祖文化是推进海上丝绸之路的软实力》
10. 黄少强:《论妈祖信仰是“海丝”发展的纽带、桥梁和精神支柱》
11. 牟艳旗:《清代东北的妈祖信仰与东北亚海上丝绸之路》
12. 张安巡、谢启明:《明代海上丝绸之路和妈祖信仰国际传播的互动关系》
13. 王海冬:《元代妈祖信仰与海上漕运的历史互动》

14. 王宏刚、牟艳冰:《元代妈祖信仰与海上丝绸之路的历史互动》
15. [澳大利亚] 陈国生:《澳大利亚的妈祖信仰与海上丝绸之路》
16. [加拿大] 玛丽、李强:《加拿大的妈祖文化与海上丝绸之路》
17. 吴浩宇、孙家珅:《中琉交往中的妈祖影踪》
18. [韩国] 朴现圭:《韩国所在的妈祖现况》
19. [马来西亚] 刘崇汉:《马来西亚巴生县区妈祖信仰文化探析》
20. 石沧金:《东南亚地区琼籍华人的海神信仰》
21. [马来西亚] 李雄之:《另辟路径的妈祖文化——以马来西亚雪隆海南会馆天后宫为例》
22. [日本] Kanae Kawamoto:《Novelizations of Nagamasa Yamada in Japan after the 1980s: His life and dream over the Maritime Silk Road》
23. [日本] 石垣、明貴杞:《日本における対外文化の将来と継承——海のシルクロードを渡る宋代の仏教文化》
24. [日本] 张凯:《论妈祖信仰与“一带一路”的建设》
25. [新加坡] 许源泰等:《妈祖信仰的国际化与地方化——以新加坡妈祖信仰为例》
26. 王福梅:《妈祖文化在海上丝绸之路中的历史作用与当代演绎》
27. 陈支平:《连城四堡邹氏家族的妈祖信仰》
28. 何振良:《福建妈祖宫庙的分布、建筑与信仰状况探讨》
29. 施志胜、王石堆:《金门官澳凤宫的妈祖信仰》
30. 黄珲菲:《泉州法石地区妈祖宫庙调查》
31. 庄小芳:《闽台“黑脸妈祖”信仰的起因解析及文化意涵初探》
32. 孙晓天:《河北省妈祖信仰调查研究》
33. 林伯奇:《闽台妈祖洗尘仪式介绍与创新发展》
34. 许更生:《拜访大西南“林氏先祠”》
35. 刘中玉:《形象制造与国家观念——试论妈祖形象的历史变迁与传播》
36. 纪雪娟:《宋代三教合一视域下的妈祖信仰》
37. 胡振宇:《客家人之根源谈》

38. 赵连赏:《妈祖女神雕像服饰探略——以湄洲岛雕像为例》
39. 卢敏英:《妈祖民俗体育文化传播的要素分析——以摆棕轿为例》
40. 吉峰:《消费文化与妈祖文化传播窥释》
41. 徐维玮:《新兴媒介与妈祖文化传播的思索》
42. 刘华煊:《营销3.0时代 传统体育文化的传播研究——以妈祖体育文化为例》
43. 黄秀琳:《妈祖文化与善行旅游的融合与设想》
44. 周金琰:《从民间水路簿中的“妈祖印”看妈祖信仰的传播》
45. 陆芸:《从个案看清代妈祖信仰传播的一些特点》
46. 钟祺:《宋代福建不同阶层的文人对妈祖信仰建构》
47. 刘福铸:《论福建妈祖诗咏的海洋文化特色》
48. 黄后杰、吴巍巍:《闽台妈祖文化产业创意产业之比较研究》
49. 彭许翔、刘永祥:《论闽台妈祖民俗体育文化交流合作与发展》
50. 刘青健:《国家与社会框架下的妈祖民俗体育文化的变迁——以贤良港村为例》
51. 林明太:《北岸与湄洲岛妈祖文化景观旅游协调开发研究》
52. 汤晓琳、王晓平:《论闽人活动与妈祖信仰在澳门的传播》
53. 蔡泰山:《妈祖文化资源与地方发展共生理论分析》
54. 黄婕、黄瑞国:《论妈祖神格的多重性》
55. 濮文起:《妈祖信仰的包容性与创新精神——以天津天后宫为例》
56. 莫振良:《天津妈祖崇拜的演变》
57. 张雨:《妈祖信仰的现代转型——以大京的妈祖信仰为例》
58. 李莺:《挖掘妈祖文化资源，加强民俗文化建设》
59. 王琪、吴连海:《软实力视域下妈祖文化的功能探究》
60. 庄小芳:《闽台“黑脸妈祖”信仰的起因解析及文化意涵初探》
61. 柯力:《从国家与社会关系视角看民间信仰》

六甲恒安宫举办“妈祖信仰、历史定位”学术研讨会

2015 年 11 月 21—22 日，台南市六甲恒安宫与六甲区公所联合举办“妈祖信仰与历史定位学术研讨会”，邀请台中教育大学副教授林茂贤、嘉义奉天宫研

究顾问林伯奇、原台南观光旅游部门陈俊安等人参加研讨会。参加研讨会人员作了明郑驻军与六甲历史发展、倒风内海地形变迁的六甲、妈祖信仰的迁徙与发展、恒安宫与六甲的经营展望、重新寻求六甲妈祖庙的历史定位等专题报告。

2015 南京妈祖文化交流研讨会

由南京市妈祖文化交流协会、南京阅江楼风景管理委员会主办的“2015 年南京妈祖文化交流研讨会议”2015 年 12 月 16 日在南京举行。来自中华妈祖文化交流协会、湄洲岛祖庙董事会，上海、宁波、青岛、蓬莱等地的宫庙代表及南京市的领导、专家、信众代表等一百多人出席研讨会。

在研讨会上，中华妈祖文化交流协会常务副会长林国良、南京市政协副主席陆平贵以及妈祖文化专家学者、商会代表、台商代表、妈祖信众及南京天妃宫、上海天妃宫、宁波天后宫、青岛天后宫、蓬莱阁天后宫、台湾妈祖文化俗信研究中心的代表就妈祖文化的弘扬、妈祖文化与现代科学发展观的结合、妈祖文化传播与妈祖文化产业、妈祖文化的地域特色、妈祖宫庙的管理运行模式、“2015 海峡两岸妈祖信众祈福行”等相关议题进行了研讨交流。

会议认为，各地妈祖文化交流协会和宫庙应高度重视妈祖文化传播事业，贯彻国家“一带一路”倡议和两岸关系和平发展方针政策，抓住机遇，主动作为，充分发挥妈祖文化教育感化社会的作用，维系台湾同胞感情的纽带作用，加强对外交流融合的作用，促进地方经济发展的作用，为实现中华民族伟大复兴中国梦作出积极贡献。

会议工作报告

连江县妈祖文化研究会 2014 年年会

2015 年 1 月 8 日，福建省连江县妈祖文化研究会在仙塔大酒店举行了 2014

年年会，会议的主旨为“传递正能量共圆中国梦”。会议主要回顾总结了2014年一年来的工作成绩和经验，提出了2015年妈祖文化研究工作新思路。

连江县县委统战部、文联、社科联、台办、侨务办、侨联、民政局、人大侨台委、政协提案委等部门的相关领导，连江妈祖文化研究会、妈祖诗文专业委员会，连江县文联所属16个社团负责人、16个姓氏研究会的代表，福州七县五区妈祖文化研究会代表两百多人参加了本次会议。

会议由连江县妈祖文化研究会副会长郑德佺主持。连江县妈祖文化研究会会长杨文健向大会作2014年工作报告。

莆田市妈祖联谊会2014年年会

2015年1月16日，福建省莆田市妈祖联谊会2014年年会在城厢区梅山街瑞龙庵召开。中华妈祖文化交流协会常务副会长林国良、原市人大副主任甘玉连、原市政协副主席郑世雄、许永玉等出席了活动。

上午9点半，莆田妈祖联谊会各宫庙代表首先在瑞龙庵妈祖殿举行祭拜仪式，向天上圣母及圣父母举行三献礼仪式。

10点，在瑞龙庵广场举行2014年总结大会。会议先由朱鸿猋副会长代表何玉春会长作五年来的工作报告，从联谊会的成立、发展、经验等三个大方面回顾了联谊会走过的不平凡历程；接着，郑世雄副主席对联谊会工作提出了四点建议：把牌子亮起来，把服务跟上来，把队伍拉出来，把活动搞活来；最后，协会常务副会长林国良向大家详细介绍了瑞龙庵住持释妙源师太不平凡的人生历程，与大家共同从中获得启发。

会上，联谊会会长何玉春女士向瑞龙庵妈祖殿赠送由中国国民党荣誉主席连战给莆田市妈祖联谊会的题词:“佑我黎民”。

天津市妈祖文化促进会召开了第二届四次理事大会

2015年1月17日，天津市妈祖文化促进会召开第二届四次理事大会。

会上，相关人员针对2014年度工作情况及第七届中国·天津妈祖文化旅游节等工作向理事们进行了总结汇报，对2015年促进会的工作进行说明。

2015 年湄洲妈祖祖庙第五届信众代表大会暨妈祖慈善基金会授牌仪式

2015 年 3 月 10 日，湄洲妈祖祖庙第五届信众代表大会暨湄洲妈祖慈善基金会授牌仪式，在湄洲岛安泰宾馆会议室召开。湄洲妈祖祖庙董事会成员、宫庙信众代表等共两百多人出席大会。林金榜董事长代表董事会作工作报告，总结 2014 年祖庙工作并对 2015 年的工作作出规划。同时，湄洲岛党工委宣传部部长郭志诚向湄洲妈祖祖庙董事会颁授湄洲妈祖祖庙慈善基金会牌匾。湄洲妈祖慈善基金会经莆田市民政局批准，由湄洲妈祖祖庙董事会出资 200 万成立，为非公募性基金。基金会成立后，祖庙每年将继续投入 200 万元，用于慈善事业。

湄洲妈祖祖庙第五届信众代表大会董事会工作报告（节选）

一、搭建交流平台——朝拜、旅游双拉动

来湄洲朝圣，带平安回家。2014 年一年，湄洲妈祖祖庙接待了两百多万人次香（游）客，特别是台湾的万人齐谒妈祖进香团以及三十多个“千人进香团”。在这些瞩目的成绩后面，紧接着需解决香客游客的衣食住行等实际问题。

在妈祖祖庙董事会前往各地宫庙交流当中，反馈最频繁的问题就是解决食宿问题。为此，湄洲妈祖祖庙董事会与湄洲岛管委会一道，通过多方、多次、诚恳、深入的协商，预计今年在祖庙附近筹建能同时容纳千人用餐、会议的香客楼。另外，在此之前，湄洲岛管委会也大力支持，鼓励引导湄洲岛群众，增开 100 家家庭旅馆，既满足香游客需求，也带动岛民就业创收。

二、搭建景观平台——绿化、环保双提升

湄洲岛是全国最早的 12 个国家级旅游度假区之一。近年来，湄洲岛被定位为朝圣岛、旅游岛和生态岛，并于去年再次启动争创全国 5A 旅游景区。作为湄洲岛主景区，湄洲妈祖祖庙董事会以创 5A 为推手，着力建设祖庙大景观，并于去年投资改造南轴线建筑景观，南轴线夜景工程、影视园海洋馆、天妃故里青年妈祖雕像和启动世界妈祖微缩景观等多项工程。

在去年的基础上，今年祖庙继续围绕建设大祖庙景观工程，计划于今年完成 5A 创建扫尾工作，重点抓紧天妃故里安置房建设，实现续建项目早日完工；实施以红木妈祖、砗磲妈祖为重点的“五行妈祖”塑像工程；实施建设西轴线夜景工程等3个新增文化项目。

三、搭建文化平台——软、硬建设双拓展

2014年，湄洲妈祖祖庙着力充分利用妈祖文化，优化妈祖文化资产，激活文化潜能，推进文化软件建设，协助央视拍摄《记忆中国——妈祖的呼唤》，协助湄洲岛管委会拍摄2014年湄洲岛宣传片和微电影《湄洲之夏》等一批妈祖文化专题片。并与有关传媒公司合作筹拍100集《天下妈祖》系列纪录片，其前期考察取景工作已于去年启动。

另外，在力求编排新颖，内容创新，服装音乐形式要素多样化；突出莆仙元素、海洋元素、妈祖文化大融合；展现仪式性、增强庄重性，突出艺术性，升华国家级文化遗产的独创性，并塑独具特色的妈祖“春秋两祭”品牌的妈祖祭典于妈祖诞辰1054周年纪念大会当天与信众们正式见面，并赢得天下妈祖信众的一致好评。

2015年，湄洲妈祖祖庙董事会继续倾力搭建文化大舞台，注资两千万元组建湄洲岛天妃文化艺术发展有限公司，邀请总政歌舞团专家指导，打造以现代光电技术为特色的《平安号》舞台剧，并有望于6月与大家见面。同时，建立妈祖祭典数据库，完成妈祖祭典非遗数字化保护国家验收工作；改造文化展览馆；支持妈祖文化学术研究工作；支持妈祖文化创意活动，组建小型祭典队伍和大型民俗表演队；编写完成《不朽妈祖一千年》《天下妈祖，祖在湄洲》等一批文化专著丛书；完成祖庙官网改版，主抓看点，聚焦亮点，吸引信众、粉丝“围观”点赞；申请妈祖源流博物馆为民间博物馆；编写《妈祖祖庙庙志》等一系列文化工作正按时序计划顺利推进。

四、搭建慈善平台——兴学、济困双受惠

慈心施善，立奖助学；扶持弱势，关爱边缘。这些都是弘扬妈祖文化，标立大爱精神的应有之举。去年，祖庙重点建设无障阻电梯信道工程，为众多游客特别是老、少、弱、残者出行提供便利。去年首次扩大助学对象和范围，设立50万元的“妈祖奖教助学”专项基金，奖励100名老少边岛教师和100名贫困学生；在岛内开展兴学助困活动，奖励各类竞赛优等学子和指导教师。全年颁发教师助学基金100多万元。同时关注弱势群体，资助贫困残弱等人员。去年春节开展“慈善之光”活动，组织慰问岛上福利院、敬老院；慰问岛上110户困难户、贫困户。按惯例慰问祖庙退休员工。让他们过个温暖年、平安年、舒心年。

2015年，湄洲妈祖祖庙董事会注资200万元申请成立莆田市湄洲妈祖慈善基金会，计划每年投入200万元，专项用于慈善事业。

●连江县妈祖文化研究会召开2015年度工作会议

2015年3月21日，连江县妈祖文化研究会召开2015年度工作会议，杨文健会长部署2015妈祖文化研究工作事项。主要有编写《闽台妈祖宫庙大观》；编辑《闽台妈祖诗文集》；编辑《连江妈祖》会刊；举办研究会成立20周年庆典活动；做好评选中国社会组织5A级上报工作；做好本会财务工作；安排时间与县道教协会签订结盟书以及安排旅游考察工作等八项内容。

●辽宁省东港市妈祖文化交流协会召开第二届会员代表大会

2015年4月22日，辽宁省东港市妈祖文化交流协会举行第二届会员代表大会。东港市政协主席宁永亮，副主席陈福利、夏青参加会议。

会议宣读并通过了《东港市妈祖文化交流协会章程》，选举产生了第二届妈祖文化交流协会会长、执行会长、副会长、秘书长及监事会主席、监事，表决通过了副秘书长人选，聘请协会名誉会长、顾问并颁发聘书。

●海峡两岸（三明）妈祖文化交流座谈会

2015年5月11日下午，由三明市文联主办，三明市妈祖文化研究会、三明市台商会承办，三明梅园国际大酒店协办的“纪念妈祖诞辰1055周年暨海峡两岸（三明）妈祖文化交流座谈会”在三明梅园国际大酒店三楼召开。三明市人大老领导、社会各界人士和妈祖研究人士六十多人参加会议。

会上，三明市妈祖文化研究会高珍华会长介绍了三明妈祖文化的发展情况和《三明妈祖文化大观》一书普查、采风、编辑出版情况以及筹建三明妈祖文化园的情况；观摩了《三明妈祖文化集锦》电视专题片和谭晶、雷佳等青年歌手演唱的《妈祖》歌曲。三明市文联黄莱笙主席和各界代表在会上发言，为三明的妈祖文化发展提出建设性意见。

连江县妈祖文化研究会举行 2015 年上半年工作会议

2015 年 7 月 3 日，福建省连江县妈祖文化研究会在福建省连江县琯头粗芦岛的塘下村礼堂举行 2015 年上半年工作会议，参加这次会议的有连江县统战部、台办、文联、社科联、侨办、侨联、道协的有关人员及连江县各宫庙主任。杨文健会长在会上报告了上半年来的工作情况，部署了下半年妈祖文化研究工作。

“2015 国际妈祖文化学术研讨会”开幕式致辞（李永苍）

各位专家、各位领导、各位来宾：

大家下午好！

今天，2015 国际妈祖文化学术研讨会在湄洲岛隆重召开。在此，我谨代表莆田学院对研讨会的召开表示热烈的祝贺，向莅会的各位专家、领导、来宾表示诚挚的欢迎和衷心的感谢！

莆田学院是 2002 年 3 月成立的全日制本科大学。学校占地面积 1666.8 亩，全日制本专科在校生 1.6 万人，专任教师 813 人，设置 16 个二级学院，42 个本科专业。作为妈祖故乡唯一的一所本科大学，学校长期以来致力开展妈祖文化研究和对台妈祖文化交流，赢得了社会的广泛认同与赞誉，先后获批成立全国台联海峡两岸妈祖文化研习交流基地、国家体育总局妈祖民俗体育文化研究基地、中国社会科学院历史研究所妈祖文化研究基地、福建省社会科学研究基地妈祖文化研究中心、福建省体育局妈祖民俗体育文化研究基地、福建省高校人文社科研究优秀基地，是福建省妈祖文化研究会的挂靠单位和会长单位。今年 9 月，莆田学院“妈祖文化传承与发展协同创新中心”被列入第二批福建省“2011 协同创新中心”立项建设，为进一步开展妈祖文化研究奠定了良好的基础。

妈祖是海上丝绸之路的保护神，妈祖文化从诞生之日起，就随着宋元以来官方与民间海上丝绸之路传播到“海丝”沿线各个国家，成为“海丝”沿线各国具有影响力的信仰文化，成为“海丝”沿线各国与中国加强文化交流、人员往来的纽带和桥梁。为了充分探讨妈祖文化与海上丝绸之路的关系，探究如何发挥妈祖文化在建设 21 世纪海上丝绸之路中的作用，我们举办了本次国际妈祖文化学术研讨会。莅会的既有来自韩国、日本、澳大利亚等国的专家，也有国内中国社会科学院、上海社会科学院等单位学者，还有台湾台中科技大学等高校的妈祖文化研究者。本次学术研讨会在筹办期间得到了国内外专家学者的大力支持，共征集了来自 70 位专家学者撰写的妈祖文化相关论文 68 篇，其中国外专家论文 9 篇。这些学术成果主题多样，研究视角新颖，对于推进妈祖文化交流、传承与创新，进一步提升妈祖文化的理论化、学科化水平，推动福建省、莆田市更好地服务“一带一路”倡议有着积极意义，也必将有力促进莆田学院妈祖文化研究工作。我相信，通过与会专家、学者相互之间的学术交流与对话，一定会迸发出更多的思想火花，奉献出更多的理论成果。我们也真诚期盼各位专家、领导对我校妈祖文化研究及学校各项工作多提宝贵意见。

最后，预祝学术研讨会取得圆满成功，祝各位专家、领导、来宾身体健康、万事如意！

谢谢大家。

“2015 年国际妈祖文化学术研讨会”开幕式致辞（王震中）

各位领导、各位专家学者、各位来宾：

大家上午好！

由中国社会科学院历史研究所、莆田学院、湄洲岛国家旅游度假区管委会、福建省妈祖文化传承与发展协同创新中心、福建省社会科学研究基地莆田学院妈祖文化研究中心共同主办的“2015 年国际妈祖文化学术研讨会”，今天顺利召开了！在这里，我谨代表中国社会科学院历史研究所，对研讨会的召开表示衷心的祝贺！对与会专家、学者、朋友们表示最诚挚的欢迎！

由莆田学院牵头，举办包括海峡两岸在内的妈祖文化学术研讨会，已有多次，然而，举行国际妈祖文化学术研讨会，这还是第一次。我们之所以把对于妈祖文化的研究推向国际，就在于自宋代以来，随着中国海上与世界各国和平交往以及华侨对妈祖文化的传播，妈祖文化早已成为一种跨国籍、跨地区的民间信仰；而现在又适逢我国“一路一带”倡议的全面展开，妈祖作为海上丝绸之路的文化使者，理应发挥出她的当代价值。

妈祖文化始于宋代，历经元、明、清及民国，繁荣于当代，绵延千年而历久弥新，是中华民族文化的瑰宝。她延续之久，传播之广，影响之深，是其他的民间信仰所无法比拟的。“妈祖信俗”成功入选联合国教科文组织《世界人类非物质文化遗产代表名录》，以妈祖信俗为核心的妈祖文化成为人类共同的精神财富。

我们知道，妈祖是东方海洋文化的一面光辉旗帜。在这面旗帜下，我们不但看到了救助海难、博爱奉献的海上女神形象；而且也看到了中国传统文化与海洋文化的凝聚；看到了中国人跨出国门，走向世界的历程轨迹。中国传统文化的核心价值在于“仁”，呈现出仁心、仁爱、仁慈和仁政。这与妈祖文化中“仁、义、勇、和”的精神高度的一致。所以，作为文化使者的妈祖文化，她传播的是仁爱慈和，传播的是中国优秀传统文化的价值观。她又是以神话、传说、诗词、对联、散文、戏剧、歌舞、绘画、雕塑、建筑等多种形式进行传播，很容易扎根于民间，生生不息，成为贴近当地人民生活的精神家园，团结海外华人的精神纽带。

我们举办妈祖文化国际研讨会，其可探讨的方面是很多的。这从各位专家学者向本次研讨会提交的论文所涉及的领域，就可以得到证明。归纳起来，诸位的论文可分为四个大的方面：一是对妈祖文化与海上丝绸之路关系的探讨；二是对各地妈祖信仰的探讨；三是对妈祖文化传播及其文化产业的探讨；四是对妈祖文化的社会教化功能的探讨。今天的研讨会，高朋满座，专家云集。这也反映出我国妈祖文化研究的兴旺发达，反映出莆田学院妈祖文化研究中心作为我国妈祖文化研究重镇所具有的学术凝聚力，这也是福建省妈祖文化传承与发展协同创新中心的一项很有意义的重要举措。

莆田学院和刚刚创立的福建省妈祖文化传承与发展协同创新中心，以研究妈祖文化为己任，不但在自己的教学和科研中，努力挖掘历经千年妈祖文化的积淀，着力研究妈祖文化发展的过程及其对社会、经济、文化等领域的影响，而且凝聚了海内外和全国的科研力量，真正做到了在妈祖文化传承与发展上的协同创新，并对以妈祖文化为精神纽带的中华民族大团结的促进，贡献了自己的力量，这些都是值得高度赞誉的。

各位来宾、各位朋友，这次国际学术研讨会是隆重的，也是很重要的。为了这次国际学术研讨会的顺利召开，会议承办方——莆田学院妈祖文化研究院和文化与传播学院，做了大量的准备工作。我们对他们的辛劳表示衷心的感谢！也希望大家能充分利用国际研讨会这个平台和机会，对妈祖文化的研究有一个很好的交流。

我预祝研讨会圆满成功！

也祝来自各方的朋友们身体健康！

谢谢！

海南省妈祖文化交流协会第二届会员代表大会

2015 年 12 月 20 日，海南省妈祖文化交流协会第二届会员代表大会暨“海口天后祀奉”国家级非遗项目颁匾仪式在琼苑宾馆举行，共有近百名来自海口、乐东、琼海、陵水等地的会员参加会议。会议进行了换届选举工作，经过投票选举，罗家善担选新一届海南省妈祖文化交流协会主席。

罗家善在会上总结近年来的工作时表示，五年来，省妈祖交流协会动员和组织会员和广大妈祖信众，积极开展妈祖文化交流活动，参加人数达六千多人次，交流活动范围包括福建、江苏、浙江、天津、广东、海南、香港和澳门等八大省市地区。有效地扩大了海南省妈祖文化交流会的影响力，提高了知名度，取得了显著成效。海南省妈祖文化交流协会今后五年的工作重心主要集中在开展全省妈祖宫庙普查工作、积极参与策划和打造妈祖文化生态公园的建设工作，对各宫庙的历史文献、文物进行造册登记等方面。

福建省妈祖文化传承与发展协同创新中心 2015 年工作总结

2015 年 9 月，莆田学院牵头，中国社科院历史研究所、厦门大学、福建师范大学、华侨大学、世界妈祖文化研究暨文献中心（台湾）等 10 家单位联合参与组建的“妈祖文化传承与发展协同创新中心”被福建省教育厅认定为省级“2011 协同创新中心”，同时获得了省财政厅下拨的专项建设经费 300 万元，现已过去了几个月，中心开展了一系列工作，获得了一些建设和管理经验，现总结如下：

一、中心建设情况

（一）体制机制方面

1. 召开中心理事会，明确中心领导机构和运行的机制体制。

2015 年 10 月 30 日，中心在莆田学院李文正学术交流中心 1207 召开中心理事会会议，理事长：莆田学院校长李永苍教授；副理事长：中国社科院历史研究所副所长王震中教授、莆田学院纪委书记姚志平、莆田学院副校长曾文华教授、厦门大学国学研究院院长陈支平教授、福建师范大学林国平教授、华侨大学宗教研究所所长黄海德教授；理事：福建省妈祖文化研究会常务副会长黄瑞国教授、台湾中台科技大学通识教育中心主任张桓忠教授等出席会议。会议讨论并进一步明确了中心理事会、学术委员会、管理委员会人员的组成名单，通过了理事会章程、学术委员会章程、中心相关管理建设制度及中心 2015—2019 年经费预算。

2. 召开中心学术委员会，讨论确定中心未来四年建设规划。

2015 年 10 月 30 日，中心在莆田学院李文正学术交流中心 1207 召开中心学术委员会会议，中心学术委员会顾问中国社科院历史研究所副所长王震中教授、中国社科院历史研究所《形象史学研究》期刊主编刘中玉博士；主任委员福建师范大学林国平教授；委员厦门大学陈支平教授、华侨大学黄海德教授、台湾中台科技大学张桓忠教授、台湾桃园科技创新学院蔡泰山教授、莆田学院黄瑞国教授、孟建煌教授、刘福铸教授、林明太教授等出席会议。会议讨论了中心 2015—2019 年建设规划，确定了中心将在妈祖文化软实力、妈祖信仰与两岸关系、妈祖世界遗产传承与传播、妈祖文化产业、妈祖学学科理论体系等五个研究领域开展 36 项科研创新研究项目，审议了中心经费预算草案。

3. 完善与湄洲妈祖祖庙董事会的全面合作，共同推进妈祖文化传承与发展。

中心在与湄洲妈祖祖庙原有协同创新合作的基础上，进一步洽谈达成全面合作战略协议，准备在妈祖文化传承与发展各个方面，如科研创新、人才培养、传播推广、学科创建等，开展协同创新研究，共同推进妈祖文化进一步的传承与发展。

（二）科研创新方面

4. 计划出版《妈祖文化研究论丛》（四）和（五）。

5. 计划出版《妈祖学刊》2015 年第 1 期（总第 6 期）。

6. 与厦门大学、福建师大学者共同推进《世界妈祖信仰传播史》协同创新研究工作。

中心牵头单位莆田学院与协同单位厦门大学、福建师范大学在年初联合开展《世界妈祖信仰传播史》协同创新研究，《世界妈祖信仰传播史》6 卷约 180 万字，由李永苍、陈支平、林国平担任主编，三个单位共 14 位学者参与研究。现中心加大支持力度，推动这些学者加快研究进度，争取在中心中期评估前保质保量完成该项目，并使之成为中心标志性成果之一。

7. 与福州大学地理空间信息技术国家地方联合工程研究中心洽谈合作，共同开展“妈祖文化数字化与信息服务平台”建设。

中心已与福州大学地理空间信息技术国家地方联合工程研究中心达成初步协议，共同开展“妈祖文化数字化与信息服务平台”建设，准备先在妈祖宫庙福建省 5 家国家级文物保护单位和 28 家省级文物保护单位开展数据采集和调研，先行建立福建省妈祖宫庙数字展厅。

8. 聘请厦门大学学者参与《妈祖》舞台剧创作。

中心聘请莆田学院宣传部部长林萍兰作为《妈祖》舞台剧项目负责人，召集莆田学院团委、文传学院、音乐学院、工艺美术学院、基础教育学院等相关教师组成《妈祖》舞台剧项目组，并邀请厦门大学学者参与《妈祖》舞台剧剧本创作，争取 2016 年完成《妈祖》舞台剧排演，弘扬妈祖文化，让大学生了解妈祖文化，理解学习妈祖精神。

9. 完成福建省社科重大项目《妈祖与海洋文化》提前结题工作，准备出版《妈祖与海洋文化》专著。

黄少强研究员 2014 年立项的福建省社科重大项目《妈祖与海洋文化》，完成时间本为 2017 年年底，现已提前完成，中心已将研究专著初稿《妈祖与海洋文化》和结题材料送省社科联评审，并在评审完计划出版该专著。

10. 正在推进《妈祖学辞典》编撰工作。

中心已组成《妈祖学辞典》编撰项目组，由刘福铸教授担任负责人，图书馆的陈春阳、王庭熙等担任组员。该项目获得莆田市委宣传部划拨 5 万元专项经费支持，计划 2018 年 6 月完成初稿。

11. 正在与中国社科院历史研究所继续合作，进一步搜集资料准备出版《妈祖文献资料整理与研究丛刊》第二辑 20 册。

2015 年 4 月，《妈祖文献资料整理与研究丛刊》第一辑 20 册正式发行，获得了业内较高评价，中心在此基础上，与中国社科院历史研究所继续合作，进一步搜集资料进行整理与研究，准备于 2016 年上半年出版《妈祖文献资料整理与研究丛刊》第二辑 20 册，进一步夯实妈祖文化基础性研究。

12. 获得了四项福建省社科基地重大项目。

2015 年 12 月，中心孟建煌、李丽娟、黄朝晖、张国栋分别获得了福建省社科基地重大项目《妈祖信仰世界传播史》（FJ2015JDZ058）、《"新海丝"战略中妈祖文化跨语境传播的话语构建模式研究：以界面研究为视角》（FJ2015JDZ057）、《妈祖工艺美术景观特征及社会功用研究》（FJ2015JDZ056）、《妈祖文化与当代社会道德建构研究》（FJ2015JDZ055），为中心科研创新提供了良好条件。

（三）人才培养方面

13. 与闽南师范大学签订协议，合作招收培养妈祖文化研究方向研究生。

2015 年 10 月，莆田学院与闽南师范大学签订协议，合作招收培养 6 个专业研究生，其中包括妈祖文化研究方向研究生，中心孟建煌教授、林明太教授、陈祖芬教授、黄秀琳教授、刘青建教授等研究骨干成为兼职硕导。

14. 妈祖文化传承与发展本科人才培养试验班方案已定，准备下学期招生开班。

中心妈祖文化传承与发展本科人才培养试验班方案经过多轮修改，现已经莆田学院教务处和校长办公会议审核通过，拟定于 2016 年上半年正式招生开班。

（四）学术交流方面

15. 举办了"2015 年国际妈祖文化学术研讨会"。

2015 年 10 月 31 日—11 月 3 日，由福建省妈祖文化传承与发展协同创新中心、莆田学院、中国社科院历史研究所等单位主办的"2015 年国际妈祖文化学术研讨会"在妈祖文化发祥地湄洲岛举行，来自韩国、日本、新加坡、马来西亚、澳大利亚、加拿大等六个国家和海峡两岸共 130 多位学者参加。会议围绕"妈祖文化与海上丝绸之路"主题进行研讨，新华网、中新网、《光明日报》《中国日报》等媒体做了相关报道。

16. 参加台湾高雄国际海洋文化学术研讨会，并与台湾高雄海洋科技大学签订妈祖文化合作研究协议。

2015年10月15—19日，中心主任、莆田学院校长李永苍教授带领中心副主任孟建煌教授、林明太教授和学术骨干许元振博士前往台湾高雄海洋科技大学参加“国际海洋文化学术研讨会”，与来自韩国、日本以及海峡两岸众多高校学者进行交流，李校长作了《莆田学院妈祖文化研究现状及未来展望》主旨发言，反响热烈。会议期间，李校长代表莆田学院与台湾高雄海洋科技大学签订了妈祖文化合作研究协议，共同推动妈祖文化传承与发展。

17. 浙江省舟山市统战部、浙江海洋大学来中心进行妈祖文化学术研究交流。

2015年12月14日，浙江舟山市统战部、浙江海洋大学一行9人在统战部楼副部长带领下来中心进行妈祖文化学术研究交流，中心执行主任黄瑞国教授代表中心向客人们介绍了中心妈祖文化传承与发展协同创新研究情况，并就浙江省妈祖文化研究与客人们交流了意见，表示要合作开展相关研究。

（五）条件建设方面

18. 调换办公场所，改善科研办公条件。

莆田学院为了让中心有更好的科研办公条件，将中心从前行政楼迁往李文正学术交流中心一层，600m^2变为1000m^2，空间较大幅度地增加了。

19. 添置了科研设备。

中心为了顺利开展妈祖文化野外调查，为了世界妈祖宫庙数字展馆研究项目顺利开展，中心购置了高级别照相机、笔记本电脑、录音笔等必要设备，提高科研条件。

二、建设经验

（一）领导重视

中心体制机制改革、科学创新、人才培养、学术交流、条件建设等方面能顺利开展，主要因素是中心牵头高校莆田学院校领导的高度重视，莆田学院校长李永苍教授亲任中心主任，亲自推动中心各项工作开展。

（二）协同单位齐心协力

中心成立以来，牵头高校莆田学院和中国社科院历史研究所、厦门大学、福建师范大学、华侨大学、世界妈祖文化研究暨文献中心（台湾）等10家单位联合参与协同单位的领导和有关学者，如中国社科院历史研究所王震中副所长、孙晓研究员、刘中玉博士；厦门大学国学研究院陈支平院长、陈延德教授；福建师范大学林国平教授；华侨大学黄海德教授；台湾中台科技大学张桓忠教授等都积极参与中心各项建设，提供力所能及的条件支持中心建设发展。

（三）中心制度明确有力

中心成立以来，参考了兄弟院校协同创新中心的建设经验，逐步建立了自身的各类规章制度，规范了中心各项工作的开展，使中心工作有法可依。

（四）建设规划清晰可操作

中心组织专门人员编撰了中心2015—2019年建设规划，并交中心学术委员会讨论。经过多轮讨论修改，形成了现在的建设规划。规划中明确了中心领导机构、明确了中心科学创新研究的36项项目，明确了中心的经费预算，以后中心就按照该规划进行建设发展。

（五）管理工作各司其职、梯次推进

中心各个岗位的管理人员按照建设规划的设计和规章制度的要求各司其职，有条不紊地推进中心各项工作，使中心有了较好的开局。

湄洲妈祖祖庙董事会2015年度工作总结报告及2016年工作思路（节选）

一、2015年工作回顾

2015年，湄洲妈祖祖庙董事会和全体员工，在各级各部门的强有力领导和大力支持下开展工作。坚持不懈地弘扬妈祖文化，追溯文化之根，发掘信仰之源，展现“世遗”风采；坚持不懈地以祖庙、天后宫为妈祖精神载体，高扬精神旗帜，呵护精神家园，祈求精神福祉；坚持不懈地发展慈善事业，以慈心传递爱心，以仁爱扶持弱者，以奉献造福他人；坚持不懈地开展两岸交流，以信仰拉近距离，以包容化解隔阂，以互动凝聚亲情。同时，全面完成祖庙的各项实质性工作，切实做到举措有度，主次有序，推动有力，落地有效。今年来，我们以“同谒妈祖，共佑‘海丝’”为主题，全面突出湄洲妈祖文化的主体性，突出香火传承的历史性，突出两岸文化交流的包容性，突出妈祖作为文化使者的时代性；以“佑护平安，拥抱吉祥”为主题，启航“平安号”，首次尝试用现代科技演绎妈祖救苦救难的精彩故事，为提升妈祖文化品位搭建新平台，托举新亮点，赋予新内涵。以“妈祖巡安，两岸祈福”为主题，隆重举行纪念妈祖羽化升天1028周年系列活动，两岸信众聚首妈祖故里，携手护驾妈祖金身巡安湄洲岛，让巡安彩车、巡安队伍、民俗表演传颂了妈祖故事，展示了民俗风情，体现了传统特色，更多地融入“海丝”元素，更强地聚力文化认同。其规模之浩大，场面之壮观，在海内外引起巨大反响。祖庙上下，心齐气顺；全体员工，尽力尽责。实效见真诚，实干树形象，敬业显身手。主要从以下七个方面开展工作：

（一）文化工作抓提升

让传统文化融汇时代潮流，不断创新创意，不断优化文化资源，不断提升妈祖文化的软实力，是弘扬妈祖文化的必然要求。而树立传统性，追求时代性，展示独特性，又是发展妈祖文化的应有之义。2015年2月2日（农历正月初三），祖庙把纪念妈祖诞辰1055周年活动作为提升妈祖文化品位的重要契机，海内外600多名信众代表齐聚祖庙，谒祖进香，寄托信仰，共祈平安，祈求福祉。同时以“同谒妈祖，共佑‘海丝’”为主题，让香火传承不息，让妈祖佑护“海丝”，让文化增添活力，特别是万余名信众聚会湄洲岛，150多支民俗队会演民间曲艺，传统武艺表演，把年初的第一场庙会办成节日盛会。其二，充分展现传统文化的创造力，妈祖文化的巨大影响力。2015年6月，经过紧锣密鼓筹备的《平安号》情景剧，以现代科技的声光点技术、水雾喷射技术、视频音效技术和杂技表演技术，以追溯文化源，演绎妈祖故事。该剧以全新风格登场，以超越传统的文化创意和艺术感受，让观众们从心底为之震撼。

隆重纪念妈祖羽化升天1028周年，也是今年祖庙结合第十七届湄洲妈祖文化旅游节，且作为提升妈祖文化品位，打造文化品牌的一次重大活动而列入议程。本次活动由妈祖祖庙与台湾鹿港天后宫联谊举办，以“妈祖巡安，两岸祈福”为主题，以“两岸信众护驾妈祖金身巡安湄洲岛”为主轴，以传承信俗，教化人心为主线，以6个方阵28支民俗队伍为主体，是时隔五年之后，妈祖金身再度巡安湄洲岛。巡安历时两天一夜，行程 20 多公里。这次活动既是一次通力协作、精心组织的民间活动，又是一次凝聚民心、促进和谐的文化盛会，盛况空前，万人护驾，阵容壮观，影响巨大，为各界所瞩目。

今年，妈祖文化宣传工作始终贯彻“提升品位，传承文化，扩大影响”的宣传思路，先后在《湄洲日报》、莆田电视台、腾讯网、微信、妈祖网等媒体或平台开辟妈祖文化专栏、文化专题，组织编写出版了《湄洲圣镜》《妈祖民俗表演》《湄洲妈祖祖庙史略》等一批专集专著和画册，收到了较好的宣传效果。

（二）两岸交流抓融合

今年以来，以两岸交流为重点，辅之以内外交流，海外交流的妈祖文化交流活动持续不断地开展。同时，随着文化交流的不断深化，交流联络出现了新特点、新趋势。

一是两岸交流日渐常态化、便利化。水陆海空通道不断拓宽，两岸人员往来交流更加畅通便捷。截至 2015 年 12 月，来自台港澳的千人进香团达 400 多团，总人数达 12 多万次，比去年增长 15%。2015 年 4 月和 12 月，祖庙分别组织本岛 15 个官庙和有关信众代表 220 多人，参加台湾大甲绕境巡安和参访有关宫庙，进一步增进了解，增进互动，加强联谊，促进融合，使“两岸信众一家亲”取得广泛共识，血缘、人缘和文化缘得到广泛认同。

二是境内外交流呈多波次、波浪式推进。以沿海、沿岸为重点的境内交流活动近年来不断增加，来自广东、浙江、江苏等地的香客，均以团体形式前往祖庙朝拜。今年有来自全国各地的香客达 800 多个进香团队，千人以上的团队达 90 多个，比往年增长 18%。境外宫庙进香团达 15 个团队。祖庙还组织人员先后走访上海、厦门等地市，参加妈祖文化交流活动，让“天下妈祖一家亲”得到充分体现。

三是妈祖影响力不断扩大，妈祖分灵工作有声有色。随着妈祖文化交流活动的深化，宫庙往来、宫庙互动、宫庙庆典等活动持续频繁地开展。“妈祖印，故里情”为主题的交流活动，得到了众多信众的有力回应，使妈祖分灵成为传播妈祖文化又一新的亮点。2014 年在国内外分灵 456 尊妈祖的基础上，2015 年又分灵妈祖 400 多尊，均比 2013 年增长近 50%。

（三）谒祖朝圣抓服务

平安妈祖，故里情怀。祖庙作为妈祖文化的发祥地，是众多信众的朝拜圣地，每年百万人往来服务的工作压力很大。我们化压力为动力，针对服务中存在的薄弱环节，正视问题，想方设法去解决问题。一是着力完善硬件建设。建设香客服务中心，做好导引咨询等服务工作。投资100多万元，新购青钢焚香炉一套及铸铁烧金炉五座，既解决了香客进香的难题，也改善了烟火通风条件和周围环境。同时改造原驻岛部队闲置营房为香客餐厅和重新装修懿泽园食府大厅，用于解决千人的香客就餐、如厕等问题；积极倡导发展家庭旅馆，2015年新增家庭旅馆50多家，有效缓解香客住宿难问题。如今初步建成了以进香、就餐、住宿等为重点的后勤服务体系。二是着力强化安全管理。安全工作无小事，责任重于泰山。祖庙始终落实“谁主管，谁负责”的原则，做到责任到人。制定实施《湄洲妈祖文物保护和消防安全规定》。增加安全标识，安全警示，疏散线路的标牌标识，强化对香客的安全保护工作。规范燃香点、燃炮点、各类明火摊点管理，为香客提供全方位的安全服务。三是着力抓好香客服务队伍建设。充分发挥湄洲祖庙全国文明单位和省级青年文明号的表率作用，建设以“湄洲女”为特色品牌的文明服务队伍，不断提高员工的文明服务水平。竭诚为香客提供优惠服务，切实做到谒祖进香两不误，朝圣旅游双满意。

（四）慈善事业抓拓展

践行大爱精神，发展慈善事业。慈怀仁爱，扶持弱势，立奖兴学，孝敬先贤，守望相助，疾病相扶是发展慈善事业的崇高追求。今年，经有关部门批准成立了湄洲妈祖慈善基金会，为湄洲祖庙发展慈善事业创造了条件。本着“量力而行，量入为出，岛内为主，岛外为辅”的原则，祖庙董事会一次性划拨资金200万元，作为慈善专项基金。其中用于“奖教助学”基金160万元（其中岛内110万元，岛外50万元），分别奖励优等学生、优秀考生和指导教师，资助老少边岛教师和贫困学生；剩余资金用于慰问岛上11个行政村敬老院、孤儿院和65户特困户，2016年将进一步加大受惠力度，扩展受惠区域，增加受惠群体，落实受惠对象。

（五）基础设施抓配套

切实抓好文化设施、旅游设施等基础设施建设，特别是基础项目配套建设，是今年祖庙建设的重点。在项目实施过程中，既要抓好2014年的后续建设扫尾工作，又要抓好今年包括员工宿舍及办公内部装修改造工程、天妃故里安置房一期工程、慈孝洞游步道改造工程、西轴线山门生态化改造工程、西轴线殿阁保护性修缮油漆工程、西轴线太子殿台阶铺道工程、庙区铜鼓、铜香炉、生铁烧金炉更新工程、红木妈祖、砗磲妈祖等13项配套工程。各项工程正按时序推进，各项工作进展顺利。

（六）景区创建抓落实

今年，祖庙景区按照国家5A景区建设的标准和要求抓好落实，创建生态景区、人文景区、洁净景区。一是以建设生态景区为重点，全面开展景区绿化工作，推进生态文明建设。强化落实“沿路绿化带，景区全覆盖”的绿化主题，先后对南轴线电梯两侧坡地、天后广场两侧、西轴线山门东侧坡地进行绿化改造。二是以建设人文景区为重点，全面加强景区的文物保护工作。贯彻落实景区文物保护的有关规定，规范景区的古字画、古建筑和传世文物的修缮修复和管理，展现“世遗”风采，升华人文景观。并按要求做好景区的标牌、标识和标志性建筑群的保护工作。三是以建设洁净景区为重点，切实做好景区的环境卫生工作。景区以近百名环卫工作员工为骨干，实行卫生工作责任制、分区包干制；规范车位、整顿摊位，做到车辆定位、摊点归位，塑造整齐规范、文明有序的景区环境。

（七）队伍管理抓规范

今年，祖庙充分发挥董事会、效能督查小组的检查监督作用，加大了队伍规范化管理的力度。一是实行实物登记制。对文物书画、摄影图集、专著专集、文件报告等实行分类登记，便于永久保存收藏。二是用人考核制。实行人事，主管、分管“三位一体”共同考核聘用，严把入口关，并做好人才引进工作。三是实行指纹考勤制。员工上下班实行指纹考勤，严格履行请假制度，按月统计公开，作为年终评优依据之一。四是工作督查制。督查内容包括环境卫生、仪容仪表、胸卡佩戴、岗位考勤等，不定期进行检查，违者点名批评且影响年终评优。五是档案分类制。把有关档案整理造册，按部门序列、标识包括文明建设、景区创建、两岸交流、宫庙往来、妈祖分灵以及工种岗位分类归档。做到目录清楚，编号有序，查阅方便。六是理顺工资制。参照国家机关事业单位的工资调整有关规定，制订祖庙的工资调整方案，建立了工资增长机制，完善了劳动报酬制度，提高工资待遇水平，向包括驾驶员、水电工、门卫、安保等一线人员倾斜。通过完善上述各项规章制度，进一步规范了队伍管理，体现了公开公平，调动了员工的积极性、自觉性和创造性。

二、2016 年工作思路

思路决定出路，文化引领未来。2016 年，我们的工作总体思路是：继续弘扬妈祖文化，不断创新举措，率先落实《福建省“21 世纪海上丝绸之路核心区”建设方案》，切实把“海丝之路”与妈祖文化建设融合起来，以妈祖文化作为两岸交流基础，以妈祖文化载体建设作为交往平台，以建设世界妈祖文化中心作为行动愿景，实干创业，拓展作为，努力从以下五个方面开展工作：

（一）立足文化优势，唱响妈祖主题歌

充分发挥湄洲妈祖文化核心区作用，全面提升妈祖文化的引领力、辐射力和穿透力。以建设世界妈祖文化中心为契机，探索打造具海洋底色、文化底蕴、品牌底气，突出妈祖文化主题的时代作品。保留传统性，融会时代性，发挥创造性。以“春秋两祭”品牌推动文化创新、艺术再塑。办好各种祭祀、谒祖、诵经、进香等活动。挖掘传统文化潜力，建构文化平台，让传统戏剧、民俗艺人表演特色节目。主动担当“海丝”文化使者，加强与“海丝”沿岸国家的文化交流，推动妈祖文化向“海丝”沿岸国家传播，让妈祖成为名副其实的“海丝”守护神。

（二）立足两岸交流，联谊联心联天下

妈祖文化既是两岸交流的基础，又是两岸交流的纽带。切实加强对台文化交流，是近年工作的重点。要针对交流的新动态，新趋势，积极创造条件，为台胞信众提供便利。以对等交流，消除误解；以相互交流，加强联谊；以互动交流，增进信任。以妈祖祖庙、妈祖研究院等为学术平台，增进两岸妈祖文化学术交流，实现交流的平常化，常态化。扩大互联互通范围，加强沿岸省市，中西部各省市和世界各地的文化交流，积极参与有关宫庙的庆典、开光等活动，增进往来，合作互动。通过上述文化各项交流，真正做到联谊联心联天下，让妈祖文化在世界上每个角落的华人群体相互关爱，共保平安。

（三）立足项目带动，优化资源增效益

在完成2015年项目建设的基础上，2016年要抓好在建项目的续建工作。天妃故里安置房一期工程，要加大跟踪督促进度，务必在2016年上半年完工，并交付使用，为天妃故里二期工程如期完成提供保障。南西两线保护性修缮工程，要在确保质量的前提下，力争在2016年2月前完成。红木妈祖雕像工程、砗磲妈祖制作工程要在2016年内竣工，安座到位，争取早日开光。5A景区、影视城景点等建设项目，要抓紧做好开发旅游设施项目、景点服务、建设工程和交通基础设施等配套项目的开发工作。以利进一步优化文化资产、旅游资源配置，促进旅游业转型升级，进一步提高经济文化和社会效益。

（四）立足慈心施善，关爱弱势见真情

慈心施善，关爱弱势，始终是践行妈祖"立德、行善、大爱"核心价值观的主题之一。要进一步发挥妈祖慈善基金会的作用，研究制订慈善规划，确定慈善项目，规范操作程序，落实受惠对象。不断开拓慈善新领域，确保慈善事业不断取得新进展。2016年，要重点做好为60岁以上老人交纳由个人承担的医保基金，抓紧登记造册，落实到人；为70岁以上老人贺岁祝寿，春节前要以村为单位，入户拜访送去慰问金；教师节期间慰问全岛教师，要以校为单位，按程序划拨慰问基金。要把实事办实，好事办好，不断推进慈善事业的发展。

（五）立足管理创新，传递文明树新风

认真结合莆田市创建全国文明城市的经验，继续申报创建全国文明单位，确保新一轮精神文明建设取得实效。明年继续做好文明单位员工的培训工作，注重结合祖庙的工作实际，制订有针对性且立竿见影的培训计划，全面提高员工的文明素质，树立祖庙的文明形象。要贯彻管理创新，完善用人制度、岗位督查制度、来客接待制度、财务管理制度、工程质量管理制度和采购管理制度。提倡爱庙敬神，爱岗敬业；增强道德意识，职业操守；加强普法教育，树立法治观念，提高依法办事的自觉性。继续抓好景区生态文明建设，构建绿色景区、清新景区、洁净景区。努力实现精神文明、生态文明双促进、双提升。

岁岁年年花相似，年年岁岁各不同。2015年，祖庙员工本着“谋事要实，创业要实，做人要实”的“三实”要求，成功举办“春秋两祭”和五年一次的巡安活动。更多地展示传统活力，更多地展示民俗风采，更多地融入海丝元素。在新的一年来临之际，新年新气象，新年新风貌，新年新作为。我们要再接再厉，担职担责。继续发扬“不辞艰辛不怕疲劳万众一心永续前行”的巡安精神，围绕建设世界妈祖文化文化中心的大目标，两岸交流内外交流的大趋势，提升扩大妈祖文化影响力的大方向，为把祖庙建设成为精神家园、文化家园、生态家园而努力奋斗！

妈祖文化年鉴（2015）

第二部分
宫庙与祭祀

春秋二祭

【2015 天津天后宫“春祭大典”】

2 月 11 日，天津天后宫举办春祭大典。“2015 海峡两岸妈祖信众祈福行”一行信众，在天津市有关单位的领导及天津市南开区文化和旅游局副局长、天津天后宫委员会主任尚洁的陪同下，祭拜了天津天后宫妈祖并参加了乙未年春祭大典，祈愿妈祖护佑，乙未年国泰民安、风调雨顺、两岸和谐。

春祭大典包括太岁祭拜、祭祀天后、抚幼三个环节。春祭大典后乙未年天津天后宫春节传统文化庙会正式拉开序幕，至 3 月 6 日，古文化街、民俗文化博览园、老城博物馆等相继推出庙会、灯会等系列民俗活动。

【2015“桂山岛天后诞”】

6 月 9 日，广东省珠海市桂山岛举行一年一届的“桂山岛天后诞”庆典。来自港澳、珠三角、珠海市的渔民游客及岛上村民两千五百余人参加庆典。“桂山岛天后诞”今年正式被列入珠海市第八批非物质文化遗产代表作项目名录。

“桂山岛天后诞”庆典活动主要项目有舞狮、呈祭品拜妈祖、天后巡游、百桌盛宴、拍卖晚会等。

【各地纪念妈祖诞辰 1055 周年】

● 4 月 25 日，惠州·巽寮第四届妈祖文化旅游节开幕式及妈祖祭典仪式在巽寮天后宫举行。惠东县委常委、常务副县长郭武飘，县委常委、县委办主任刘文生以及市、县旅游局和中华妈祖文化交流协会等领导、嘉宾出席。

● 5 月 2 日，广东省深圳市龙岗区龙岗街道龙东社区的妈祖庙举行妈祖诞辰巡游纪念活动。潮汕地区各市县的五百多名代表参加了此次活动，龙岗街道舞龙队和获得国家级非物质文化遗产的“普宁英歌队”进行现场表演。

● 5 月 3 日，福建省福州市三坊七巷郎官巷天后宫举行茶帮拜妈祖授权寻茶启动仪式。

● 5 月 4 日，福建省漳州市漳浦县古雷镇岱自村汕尾自然村的村民们将隔壁杜浔镇宜隆宫关帝爷等神像请到汕尾村妈祖庙，共同庆祝一年一度的妈祖诞辰纪念活动。接下来几天，村里连续在庙前面的戏台表演社戏，宴请宾客。

● 5 月 4 日，广东省汕头市第三届妈祖文化节在潮阳区后溪天后宫举行，当天上午举行了妈祖祭典仪式。

● 5 月 9 日上午，海南省中山路骑楼老街海口天后宫举行纪念妈祖诞辰 1055 周年祭典活动。海南省台办巡视员陈衍顺、省台联会长符之冠，海南省台资企业协会会长黄益丰、监事长江裕昌和琼台千余名妈祖信众参加了活动。

活动由海南省对外经济促进会、海南省妈祖文化交流协会、海南台资企业协会主办，时间为 5 月 9 日至 15 日。活动内容有祭典仪式，世界妈祖楹联展、图片展，海口天后宫妈祖灯会，琼剧演出等。

● 5 月 9 日，福建省龙岩市漳平市永福镇在兰田妈祖庙举行纪念妈祖诞辰 1055 周年祭典仪式。

● 5 月 9 日，福州三坊七巷举办以“溯源‘海丝路’，共寻平安茶”为主题的“茶帮拜妈祖”系列活动。

● 5 月 9 日至 11 日，广州南沙天后宫举行纪念妈祖诞辰 1055 周年系列活动。9 日，陆丰市妈祖文化研究会祭典团队在广州南沙天后宫广场举行了祭拜妈祖仪式；10 日，中山胜母宫组织千名台商组成传统朝拜祭祀团，在广州南沙天后宫举行“妈祖诞”祭拜及巡游活动；11 日，南沙天后文化学会还带领本地群众在南沙天后宫举行朝拜祭祀妈祖活动。

● 5 月 10 日，广东省深圳市南山区在赤湾天后宫举行“辞沙”祭妈祖大典。

● 5 月 10 日，福建省漳州市南靖县默林村举行“妈祖过海”民俗活动为妈祖庆生。

● 5 月 10 日至 13 日，马来西亚雪隆海南会馆（天后宫）举办妈祖千秋宝诞（1055）大典。活动项目包括致祭大典、妈祖灵身绕境、诵经祈福仪式、妈祖诞祈福灯会。

5 月 10 日上午 8 时 30 分，举行“妈祖千秋宝诞祭祀仪式”。祭典仪式参照古代皇帝祭天所采用的大礼规格。下午 4 时 30 分至晚上 7 时举行“妈祖灵身”绕境活动。5 月 11 日上午 10 时 30 分开始，在雪隆海南会馆天后殿进行上供及诵经祈福仪式。妈祖诞祈福灯会持续至 5 月 13 日。

● 5 月 10 日，台湾嘉义新港奉天宫举行一年一度妈祖祝寿活动。

● 5 月 11 日，广东省陆丰市碣石乌坭天后宫举行庆祝妈祖诞辰 1055 周年祭祀典礼。

● 5 月 11 日上午，由湄洲岛国家旅游度假区管委会和湄洲妈祖祖庙承办的纪念妈祖诞辰 1055 周年纪念大会在湄洲岛天后广场举行。中华妈祖文化交流协会副会长、秘书长、湄洲妈祖祖庙董事长林金榜和台湾大甲镇澜宫董事长颜清标分别担任主祭人和陪祭人，带领万名妈祖信众进行了祭典妈祖仪式。

● 5 月 11 日，海内外妈祖宫庙近万名妈祖信众在福建莆田贤良港天后祖祠，参加纪念妈祖诞辰 1055 周年祭祀活动。

● 5 月 11 日，福建省莆田莆禧天妃宫举行妈祖诞辰 1055 周年庆典。

● 5 月 11 日，福建省莆田新县巩溪宫举行妈祖诞辰 1055 周年庆典。

● 5 月 11 日，福建省莆田江口东嶽观举行妈祖诞辰 1055 周年庆典。

● 5 月 11 日，福建省泉州市区东海镇蟳埔顺济宫举行妈祖诞辰 1055 周年庆典。

● 5 月 11 日，福建省泉州市洛江区马甲镇暗林顺济宫举行妈祖诞辰 1055 周年祭祀活动。由马甲镇潘内村村民共同出资置办的 48 样大供品，48 样小供品摆满了十余张八仙桌。

● 5 月 11 日，福建省平潭县东庠乡东风村举行妈祖诞辰 1055 周年祭典。

● 5 月 11 日，福建省霞浦县松山天后行宫举行妈祖诞辰 1055 周年庆生活动。逾千名两岸信众在松山天后行宫董事长陈梅月的带领下向妈祖金身行三跪九叩之礼，依次完成迎神上香、行三献礼、诵读祝文等传统祭祀礼仪，并放飞和平鸽。

● 5 月 11 日，福建省泉州天后宫举行妈祖诞辰 1055 周年祭典。

●5月11日，福建省泉州市泉港区沙格灵慈宫举行妈祖诞辰1055周年祭典。

● 5月11日，福建省莆田市平海天后宫举行妈祖诞辰1055周年祭典。

●5月11日，福建省漳州市角美镇埔尾妈祖庙举行妈祖诞辰1055周年祭典。

● 5月11日，福建省东山县宫前天后宫举行妈祖诞辰1055周年祭典。

● 5月11日，福建省永定县洪坑天后宫举行妈祖诞辰1055周年祭典。

● 5月11日，福建省上杭县回龙天后宫举行妈祖诞辰1055周年祭典。

●5月11日，福建省上杭县白砂镇碧沙天后宫举行妈祖诞辰1055周年祭典。

● 5月11日，福建省长汀县汀州天后宫举行妈祖诞辰1055周年祭典。

● 5月11日，福建省连城县璧洲天后宫举行妈祖诞辰1055周年祭典。

●5月11日，福建省龙岩市龙门镇赤水天后宫举行妈祖诞辰1055周年祭典。

● 5月11日，福建省福鼎市沙埕镇、前岐镇分别举办纪念妈祖诞辰1055周年庆典活动。

● 5月11日，福建省福鼎市点头妈祖天后宫举办了以“弘扬妈祖文化，构建和谐社会”为主题的庆典活动，两百多人参加了朝拜祭典活动。祭典期间还开展了地方特色的吉庆鼓乐、礼颂妈祖等传统民俗文娱表演。

● 5月11日，福建马尾船政天后宫工作人员和附近群众在马尾船政天后宫举办祭典仪式，纪念妈祖诞辰1055周年。

● 5月11日，广东省广州市海珠区新窖镇龙潭村举行妈祖巡游活动，庆祝妈祖诞辰1055周年。龙潭村没有建立天后庙，妈祖巡游后居住在民家，所以，每年龙潭村村民都用“掷圣杯”的办法，选出一户村民，将妈祖的圣像敬奉在他家里。

● 5月11日，广东省深圳市大鹏新区东涌天后宫举行祭拜妈祖及粤剧表演，纪念妈祖诞辰1055周年。

● 5月11日，山东省即墨市金口镇天后宫举行祭祀妈祖活动，还进行传统民间戏曲、广场舞、太极会操等文艺表演。

● 5月11日上午，山东省烟台天后行宫举行妈祖诞辰1055周年祭典仪式，来自海内外一千多名信众进香参拜妈祖。烟台市委副秘书长、台办主任孙迎军，烟台市文化广电新闻出版局局长徐明等出席文化节祭典仪式。

● 5月11日，天津天后宫举行天后诞辰1055周年祭祀大典。

● 5月11日，由天津市东丽区妈祖文化促进会主办、天津市亿雄建材市场管理有限公司承办的纪念妈祖诞辰1055周年活动在东丽湖建材城举行。数千名妈祖信众到场拜祭。此次活动还举行歌舞、秧歌、龙狮表演等。

● 5月11日上午，辽宁省东港市妈祖文化交流协会与大孤山风景名胜区管理局，在大孤山天后宫海神娘娘大殿举行妈祖诞辰1055周年祭典仪式。东港市政协主席、市妈祖文化交流协会名誉会长宁永亮，市政协副主席、市妈祖文化交流协会会长陈福利，市妈祖文化交流协会顾问于安居、栾光峰等参加祭典活动。

祭典仪式结束后，东港市妈祖文化交流协会副会长兼秘书长许敬文做了《妈祖文化在东港》专题讲座，讲解了妈祖文化传入东港的途径、对东港社会文化生活的深远影响以及弘扬传承妈祖文化的重要意义。参加活动的各界人士及妈祖信众还共同参观了妈祖文化图片展，游览了大孤山古建筑群。

● 5月11日上午，桂林市平乐县榕津天母庙举行妈祖诞辰1055周年祭典活动。

● 5月11日，“2015年南京乙未年春祭妈祖大典”在阅江楼风景区天妃宫举行，来自南京、台湾、潮州、莆田等地的信众共同参加公祭。

● 5月11日，澳门特区妈祖阁举行“三阳启泰，喜气洋洋贺宝诞”大型祭祀庆典活动。活动除祭祀妈祖外，还进行了舞狮等文艺表演，同时为在尼泊尔大地震中不幸遇难者哀悼祈福。澳门路环妈祖文化村也举行纪念妈祖诞辰1055周年祝寿典礼和诵经仪式。

● 5月11日，台湾台南安平开台天后宫举行一年一度的天上圣母祝寿活动。

● 5月11日，台湾彰化南瑶宫半夜子时举行纪念妈祖诞辰1055周年祝寿大典。

● 5月11日上午，马祖天后宫在马祖港举行纪念妈祖诞辰1055周年祭祀大典，马祖连江县县长刘增应任主祭人，马祖天后宫主委曾林官、澳门天后宫主委陈明确等为陪祭人，带领来自马祖列岛及澳门妈祖宫庙代表、文艺团体成员等数百人祭拜了妈祖。

【各地纪念妈祖羽化升天 1028 周年】

● 10 月 10 日上午，全台祀典大天后宫举办秋祭大典，赖清德担任正献官，知名人士李全教、台湾地区道教联合总会执行长于美人参加了秋祭大典。秋祭典礼中特地安排已十五年未举办的“煮油除秽”仪式，祈求台南市的登革热疫情早日消退。

● 10 月 21 日上午，第十七届中国·湄洲妈祖文化旅游节在湄洲岛天后广场开幕。开幕式后，举行了乙未年秋祭妈祖大典。

十届全国政协副主席、中华妈祖文化交流协会会长张克辉，中国侨联顾问、中华妈祖文化交流协会副会长林兆枢，省政协原副主席李祖可，泰国驻厦门总领事馆代总领事孟坤，福建省人大常委会委员、中华妈祖文化交流协会顾问林光大，福建省侨办主任杨辉，中国侨联副主席、福建省侨联主席王亚军，福建省台湾同胞联谊会会长江尔雄，福建省政协原副秘书长、办公厅主任陈新华，莆田市领导周联清、翁玉耀、林庆生、陈立华、李飞亭、郑春洪、程强、祁永信、王强，中华妈祖文化交流协会常务副会长林国良，中华妈祖文化交流协会副会长、台湾鹿港天后宫主任委员张伟东以及来自“海丝”沿线国家及两岸妈祖信众一万多人参加了秋祭大典。

● 10 月 21 日上午 10 时，莆田文峰天后宫举行妈祖秋祭大典。

● 10 月 21 日上午，福建省莆田贤良港天后祖祠在莆田贤良港“三炷香”海滨举行海祭妈祖大典。

2015 年莆田贤良港海祭妈祖祭台上比往年增加了砗磲、船模型、罗盘、水路簿等祭品，表现妈祖为海上丝绸之路保驾护航的内容。

● 10 月 21 日上午，天津市南开区首届民俗文化博览节开幕式暨天津天后宫秋祭大典在天津民俗文化博览园举行。

● 10 月 21 日，陆丰市妈祖文化研究会在陆丰妈祖文化主题园区举行妈祖飞升 1028 周年纪念活动。陆丰市政协副主席陈赛珍，市政协副主席、统战部部长黄贤迎和来自闽、鄂、豫、琼、台的妈祖信众千余人参与了纪念活动。纪念活动上，陆丰市妈祖文化研究会妈祖文化诵经团及两百人祭典艺术团分别进行了表演。

● 10 月 21 日，桂林市平乐县榕津天后宫举行纪念妈祖升天 1028 周年系列活动。上午 9 时起先后举行了妈祖升天祭拜仪式和修缮后的妈祖庙开光仪式，仪式由来自台湾的默珑居士主持。晚上村民自发组织晚会演出。

● 10 月 21 日上午，连云港市新浦天后宫举行纪念妈祖羽化升天 1028 周年祭典活动，共有两百多信众参加了祭典仪式，主祭由连云港市莆田商会会长柳国章先生担任。

●美国时间 10 月 21 日 10 时，美国妈祖基金会在纽约法拉盛举行纪念妈祖羽化升天 1028 周年祭典。参加活动的有州众议员大卫·魏普林、美国长乐公会名誉主席陈佺俤、美国福州三山会馆代主席郑兴合、内蒙古同乡会主席王桂荣、湖南同乡会主席易继军、美国华人商业联合会主席陈鸿滨、美国朱子文化研究会会长朱立业、美国福建友好总会会长卢天星、新泽西福建同乡会会长郭瑞尧、美国福州亭江中学校友会会长邱尚居、美国汶上侨民联合会主席王瑞银、美国福州长柄（龙津）联谊会主席李振棋、福建省连江妈祖文化研究会会长杨文健等近三百多人。

● 10 月 21 日，福建省莆田市湄洲麟山宫举行妈祖升天祭典。

● 10 月 21 日，福建省莆田市莆禧天妃宫举行妈祖升天祭奠。

● 10 月 21 日，福建省莆田市新县巩溪宫举行妈祖升天祭奠。

● 10 月 21 日，福建省莆田市江口东嶽观举行妈祖升天祭奠。

● 10 月 21 日，福建省泉州市区东海镇蟳埔顺济宫举行妈祖升天祭奠。

● 10 月 21 日，福建省莆田市平海天后宫举行妈祖升天祭奠。

● 10 月 21 日，福建省永定县洪坑天后宫举行妈祖升天祭奠。

● 10 月 21 日，福建省长汀县汀州天后宫举行妈祖升天祭奠。

● 10 月 21 日，福建省连城县璧洲天后宫举行妈祖升天祭奠。

● 10 月 21 日，福建省龙岩市龙门镇赤水天后宫举行妈祖升天祭奠。

● 10 月 21 日，福建省泉州市天后宫举行妈祖升天祭奠。

● 10 月 21 日，南京天妃宫举行祭奠仪式纪念妈祖升天 1028 周年。

习俗活动

【分灵及开光】

●台湾苗栗县竹南后厝龙凤宫“大妈祖”像，是全台最高的妈祖像，因重新彩绘，1月4日举行开光大典。

●1月10日中午，湄洲妈祖祖庙在祖庙天后宫举行“湄洲妈祖分灵到香港妈祖文化联谊会”分灵仪式，湄洲妈祖祖庙董事长林金榜带领香港妈祖文化联谊会会员二十多人举行了三献礼及割香分灵仪式。1月11日，香港妈祖文化联谊会在香港圆玄学院举行分灵妈祖像供奉仪式。

此次分灵的汉白玉妈祖像高0.78米、宽0.4米，重约190千克，将安奉在香港妈祖文化联谊会供莆仙乡亲和香港市民共同瞻仰朝拜。

●1月10日，台湾北屯区朝圣宫举行台湾大甲镇澜宫妈祖分灵神像入火安座剪彩及开庙门典礼，王金平先生、台中市林佳龙先生、镇澜宫董事长颜清标、朝圣宫主任委员李焕湘出席典礼。

●4月6日，广东省潮阳区和平下宫天后古庙董事会在朝天阁举行汉白玉妈祖雕像开光典礼，海内外嘉宾和信众一千多人参加庆典。

●4月19日上午，台湾高雄普惠宫一尊高3.58米贴金木雕妈祖、65尊小型硬身妈祖和9尊鲤鱼木雕在湄洲妈祖祖庙天后广场举行开光仪式。

●4月24日，台湾北港朝天宫举行妈祖分灵广东巽寮天后宫分灵仪式。4月25日，巽寮天后宫组织近五百人的民俗民艺欢迎队伍，恭请由北港朝天宫蔡辅雄副董事长、文化祭祀组组长纪仁智等二十余名台胞专程护送的妈祖金身。

●5月4日凌晨4点30分，湄洲妈祖祖庙举行湄洲妈祖分灵天津莆田商会开光仪式。天津莆田商会会长庄国荣及一行三百多人参加妈祖开光分灵仪式，5月9日分灵妈祖像起驾至天津莆田商会。

● 5 月 8 日，福建省莆田市仙游县鲤城客山公园举行妈祖石雕像开光庆典。妈祖石雕由工艺美术师林庆财乡贤捐资 100 万元兴建而成，像高 14.35 米，面向台湾海峡。

● 12 月 24 日清晨，台湾屏东恒春福兴宫主委叶崇荣携 36 位善信，捧着从湄洲妈祖祖庙开光分灵的中军爷，踏上回台湾安座的行程。这是福建湄洲妈祖祖庙首尊分灵台湾的中军爷。

● 12 月 30 日，台湾妈祖联谊会会长、台中大甲镇澜宫副董事长郑铭坤一行恭送从镇澜宫分灵的妈祖神像进驻福建省莆田市仙游县榜头朱阳宫。一大早，朱阳宫组织信众近 1000 人迎接大甲妈祖。

● 12 月 31 日，目前全球最大的全木妈祖圣像，在莆田市贤良港天后圣殿举行开光仪式。妈祖圣像高 6.06 米，由国家级莆籍雕刻师方文桃设计雕刻。

【莆田文峰天后宫宋代妈祖金身首次巡安马来西亚】

福建省莆田文峰天后宫应马来西亚怡保菩提苑妈祖阁的邀请，于 2014 年 12 月 27 日至 2015 年 1 月 4 日，组织上百名信众护驾宋代妈祖圣像前往马来西亚，参加怡保菩提苑妈祖阁成立 65 周年活动暨“护国息灾祈安万缘普供大斋天法会”。这是莆田文峰天后宫宋代妈祖金身首次巡安马来西亚。

【香港一互助会返乡观光团新年朝拜福山妈祖】

1 月 10 日至 11 日，香港一互助会返乡观光团一百多人，到广东省陆丰福山妈祖文化园区，朝拜妈祖，交流两地妈祖活动情况，了解陆丰市妈祖文化园区建设进展。

【台湾环清宫到福建莆田进香】

1 月 21 日上午，台湾环清宫主委刘松柏带领信众 97 人到湄洲妈祖祖庙和贤良港天后祖祠进香。

【台湾乌日圣母宫到莆田文峰天后宫进香】

1 月 23 日，台湾乌日圣母宫主委李元耀率信众 52 人到莆田文峰天后宫进香。

【天津天后宫“腊八节”舍“天后福佑粥”】

1月27日，农历腊月初八，俗称“腊八节”。一年一度的施舍“天后福佑粥”活动在天津天后宫举行。

【鹿耳门天后宫举行“封印大典”】

台湾鹿耳门天后宫于2月12日（农历十二月廿四日送神日）早上6时，举行“封印大典”。宣告一年结束，也是另一个年度开始。

【深圳龙岗天后古庙举行乙未年开宫门仪式】

2月19日凌晨子时，广东省深圳市龙岗天后古庙举行乙未年开宫门、上头炷香，请妈祖金花大桔活动。古庙理事会6位代表排列于庙门前，推开古庙的大门，带领信众在妈祖大殿举行了三献礼的新年祈福仪式，领取代表吉祥如意的金花和大桔。

【青岛天后宫第十六届“新正民俗文化庙会”】

2月18日至3月5日，青岛天后宫举办“吉羊迎春”——青岛天后宫第十六届“新正民俗文化庙会”系列活动。活动内容有除夕夜撞钟祈福仪式、民间手工技艺展演（正月初一至初七）；灯谜竞猜（正月初一至初七）；地方戏曲演出（正月初一至初七9∶00—11∶30）；古灯等精品陈列展；正月十五元宵赏灯晚会等。

【洛杉矶华人天后宫上香祈福】

2月19日，在美国加利福尼亚州洛杉矶，大批华人到中国城天后宫庙上香祈福。同时在天后宫前举行舞狮表演。

【霞浦县松山天后圣母行宫举行“乙未年迎春祈年大典”】

2月20日，海峡两岸数百名妈祖信众共聚福建霞浦县松山天后圣母行宫，举行“乙未年迎春祈年大典”。典礼按“祭天”“纳福”“祭典”三部分传统习俗进行，妈祖祭典按照迎神、读祈告文、行三献礼、送神等礼仪进行。

【湄洲妈祖祖庙举行“乙未年祈年典礼”】

2月21日上午9点30分，湄洲妈祖祖庙举行“乙未年祈年典礼”，近六百名桑梓贤达及上万名游客参加。仪式官依照湄洲妈祖祖庙独特的民间祈年礼俗，按进表、建坛、诵经、进贡依序举行仪式。当晚，以“天后耀湄”为主题的2015年湄洲妈祖灯会也在湄洲妈祖祖庙拉开序幕。

【西螺福兴宫举办“守岁团圆迎新春”系列活动】

2015春节期间，台湾云林县西螺镇福兴宫举办“守岁团圆迎新春”系列活动。主要内容有：（1）除夕夜：跨年晚会、施放祈福气球、火把踩街、跨年高空烟火。（2）初一：抢头香、送美金红包。（3）初一至初四：钻轿底过平安桥、农特产市集。（4）初九：天公生祝寿大典。（5）元宵节：猜灯谜摸彩晚会。

【朴子配天宫举行妈祖宝贝回娘家活动】

2月21日，台湾嘉义县朴子配天宫举行“妈祖宝贝回娘家”活动。1600多对求子成功的父母带领宝贝儿女回嘉义县朴子配天宫参加活动。

【福州三坊七巷郎官巷天后宫举办“两岸千企共迎财神”活动】

2月23日，正月初五，是春节民俗迎财神的日子。福州三坊七巷郎官巷天后宫举办“两岸千企共迎财神”活动。

【马来西亚怡保妈祖阁义工到莆田文峰天后宫进香】

2月24日，马来西亚怡保妈祖阁义工一行30人到莆田文峰天后宫进香。

【苍南县举办春节妈祖巡安赐福活动】

2月27至28日，浙江省苍南县坑尾妈祖庙董事会举办“乙未年春节妈祖巡安赐福”活动，来自浙江省各地的近千名信众参加了活动。

【湄洲妈祖祖庙妈祖元宵节忙绕境巡安】

元宵节期间，福建省莆田市湄洲岛上各宫庙争先恭请祖庙妈祖金身到其宫境巡安布福。

【泉州市洛阳镇庄兜村举行妈祖巡境活动】

3 月 3 日上午，福建省泉州市洛阳镇庄兜村举行一年一度的妈祖巡境活动。

【陆丰市鲤鱼潭天后宫举行正月奉祀妈祖习俗活动】

3 月 3 日，广东省陆丰市鲤鱼潭天后宫举行正月十三奉祀妈祖的习俗活动。当天的活动除祭祀妈祖外，天后宫还展示了飘色、中国龙等民俗表演。

【陆丰市博美天后宫妈祖正月出巡】

3 月 5 日，广东省陆丰市博美天后宫举行妈祖出巡活动。

【长岛县庙岛显应宫元宵庙会】

3 月 5 日，山东省烟台市长岛县庙岛显应宫举行元宵庙会，长岛县 10 个海岛上的居民纷纷乘船渡海来到庙岛显应宫，在妈祖前上香、膜拜，祝愿新的一年和美、顺利。渔民在拜妈祖的同时，还进行舞龙、舞狮等文艺表演、举行元宵灯会和灯谜游艺。

【泉州妈祖宫举行“乞龟”活动】

● 3 月 3 日至 3 月 7 日，泉州市霞洲妈祖宫举行 2015 年“乞龟”活动。今年的大“米龟”由 4.18 万斤优质大米制作而成，为历史以来最大。

【贤良港天后祖祠举行“上元祈福拜妈祖”民俗活动】

5 月 5 日下午 6 时整，贤良港天后祖祠、灵慈西宫、新兴宫、昊曦宫共同举行巡安绕境祈福活动。7 时整，贤良港天后祖祠董事长林自弟携来自中国台湾的妈祖信众、印度尼西亚妈祖信众、巡安队伍及境内乡亲在祖祠山公园妈祖石雕像前，举行欢庆元宵祈福仪式——向妈祖行三跪九叩之礼。

【蓬莱天后宫元宵庙会】

3 月 6 日是农历正月十六，是传说中海神娘娘的诞辰日，山东蓬莱阁景区天后宫举行元宵庙会。进行戏剧、歌舞、扭秧歌表演。居民们到天后宫烧香敬神，给天后娘娘祝寿，祈求妈祖保佑平安。

【西陂天后宫元宵闹龙灯】

3 月 7 日，福建省永定县西陂天后宫举行元宵庆典。晚 7 点，由西陂各自然村、各房头组织的 12 支舞龙队陆续来到天后宫进行舞龙表演。

【广东潮洲圣德堂到莆田文峰天后宫进香】

3 月 7 日，广东潮洲圣德堂一行 40 人到莆田文峰天后宫进香。

【马来西亚槟城妈祖宫到莆田文峰天后宫进香】

3 月 10 日，马来西亚槟城妈祖宫信众到莆田文峰天后宫进香。

【台湾金门北佑宫到莆田文峰天后宫进香】

3 月 11 日，台湾金门北佑宫进香团一百二十多人到莆田文峰天后宫进香。

【台湾南投鹿谷乡小丰天天林宫信众到妈祖故里进香】

3 月 12 日，台湾南投鹿谷乡小丰天天林宫的八十多名妈祖信众，奉请三尊妈祖神像到莆田文峰天后宫进香参访。这是台湾南投天林宫首次组团到莆田文峰天后宫参访。莆田文峰天后宫向天林宫赠送了一本妈祖圣迹图和一面“五福临门”锦旗，天林宫回赠了纪念品。

3 月 13 日，天林宫妈祖信众到湄洲妈祖祖庙谒祖进香。

【台湾高雄慈明宫、台中天广宫、埔里济世堂和鹿港东福宫到湄洲妈祖祖庙进香】

3月13日，台湾高雄慈明宫、台中天广宫、埔里济世堂和鹿港东福宫进香团先后到湄洲妈祖祖庙谒祖进香。

【惠安螺城灵惠宫妈祖信众到湄洲妈祖祖庙谒祖进香】

3月13日，福建省泉州市惠安县螺城灵惠宫妈祖信众到湄洲妈祖祖庙谒祖进香。

【台湾关渡宫正二妈回龙形绕境】

3月14日，台湾关渡宫正二妈被请回八里龙形地区绕境。台湾关渡宫在日据时期被日本人放火烧毁，八里龙形地区民众划舢舨载回关渡宫正二妈奉祀；战后正二妈回关渡宫，但约定每年农历正月廿四日回龙形绕境，感谢信众相救金身。

【台湾高雄玉玄宫到莆田文峰天后宫进香参访】

3月15日，台湾高雄玉玄宫宫主黄慧菁带领40名妈祖信众到莆田文峰天后宫进香参访。

【台湾屏东佑玄慈惠堂信众到莆田文峰天后宫进香参访】

3月16日，台湾屏东长治乡佑玄慈惠堂堂主刘耀仁率该堂信众41人到莆田文峰天后宫进香参访。

【马来西亚槟城北海普明精舍法尊法师带领二十多位信众到莆田文峰天后宫进香参访】

3月17日，马来西亚槟城北海普明精舍法尊法师带领二十多位信众到莆田文峰天后宫进香参访并参加正月廿九日晚妈祖“尾晚”元宵文艺踩街，其中有4位信众参加化妆踩街。

【莆田文峰天后宫传统妈祖“尾晚”元宵】

3月19日，农历正月廿九，莆田文峰天后宫举办妈祖“尾晚”元宵，举行游灯、文艺踩街、点烛山、点烛船、莆仙戏演出、独角戏表演、十音八乐演奏等系列活动。

【陆丰福山天后宫举行“传灯祈福接圣恩”活动】

农历二月初一（3月20日）是陆丰福山天后宫俗定朝拜圣母，祈求全年平安的日子。当天上午，广东省陆丰市妈祖文化研究会在殿前举行“传灯祈福接圣恩”活动。

【台湾嘉义南安宫到莆田湄洲妈祖祖庙谒祖进香】

3月22日，台湾嘉义南安宫一百多名信众到莆田湄洲妈祖祖庙谒祖进香。

【印度尼西亚福善宫妈祖“回娘家”】

3月24日上午，印度尼西亚东爪哇省惹班市福善宫主席何可芳带领妈祖信众44人，恭捧着妈祖神像到湄洲妈祖祖庙谒祖进香。妈祖神像放在湄洲妈祖祖庙一周。3月31日，福善宫信众恭请妈祖神像移驾厦门，驻跸于朝宗宫，4月1日迎请妈祖神像登机回印度尼西亚。

福善宫的妈祖是一百多年前祖先下南洋时从湄洲妈祖祖庙分灵至惹班的。2011年3月份，何可芳带着妈祖神像回过湄洲。

【2015 南瑶宫笨港进香活动】

“2015年台湾彰化南瑶宫笨港进香”活动，于3月24日举行起驾典礼，魏明谷先生、邱建富先生等共同为起驾大典开香。今年进香活动持续六天五夜，徒步行走180公里，参加进香活动的团体，除中国台湾外，还有日本的国际妈祖会、泰国南瑶宫以及美国西雅图的团队等。

【桃园龙德宫举行妈祖祈安绕境活动】

3月28日至4月4日，桃园龙德宫举行一年一度的妈祖祈安绕境活动。活动除邀请王金平先生、郑文灿先生主持起驾活动外，还邀请了来自福建的妈祖信众 650 人参与。绕境活动持续八天七夜，行经 6 大县，徒步 448 公里。

【台湾南投朝清宫到湄洲妈祖祖庙省亲谒祖】

4 月 1 日下午，台湾南投朝清宫妈祖信众一行 36 人，在主委黄添荣的带领下，恭捧着妈祖、观音大士、齐天大圣等神尊，第七次回福建湄洲妈祖祖庙省亲谒祖。湄洲妈祖祖庙副董事长庄美华率领祖庙董监事及阵头十音八乐到码头迎接。

【莆田西天尾溪白村安宁祖社到贤良港及湄洲岛进香】

4 月 13 日，福建省莆田西天尾溪白村安宁祖社董事长沈金树率信众 180 人，到贤良港天后祖祠朝拜妈祖及妈祖圣父母，并举行“头炷香”祭典祈福仪式。仪式结束后赴湄洲妈祖祖庙进香，下午回安宁祖社。

【台湾台南善化圣兴宫到湄洲妈祖祖庙谒祖进香】

4 月 15 日上午，台湾台南善化圣兴宫妈祖信众 36 人，恭奉着圣兴宫天上圣母大妈、二妈和三妈神像，到湄洲妈祖祖庙谒祖进香。圣兴宫于 2011 年第一次到湄洲妈祖祖庙进香，这次是第三次来湄洲妈祖祖庙进香。

【台湾新北市淡水清水岩信众到朝宗宫参访】

4 月 15 日，台湾新北市淡水清水岩善信一行 28 人在理事长林铃煌先生的带领下，恭捧“清水祖师”金身，到厦门朝宗宫参拜叙缘。

【台中太和宫到湄洲妈祖祖庙进香】

4 月 16 日，台中太和宫到湄洲妈祖祖庙进香。

【高雄大寮普惠宫到湄洲妈祖祖庙进香】

4 月 16 日，台湾高雄大寮普惠宫到湄洲妈祖祖庙进香。

【石狮甘露寺到湄洲妈祖祖庙进香】

4月16日，福建省石狮东埔甘露寺到湄洲妈祖祖庙进香。

【新北开元佛殿到湄洲妈祖祖庙进香】

4月16日，台湾新北开元佛殿到湄洲妈祖祖庙进香。

【惠安小岞霞霖宫到莆田谒祖进香】

4月16日上午，福建省惠安小岞霞霖妈祖宫偕同26个角落信众一千六百余人，护送40余顶妈祖神轿，乘坐30辆52座豪华大巴和16辆货车从惠安出发到妈祖故里进香，中午12时到莆田贤良港天后祖祠进香，下午2时30分从贤良港天后祖祠徒步到文甲码头，再乘船到湄洲妈祖祖庙进香，29号早上10时在湄洲妈祖祖庙妈祖广场集合后回程。

【柬埔寨金边京都隆边区妈祖信众到妈祖故里进香】

4月17日下午，柬埔寨金边京都隆边区妈祖庙宫主苏吟带领妈祖信众30人，到湄洲妈祖祖庙参访进香。4月17日晚，到莆田文峰天后宫进香参访。

【2015年台中市乐成宫旱溪妈祖绕境】

台中市乐成宫旱溪妈祖绕境，于4月19日上午举行起驾上轿仪式，展开为期22天，绕行大里、乌日、太平、南区等10区的绕境活动。

【云林县天瑶宫到彰化南瑶宫进香】

4月19日早上7点，云林县天瑶宫举行莿桐妈前往彰化南瑶宫进香起驾仪式。云林县李进勇、廖秋蓉、林庆郎等地方人士点燃“起马炮”。进香队伍当天下午返回莿桐绕境，当晚举行自助式平安宴。

【湛江赤坎文章湾村天后宫到湄洲妈祖祖庙进香】

4月23日，广东湛江赤坎文章湾村天后宫一行46人，在宫主陈水禄带领下，到湄洲妈祖祖庙进香。湄洲妈祖祖庙监事长黄文富向16年后再回祖庙的文章湾村天后宫赠送纪念匾额。

【金门县12家妈祖宫庙组成进香团到福建进香】

4月24日，由台湾金门18家妈祖宫庙950名妈祖信众组成的进香团队，在林德恭先生带领下，到福建湄洲妈祖祖庙谒祖进香。4月25日，进香团到福建泉州天后宫进香。4月26日，进香团到厦门朝宗宫进香。

【台湾彰化南瑶宫老二妈会到湄洲祖庙谒祖进香】

4月27日中午，台湾彰化南瑶宫老二妈会大总理林铭沂带领150余名妈祖信众，恭请着南瑶宫老二妈，到湄洲妈祖祖庙谒祖进香。湄洲妈祖祖庙以十音八乐队为阵头前往码头迎接。

【台南红目寮文灵宫到北港朝天宫进香】

4月27日，台南红目寮文灵宫到北港朝天宫进香。

【彰滨秀传医院妈祖回鹿港天后宫谒祖】

4月27日下午，台湾彰滨秀传医院奉祀的妈祖神像在医师和护理人员组成的进香队伍护送下回鹿港天后宫谒祖。

【妈祖诞前期，莆田市区妈祖宫庙陆续到贤良港天后祖祠进香】

在妈祖诞辰日前期，福建省莆田市区的妈祖宫庙陆续到莆田贤良港天后祖祠进香。依次是4月28日白湖顺济庙、清风岭妈祖宫，5月1日西湖东山第一堂，5月2日文峰天后宫，5月4日东岩山妈祖行宫。

【澳门天后宫到湄洲妈祖祖庙进香】

5月1日上午，澳门妈祖文化村天后宫妈祖神像在信众护送下起驾前往福建湄洲妈祖祖庙进香，5月5日上午10时妈祖回銮。

【台湾南屯区万和宫举行“老二妈”“圣二妈”绕境活动】

5月1日至5月3日，台湾南屯区万和宫举行三年一次的“老二妈”“圣二妈”绕境活动。

【香港天佛堂举办庆祝妈祖诞辰1055周年巡游活动】

5月4日，香港天佛堂举办“2015天后诞辰”庆祝活动，百余人参加，众人用金花轿将妈祖的塑像由北角抬到西贡天后古庙，象征妈祖出巡。

香港特区立法会议员钟树根、郭伟强，东区区议员陈靄群出席活动。

【云林县虎尾福安宫到鹿港新祖宫谒祖】

5月8日凌晨，有台湾最小妈祖庙名号的云林县虎尾福安宫妈祖起驾前往鹿港新祖宫，展开三天两夜的谒祖进香。三千多信众敬奉两尊妈祖神像回新祖宫，有的搭车，有的步行。

【“妈祖在马祖”全岛绕境活动】

暌违五年，马祖天后宫5月9日至11日再度举办“妈祖在马祖”全岛绕境活动。共有来自南竿、北竿、莒光、台湾岛与澳门的23座庙宇逾1600名民众、信众参与。

【厦门忠仑社神霄宫举行妈祖祝寿大典】

5月10日，福建省厦门市忠仑社神霄宫举行为妈祖祝寿庆生大典。漳州弘天联谊会及厦门市思明区西边社孚惠宫组织队伍参加祝寿大典。

中午12时，祝寿大典开始，先由神霄宫、孚惠宫、漳州弘天联谊会的代表向神霄宫妈祖金身行上香、三献礼、诵读祝文等传统礼仪。随后，神霄宫向孚惠宫及漳州府弘天联谊会赠送“金妈祖神像”，漳州府弘天联谊会回赠庙方锦旗“灵应妙召，庇佑忠仑”。

最后进行联合绕境踩街活动，孚惠宫派出了旗队，神鼓等，漳州弘天联谊会派出来自台湾的“官将首”阵头。

【2015 松山慈佑宫妈祖绕境 13 街庄】

5 月 13 日至 14 日，台湾松山慈佑宫举行妈祖神尊绕境松山 13 街庄活动，有 15 间宫庙、20 个阵头参与。

【台湾妈祖联谊会八位宫主到莆田进香】

5 月 15 日上午，台北北投慈后宫主委林正雄、台中大雅永兴宫主委黄松林、埔里恒吉宫陈剑昌、金包里慈护宫许坤池、斗六新兴宫赖建文、神冈顺济宫张秋雄、大雅宝兴宫张文炎等 8 位宫主，携妈祖信众七百余名，恭抬各宫分灵妈祖，到湄洲妈祖祖庙谒祖进香。5 月 18 日，到莆田文峰天后宫进香。

【泉州獭窟妈祖宫到湄洲妈祖祖庙谒祖进香】

5 月 15 日上午，福建省泉州獭窟妈祖宫宫主曾谋忠率领 1600 余名妈祖信众，时隔三年后，再到湄洲妈祖祖庙谒祖进香。

【2015 白沙屯妈祖北港进香】

2 月 3 日中午，台湾苗栗县白沙屯拱天宫举行乙未年（2015）白沙屯妈祖往北港朝天宫徒步进香掷筊择日活动，经掷筊确定进香队伍 5 月 22 日凌晨从拱天宫出发。当天的掷筊择日活动进行了网络直播。

5 月 21 日晚间 11 时 5 分白沙屯妈祖正式登轿，22 日 0 时 5 分出发徒步前往北港朝天宫进香，23 日抵达北港朝天宫。24 日凌晨 3 时起，在北港朝天宫举行祝寿仪式，在割火、进火仪式后，起驾回銮。28 日回銮进宫，来回行程约四百公里。

【台南庆安宫妈祖西港割香】

由台南市西港区庆安宫主办的 3 年 1 科的西港割香今年举行。西港割香主要活动有四，即王醮、南巡、请妈祖和割香四部分。

5 月 10 日，进行西港割香前的南巡活动，有 6 座神轿及 27 个文武阵头随行，分别绕境台南城外塭仔兴护宫、崇圣宫、和济宫、慈云寺、城隍庙、胜安宫、恩隍宫、仁德兴安宫、庆福堂、弘安宫、水门宫、大兴宫、新市荣安宫，回銮西港庆安宫。

5月27日，进行请王仪式，欢迎天上众神明前来参与香科醮典。5月28日，进行请妈祖仪式，96个部落的神轿及文武阵头一起到鹿耳门天后宫母庙迎请妈祖共同参与香科绕境活动。5月29日至31日，进行乙未年香科绕境，绕行96个村落，有70顶神轿、60个文武阵头参与。6月1日，举行送王仪式后结束所有仪程。

【伸港乡福安宫妈祖绕境】

5月16日，台湾彰化县伸港乡福安宫主殿毁于大火，但预定的十八庄公庙联合安营绕境于5月24日照常举行，庙方请出供奉在炉主家的妈祖神像巡境，不少信众冒雨相随，共同为伸港妈祖婆加油打气，希望福安宫早日重建。

【台北紫微宫到莆田文峰天后宫进香】

6月6日，台北紫微宫一行五十多人到莆田文峰天后宫进香。

【厦门延平郡王祠管委会赴台参加“海峡两岸郑成功文化节”前后朝拜“妈祖”】

6月18日，厦门延平郡王祠管委会主任委员郑希远先生偕120位信众护送“国姓爷郑成功”金身赴台出席“海峡两岸郑成功文化节”。护驾善信在赴台前，遵循旧俗到厦门朝宗宫朝拜“妈祖”，祈求舟航稳载，风平浪静。6月25日，“国姓爷郑成功”金身及护驾善信从金门搭乘邮轮返回厦门后，到厦门朝宗宫向妈祖“缴旨”。朝宗宫以电音三太子及济公人偶等阵头迎接。

【台湾妈祖联谊会到莆田文峰天后宫参香】

6月20日，台湾妈祖联谊会一行80人到莆田文峰天后宫参香。

【台湾“中华道教关圣帝君弘道协会”到莆田文峰天后宫参访】

6月26上午，台湾“中华道教关圣帝君弘道协会”总会长陈展松率团41人到莆田文峰天后宫参访。

【潮阳赤港天后宫到莆田文峰天后宫进香】

7月2日，广东省潮阳区赤港天后宫一行四百多人到莆田文峰天后宫进香参拜。

【台湾新竹香山宫一行到福建进香】

7月6日上午，台湾新竹香山宫一行150人到福建厦门银同天后宫进香。7月7日，到贤良港天后祖祠进香。

【台湾大里镇承宫到妈祖故里进香】

台湾大里镇承宫信众原定7月9日上午到湄洲妈祖祖庙进香，因受台风影响文甲码头轮渡停航，镇承宫信众变更计划先到泉州、宁德等地进香，11号下午一恢复通航，一行人便从厦门赶往湄洲进香，坐上5点的轮渡，6点又赶回厦门回台湾。

【台湾彰化护圣宫到妈祖故里谒祖进香】

7月11日，台湾彰化护圣宫信众护送妈祖神像到贤良港天后祖祠和湄洲妈祖祖庙谒祖进香。

【惠安一尊巴掌大的妈祖神像，83年后重回北港朝天宫】

7月18日，福建泉州惠安张坂镇苏坑村的黄淑兰，在妈祖笔生、梁姓台商及亲人的陪同下，恭送一尊巴掌大的妈祖神像回到北港朝天宫团聚。

该尊巴掌大的妈祖神像，是83年前由黄淑兰丈夫苏海忠的祖父从台湾北港朝天宫迎回供奉的。

【台中瑶池珠灵宫到贤良港天后祖祠进香】

7月19日，台中瑶池珠灵宫宫主魏启修率信众护送妈祖神像到贤良港天后祖祠进香。

【台湾桃园慈护宫到大陆进香参访】

7 月 21 日，台湾桃园慈护宫主委刘新发率信众护送妈祖神像到贤良港天后祖祠进香。

7 月 23 日，台湾桃园慈护宫主委刘新发一行到山东省长岛庙岛显应宫谒祖，并参加显应宫修缮工程开工仪式，同时为显应宫修缮捐资 8000 元人民币；与长岛县妈祖文化交流协会进行了妈祖文化交流研讨。

【莆田 16 家宫庙到台湾北港朝天宫进香】

7 月份，福建莆田玉溪境灵慈庙联合 16 家宫庙组织 150 位妈祖信众到台湾北港朝天宫进香。

【新北市淡水区贤孝玄圣殿到厦门朝宗宫朝圣】

9 月 10 日，台湾新北市淡水区贤孝玄圣殿信众 40 人在游天来先生的带领下到厦门朝宗宫朝圣交流。

【台湾嘉义“谢盐祭”祭拜妈祖】

为感谢天地与众神保佑盐产丰收，台湾嘉义县布袋镇洲南盐场周边居民每年都举行“谢盐祭”表达感恩的心。9 月 26 日，盐场居民恭请台南布袋镇洲南盐场天后宫妈祖，一起参加今年“谢盐祭”的祭拜祈福仪式。

【惠安县小岞镇后里万善宫到贤良港天后祖祠进香】

9 月 27 日清晨 7 时许，福建泉州惠安县小岞镇后里万善宫三百多名信众护送镇海夫人（妈祖）及陪神到贤良港天后祖祠举行进香过炉仪式。

【2015 台湾彰化县妈祖联合绕境祈福活动】

台湾彰化联合 11 间妈祖宫庙举办的 2015 妈祖联合绕境祈福活动于 9 月 29 至 10 月 10 日举行。9 月 29 日，11 间宫庙妈祖齐聚北斗奠安宫；10 月 3 日晚上

7点举行起驾晚会，宣告绕境系列活动起跑；10月4日起驾绕境巡游。

【涵江萩芦镇灵慈宫妈祖信众到湄洲妈祖祖庙进香】

9月30日上午，莆田市涵江区萩芦镇灵慈宫近六百名妈祖信众，恭抬妈祖銮驾到湄洲妈祖祖庙进香。湄洲妈祖祖庙董事长林金榜、中华妈祖交流协会副秘书长蔡承武陪同灵慈宫福首林国珍及众善信向妈祖行三献礼和割香鞠火仪式。

【西螺福天宫到嘉义朴子配天宫谒祖进香】

10月9日至10月11日，台湾云林西螺福天宫百余名信众以传统竹轿扛着“社口妈”，到嘉义朴子配天宫谒祖进香，来回行程150公里。

【秀屿区妈祖文化交流中心组织妈祖信众到湄洲妈祖祖庙、贤良港天后祖祠进香】

10月18日，莆田市秀屿区妈祖文化交流中心组织两百余名妈祖信众抬着妈祖神像到湄洲妈祖祖庙、贤良港天后祖祠进香。

【台湾苗栗县苑里慈和宫到湄洲妈祖祖庙谒祖进香】

10月29日下午，台湾苗栗县苑里慈和宫主委洪木贵率一百五十多名妈祖信众，到湄洲妈祖祖庙谒祖进香。苑里慈和宫创建于清乾隆三十六年（1724），主祀康熙五十三年从湄洲妈祖祖庙分灵至苗栗的“天上圣母”。

【由台湾11家妈祖宫庙组成的联合进香团到福建朝圣】

10月30日上午，台湾虎尾福安宫主委王明昆携手鹿港新祖宫、大有慈善宫、吴厝朝兴宫、社口福天宫、虎尾新兴宫、台北慈善宫、土库圣保宫、南投永兴宫、莉桐天枢院、艋舺天后宫等三百多人到湄洲妈祖祖庙朝圣。

此次，台湾联合朝圣团在福建开展5天的朝圣之旅，行程遍及泉州天后宫、湄洲妈祖祖庙、贤良港天后祖祠、文峰天后宫等，其中两个宫庙——莉桐天枢院、艋舺天后宫在贤良港天后祖祠举行分灵仪式。

【新加坡汕头社天后庙到湄洲妈祖祖庙谒祖进香】

11 月 23 日，新加坡汕头社天后庙主席杨荣基带领五十余名妈祖信众，恭捧该庙妈祖神像到湄洲妈祖祖庙谒祖进香。

【广东巽寮天后宫举行“首届冥阳两利水陆空普度大斋胜会”】

11 月 27 日至 12 月 3 日，广东省惠州巽寮天后宫举行“首届冥阳两利水陆空普度大斋胜会”。在宫内设 7 处坛场，夜以继日诵经礼忏。

11 月 27 日，举行开幕仪式。中华妈祖文化交流协会常务理事、陆丰市妈祖文化研究会林永欣会长，中华妈祖文化交流协会常务理事陈永腾与境内外各界人士两千多人共襄盛举。开幕式上，林永欣会长向巽寮天后宫甘玉明理事会长赠送了如意；举行了红黄狮舞队、红黄旱龙船队等民俗表演；在 108 位大德法师的引领下进行绕境巡安。

【台中市神冈颖德宫到湄洲妈祖祖庙谒祖进香】

12 月 3 日上午，台中市神冈区颖德宫主委陈添喜带领妈祖信众 52 人，恭随着分灵妈祖、五府千岁等神尊到湄洲妈祖祖庙谒祖进香。这是颖德宫 25 年后再回祖庙谒祖省亲。

【高雄旗山天后宫到鹿港天后宫进香】

12 月 12 日，台湾高雄旗山天后宫 5000 名信众，恭送湄洲妈祖等神像到鹿港天后宫进香。

【台湾“中华道教文化团体联合总会”到莆田文峰天后宫参访】

12 月 15 日下午，台湾“中华道教文化团体联合总会”吴光辉理事长率团 30 人到莆田文峰天后宫参访。

【南瑶宫乙未年祈安三献福醮大典】

彰化南瑶宫每三年一次的祈安三献礼斗法会，今年适逢满十二年一度的“大三献”，扩大规模以福醮盛典举办。盛典自12月16日至20日为期五天，南瑶宫周边家家户户张灯结彩，而搭建在成功停车场的醮坛约5层楼高，现场摆满肉山、米山及近4500桌的普度供桌。

【昆山妈祖返台“探亲”】

12月16日至20日，江苏昆山慧聚天后宫妈祖到台湾鹿港天后宫“探亲”。12月16日早晨6时30分，昆山慧聚天后宫举行妈祖回娘家起驾仪式。两岸数百位嘉宾及信众在昆山台商协会荣誉会长孙德聪、昆山妈祖文化交流协会会长夏梁鑫等12位主祭官的带领下向妈祖行上香礼、鞠躬礼等仪式，并为妈祖神像更换新衣。随后，昆山妈祖在孙德聪等台商的护送下起驾，前往台湾。

12月20日下午，昆山慧聚天后宫妈祖顺利返回昆山慧聚天后宫安座。

【鹿港天后宫与朴子配天宫，三百年来首次联合绕境】

12月26日上午8点，台湾嘉义鹿港天后宫妈祖抵达朴子配天宫，进行三百年来首次联合绕境。26日晚鹿港天后宫妈祖驻驾朴子配天宫，27日信众从溪湖徒步陪妈祖回鹿港安座。

【台湾云林土库顺天宫等宫庙50名信众到到莆田文峰天后宫进香】

12月29日下午，台湾云林土库顺天宫、云林联美妈会、西螺广福宫、王功福海宫、南投慈善宫等宫庙率信众50人到莆田文峰天后宫进香。

【台湾北投慈后宫等宫庙六百多位信众到莆田文峰天后宫进香】

12月31日下午，台湾北投慈后宫、竹南后昔龙凤宫、竹南中港慈裕宫、神冈社口万兴宫等宫庙率信众六百多人到莆田文峰天后宫进香朝圣。

【台湾嘉义县新港奉天宫百年大醮】

1999年台湾“9·21”大地震，台湾嘉义县新港奉天宫部分建筑损坏。新港奉天宫委员会启动保护预案，陆续对受损的建筑物进行保护性修复。经过十多年的修复，于2015年7月底完工。为了铭记历史和敬畏大自然的力量，新港奉天宫于2015年12月26日至2016年1月2日举行建醮祈福法会。由于此次建醮法会距离新港奉天宫上一次建醮有125年时间，所以取名“百年大醮”。

●6月22日，台湾新港奉天宫董事长何达煌、建醮委员会主委谢龙隐，率领新港分奉天宫董监事一行17人，到湄洲妈祖祖庙谒祖进香，并呈送“新港奉天宫百年大醮”第一张请柬，邀请湄洲妈祖祖庙参加新港奉天宫百年大醮。

●7月10日，台湾嘉义新港奉天宫董事长何达煌率董事到台湾北港朝天宫送大帖，邀请其参加奉天宫举办的百年大醮。由于朝天宫与奉天宫因庙史纷争一直不相往来，送大帖被喻为破冰之旅，朝天宫释出善意热忱接待，表示会参加建醮。

●10月12日，新港奉天宫举行醮坛场地动土仪式，聘请3位道长主持，嘉义县知名人士张花冠、陈明文、张明达等出席。建醮场地距奉天宫数百米，位于新民路往民雄左侧，属新港乡公所所有，面积一万多平方米。共搭设有总主会、主会、主醮、主普、主坛、主事六大会首及天师坛。

●新港奉天宫百年大醮绕境活动于11月12日8点整起驾，进行四天绕境祈福活动。

●12月12日起举行“神尊入坛鉴醮”仪式，一连九天有来自各地的友宫寺庙超过3000尊神明进驻奉天宫鉴醮。

●12月26日，新港奉天宫举行登殿大典。高雄大义宫、湄州妈祖祖庙、贤良港天后祖祠、泉州天后宫、莆田文峰天后宫、泉州霞州妈祖宫、仙游县仙霞妈祖庙等海峡两岸68个宫庙单位参加大典。当天，奉天宫庙前和醮坛区安排明华园歌仔戏玄字团日夜献艺，并施放烟花。

●12月31日下午于醮场主普坛举行祀宴大典开香，晚上举行妈祖慈光幸福平安跨年演唱会，同时在跨年夜展现高空烟火秀。

宫庙修建

【台中朝圣宫启用新建庙宇】

1 月 10 日，位于台中市北屯区大坑风景区的朝圣宫，启用新建庙宇，举办入火安座剪彩及开庙门典礼，王金平先生、林佳龙先生以及镇澜宫董事长颜清标等人共同主持。

台中朝圣宫主祀大甲镇澜宫分灵天上圣母。朝圣宫依照传统习俗邀请“文官”“武将”参与开庙门仪式，中午席开百桌福宴庆祝，并举行文艺演出。

【龙岩南桥坂天后宫重建落成】

1 月 15 日早晨 6 时许，福建省龙岩市新罗区中城街道小洋葫芦新村南桥坂天后宫，举行揭牌仪式，庆祝天后宫重建落成。

历史上的龙岩县南桥坂天后宫，位于原龙岩县城南门侧，即今龙岩紫金大楼旁。清代康熙末年建成，嘉庆二十一年（1816）重修。1977 年，因建设龙岩市龙川中路，龙岩县南桥坂天后宫被拆毁，信女杨汝兵女士将妈祖真身移驾至新罗区中城街道小洋葫芦新村。在海峡两岸民众支持下，筹集资金，重建宫庙供奉妈祖。

【江苏常熟天后宫举行妈祖安座典礼】

1 月 16 日，江苏省常熟天后宫在昆承湖畔红观音堂举行妈祖安座典礼。中华妈祖文化交流协会副会长、湄洲妈祖祖庙荣誉董事长、上海玉成天赐珠宝有限公司董事长赵柳成，中华妈祖文化交流协会副秘书长蔡承武、办公室主任苏健，常熟市闽台妈祖文化研究会董事长王加兴，广州市南沙天后文化学会常务副会长陈镇洪，常州市妈祖文化交流协会常务副会长黄勇猛以及来自海峡两岸的妈祖信众一千多人参加了典礼。典礼由湄洲妈祖祖庙副总干事李少霞主持。常熟市闽台妈祖文化研究会王加兴董事长在典礼上致辞。十届全国政协副主席、中华妈祖文化交流协会会长张克辉题写了“常熟天后宫”。

2009 年，常熟市闽台妈祖文化研究会成立后，一直致力于妈祖文化的传播。此次研究会依托红观音堂平台，设立常熟天后宫，并于 1 月 11 日到妈祖故乡请回妈祖神像，此尊妈祖神像由福建莆田青年高级工艺美术师林青雕刻，经过湄洲妈祖祖庙经师开光。

【崇武妈祖宫举行重建一周年庆典】

1 月 24 日，福建泉州惠安崇武妈祖宫举行重建一周年庆祝典礼，举行妈祖巡境活动。上百名从台中妈祖宫庙来的信众参加了庆典。

【莆田常太镇利车村白漈宫重建落成】

1 月 29 日上午，福建莆田常太镇利车村白漈宫举行重建落成庆典。中华妈祖文化交流协会常务副会长林国良，协会副秘书长、台湾大统国际集团董事长谢铭洋，协会副秘书长蔡承武，湄洲妈祖祖庙董事会董事、慈善科副科长朱金池，培训中心主任、人事科副科长李清贵，秀屿区妈祖文化交流中心主任詹金炉，涵江区妈祖文化交流协会副会长翁玉琴、李志坚，常太镇利车村白漈宫董事长林美玉，以及支持常太白漈宫建设的各位功德主，常太白漈宫董事会全体成员，莆田市部分妈祖宫庙的信众代表，新闻媒体等五百多人参加。

庆典由中华妈祖文化交流协会办公室主任苏健主持；蔡承武和谢铭洋分别致辞；林国良、朱金池、谢铭洋、林美玉为“白漈宫牌匾”揭幕；湄洲妈祖祖庙董事会朱金池、秀屿区妈祖文化交流中心詹金炉分别向常太白漈宫董事会赠送贺匾。最后，遵循古礼，举行了三献礼、颂祝文等仪式。

【连江县黄岐镇长沙村妈祖宫落成】

2 月 5 日，福建省连江县黄岐镇长沙村举行妈祖宫落成庆典暨连江县妈祖文化研究会 2015 年新春团拜会。连江县县委统战部副部长欧阳雪莲、县社科联主席王婷、县文联书记吴安钦、县志办主任叶峰、县作协主席阮道明，连江县各妈祖宫庙的负责人和当地妈祖信众三百多人参加了活动。

【茂名放鸡岛天后宫举行妈祖庙落成2周年庆典】

3月8日，广东省茂名放鸡岛举行天后宫落成2周年庆典。2012年放鸡岛天后宫动工建设，2013年建成并于正月十八举行开光大典。

【加拿大莆仙同乡会筹建妈祖庙】

3月12日，加拿大莆仙同乡会会长周建成先生一行10人，在莆田市委统战部和市侨联的安排和陪同下，到湄洲岛，与妈祖祖庙董事会商讨在加拿大多伦多建妈祖庙、恭迎湄洲妈祖分灵祭祀事宜。

【厦门闽南朝天宫举行开阖启扉大典】

3月29日上午九时许，福建厦门闽南朝天宫举行开阖启扉大典。来自海内外数十个妈祖庙宇的千余人参与了此次盛会。会后，闽南朝天宫正式对外开放。闽南朝天宫占地面积1325平方米，建筑面积4280平方米。

【吴川市银岭天后宫筹建理事会成立】

4月26日，广东省湛江市吴川市银岭天后宫举行筹建理事会成立典礼。

【彰化鹿港天后宫到湄洲妈祖祖庙交流红木妈祖落座朝天阁等事宜】

4月27日，台湾彰化鹿港天后宫主委张伟东一行到湄洲妈祖祖庙，交流湄洲妈祖祖庙朝天阁修缮及红木妈祖落座朝天阁等事宜。鹿港天后宫将在朝天阁的内部设计修缮等方面提供帮助。同时，建议红木妈祖像的脸部神态，以鹿港天后宫供奉的妈祖像作为参考。

【台湾新庄慈佑宫启用“新庄妈文物馆”】

台湾新庄慈佑宫，建庙至今已329年，是新庄最古老的寺庙。庙方历经长时间考证，完成庙史“宫志”编撰，为保存宫庙文物，于5月2日启用“新庄妈文物馆”。

【惠来县华清天后宫妈祖重妆金身开光庆典】

5月2日上午，广东省惠来县妈祖文化交流协会（岐石镇）华清村理事会、华清天后宫理事会举行妈祖重妆金身开光庆典活动。庆典活动由惠来县妈祖文化交流协会副会长兼秘书长林盛顺主持。惠来县妈祖文化交流协会常务理事、华清天后宫理事会长卢镇恩致欢迎词。来自广州、深圳等地的妈祖会员、妈祖信众数千人参加庆典活动。华清村家家户户带上馨香礼品到妈祖金身前祭拜。

【晋江市庄头天妃宫重建落成】

5月4日，福建省泉州市晋江市庄头天妃宫举行重建落成庆典。

【彰化南瑶宫一古匾失而复得】

5月10日深夜，一方见证南瑶宫天公殿兴建历史，流失数十年的古匾“尊尚玄穹”，返抵南瑶宫。

【晋江罗裳全安宫重建落成庆典】

5月11日，福建晋江罗山街道罗裳全安宫举行重建落成开光庆典。

【美国妈祖基金会在纽约建成“美国妈祖庙”】

美国时间5月11日上午，美国纽约妈祖大厦落成暨观音菩萨、妈祖像开光典礼在纽约华人聚居区法拉盛41大道132-15号举行。

美国妈祖基金会董事长朱荣斌和创会主席黄明萍共同主持典礼、宣布妈祖庙正式开业。纽约市议员顾雅明、美东华人联合总会秘书长林学文、“新州中国日”创始人林洁辉等侨民信众三百余人参加了庆典活动。

【鹿耳门圣母庙举行“千里眼大将军”及“顺风耳大将军”铜像落成剪彩】

6月7日，台南市安南区土城正统鹿耳门圣母庙举行庙埕前的“千里眼大将军”及“顺风耳大将军”铜像落成剪彩仪式。

“千里眼”“顺风耳”雕像于2013年开始动工建造，2015年4月底完工。铜像高19米，采用分批建造焊接的方式铸造而成。

【黄石海滨圣母宫举办重建十周年庆典活动】

6月27日上午，福建莆田黄石海滨圣母宫董事会主办“重建十周年庆典活动”，莆田市区的各友宫庙到场祝贺。

上午10时，莆田市妈祖联谊会会长何玉春、黄石海滨圣母宫董事长邹美金携各友宫庙成员及当地妈祖信众举行了三献礼仪式。中华妈祖文化交流协会委托妈祖联谊会会长何玉春向海滨圣母宫赠送了一幅妈祖圣像图，祝贺圣母宫重建十周年。何玉春还向海滨圣母宫董事会授予由中国国民党荣誉主席连战先生给莆田市妈祖联谊会的题词。

【连江县安凯乡高塘村妈祖殿落成】

7月1日，位于福建省福州市连江县安凯乡高塘村的妈祖殿落成庆典在玄帝宫举行。参加庆典的有连江县委台办、县侨办、县文联、社科联、作协、妈祖文化研究会，高塘村委会、老人会，各乡镇五十多位妈祖宫庙的主任、妈祖信众两百多人。

【长岛显应宫启动一期修缮工程】

7月23号，山东省长岛县举行显应宫妈祖庙一期修缮工程开工仪式。长岛县政协副主席、中华妈祖文化交流协会常务理事、县妈祖文化交流协会会长袁旭，台湾桃园慈护宫参访团，维修工程领导小组成员以及妈祖协会会员参加了开工典礼。

一期工程修缮项目涉及万年殿和寿身殿琉璃瓦更换、万年殿防水处理和承重柱加固、寿身殿檐柱维修、庙院部分铺砖、门窗油漆等。工期3个月。

【叠福天后宫举行新迁及开光庆典】

9月17日，广东深圳大鹏新区叠福村举行叠福天后宫新迁及开光庆典。共两千多人参加了庆典。

【南方澳进安宫举行宝石珊瑚妈祖安座六周年庆典】

9月18日至19日，台湾南方澳进安宫举行宝石珊瑚妈祖安座六周年庆典活动。

南方澳进安宫的宝石珊瑚妈祖，高度约1.46米，重量600公斤，以宝石珊瑚与黄金打造而成，冠冕镶满宝石珊瑚。

【嘉义后驿里圣安宫庙基升高90厘米】

台湾嘉义后驿里圣安宫，建庙逾半世纪，因地势低易淹水，信众捐款逾千万元新台币将庙基升高90厘米，楼房迁移工程复杂困难，共6道工序百日工期，9月18日已使用50支千斤顶撑起寺庙。

【珠玑古巷妈祖庙举行落成庆典】

11月15日，广东省高雄县梅关珠玑古巷景区举行妈祖庙建成开光庆典仪式，中华妈祖文化交流协会常务理事林永欣、陈永腾及来自境内外的千余客人参加了庆典活动。

当天，珠玑镇洋湖民间艺术表演队表演了独具特色的民间艺术“珠玑飘色”（又名“装故事”）、“洋湖大狮头”——青草狮。

【诏安县梅岭镇下河村岭港湄洲行宫修缮完工】

11月24日，福建漳州诏安梅岭镇下河村举行岭港湄洲行宫修缮完工庆典。2003年7月，该行宫被诏安县人民政府批准为文物保护单位，因年久失修，湄洲行宫略有破损。今年3月，下河村发动群众自愿捐资四十多万元，对湄洲行宫进行修缮。

【莆田仙游朱阳宫重建告竣庆典】

12月5日，莆田市仙游县榜头镇朱阳宫举行重建告竣庆典。中华妈祖文化交流协会办公室主任苏健、湄洲妈祖祖庙董事庄清贵、台湾松山慈佑宫董事长陈玉峰等嘉宾，还有各地妈祖宫庙代表参加了庆典。

【厦门何厝顺济宫重建十五周年】

12月6日上午，福建厦门何厝社区顺济宫举行重建十五周年庆典。海峡两岸近千名民俗文化人士参加了庆典。

【长岛显应宫举行“湄洲翡翠妈祖”安座仪式】

12月19日上午，长岛显应宫在万年殿举行“湄洲翡翠妈祖”安座仪式。“湄洲翡翠妈祖”雕像由中华妈祖文化交流协会副会长赵柳城先生捐赠。

【莆田贤良港天后圣殿竣工庆典】

12月31日上午，莆田市贤良港天后祖祠举行天后圣殿竣工庆典仪式，中华妈祖文化交流协会常务副会长林国良、台湾妈祖文化联谊会会长郑铭坤、台湾佛光山副主持慧伦法师以及来自新加坡、印尼和中国台湾等地的五百多家宫庙三千多名信众参加。

庆典仪式前，两岸妈祖信众举行民俗文艺踩街活动。上午10时，庆典仪式正式开始，内容包括圣殿竣工剪彩、祭祀朝拜大典、“天后圣殿”匾额揭匾等。当天，来自大甲镇澜宫、新港奉天宫、鹿耳门天后宫等台湾妈祖宫庙的27尊分灵妈祖神像进驻天后圣殿，共享香火。

第三部分
文创与慈善

媒体传播

微信公众号

- 妈祖文化：mazutianhou。
- 妈祖文化快递团：nkumzwh。
- 中华妈祖：cnmazu（公众号）。
- 中华妈祖：chinamazu（订阅号）。
- 北京妈祖文化交流协会：bjmazu。
- 广东妈祖文化：guangdongmazu。
- 昆山妈祖文化交流协会：ksmazu。
- 泗阳妈祖文化园：symzwhy。
- 石狮妈祖文化：ssmzwh。
- 崇州市妈祖文化研究会。
- 天津天后宫。

妈祖刊物

- 《中华妈祖》CN-35（Q）第 0071 号。

●《妈祖故里》CN-35（Q）第0028号。

●《广东妈祖文化》：由广东省妈祖文化交流协会主办。

●《鹿港妈祖期刊》：台湾鹿港天后宫发行。

●《连江妈祖》：由福建省福州市连江县妈祖文化研究会主办。

妈祖网站

●美国妈祖基金会：https：//usmazu.org/。

●台湾彰化南瑶宫：http：//mazu.changhua.org.tw/。

●海洋财富网妈祖文化专栏：http：//www.hycfw.com/Category/110。

●云林县西螺福兴宫：http：//www.taipingmatzu.org.tw/，主办单位：财团法人西螺福兴宫。

● 2014台中妈祖国际文化节：http：//www.mazuevent.com/mazu/。

● 2014台中妈祖国际文化节——百年宫庙风华：http：//www.chenyi100.com.tw/2014tcmazu/。

●大甲妈祖国际观光文化节：http：//dajiamazu.mmhot.tw/。

●台中朝圣宫：http：//jws-video.myweb.hinet.net/。

●天津天后宫：http：//www.tjtianhougong.com/tianhougong/。

●妈祖联盟网：http：//www.mzu323.com/，主办单位：MAZU ALLIANCE LIMITED 漳浦乌石妈祖城开发有限公司、漳州乌石天后宫管委会、漳州乌石旅游开发有限公司。

●霞霖妈祖宫：http：//www.xialingong.com/。

●妈祖文化经贸园：http：//tj.zhaoshang.net/yuanqu/detail/278。

●湄洲妈祖文化研究中心：http：//mzmzgl.com/home。

●财团法人台湾省台北县金包里慈护宫：http：//www.cihugong.com.tw/。

●中华妈祖网：http：//www.chinamazu.cn/，指导单位：中华妈祖文化交流协会，中华妈祖文化研究院、湄洲妈祖祖庙、台湾北港朝天宫、台湾鹿港天后宫、厦门博鼎智文传媒科技有限公司主办。

●天下妈祖网：http：//www.mazuworld.com/，福建电子音像出版社、中华妈祖文化交流会主办。

●潮汕妈祖网：http：//www.csmz.net/，汕头市妈祖文化交流协会主办。

●妈祖文化网：http：//www.mazu.name/，中国林氏宗亲网旗下公益分站。

●莆田市妈祖文化传播有限公司：http：//pt-mazu.net/。

●中华妈祖：http：//www.mazu.org/，妈祖网站由个人创办。

●新华网妈祖在线：http：//www.fj.xinhuanet.com/mazu/，新华社网络中心、中华妈祖文化交流协会主办。

●东南网妈祖之光栏目：http：//pt.fjsen.com/xw/mz.htm，中共福建省委宣传部主管、《福建日报》报业集团主办。

●莆田学院网站妈祖文化栏目：http：//202.101.111.195：8099/mzwh/index.php，莆田学院主办。

●妈祖城网妈祖文化栏目：http：//mazucity.org/sitefiles/services/cms/page.aspx？s=1&n=6，中共莆田市湄洲湾经济开发区工委宣传部主办。

●莆田传媒网妈祖栏目：http：//www.ptweb.com.cn/mazu/，湄洲日报社主办。

●湄洲湾北岸经济开发区网站妈祖文化栏目：http：//www.ptmzwba.gov.cn/mzwh/，莆田市湄洲湾北岸经济开发区管理委员会主办。

●莆田乡音网妈祖文化栏目（《莆田侨乡时报》）：http：//www.0594xyw.com/news.php？fid=16，政协福建省莆田市委员会主办。

●湄洲岛网站妈祖文化栏目：http：//www.mzd.gov.cn/zwb/mzwh/，湄洲岛国家旅游度假区管委会主办。

●莆田妈祖文化—福建站—新浪网：http：//fj.sina.com.cn/pt/zt/mzwh/，新浪公司所有。

●闽南网闽南文化妈祖栏目：http：//www.mnw.cn/wenhua/mazu/，《福建日

报》报业集团主管。

●莆田文化网文化栏目：http：//www.ptwhw.com/？ sort=1。

●澳门中华妈祖文化基金会：http：//www.a-ma.org.mo/。

●莆仙文化网魅力妈祖栏目：http：//www.pxwhw.com.cn/mlmz/ws/，莆田市文化广电新闻出版局主办。

●湄洲在线（妈祖在线）：http：//www.mozoo.net，黄清亭主办。

●湄洲妈祖祖庙：http：//www.mz-mazu.org.cn/，中国福建莆田市湄洲妈祖祖庙董事会版权所有。

●贤良港天后祖祠：http：//www.mzdsd.org/index.html，莆田市贤良港祖祠董事会版权所有。

●安溪善坛妈祖庙：http：//www.axstmz.com，安溪善坛妈祖文化研究会主办。

●旗山天后宫：http：//www.5658.com.tw/thg/。

●安铺天后宫——廉江市安铺镇天后宫官方网：http：//www.anputhg.com/。

●雪隆海南会馆（天后宫）：http：//www.hainannet.com.my/v2/lang/zh。

●莆田文峰天后宫：http：//www.wenfenggong.com/。

●泉州天后宫：http：//www.qzthg.com/，泉州天后宫董事会版权所有。

●普宁涂坑妈祖网：http：//www.pnmazu.com/，广东普宁涂坑天后圣母庙。

●东岭护海宫：http：//www.huhaimazu.com/，泉州市惠安县东岭主办。

●庐山妈祖网：http：//www.lushanmazu.org/，中国庐山天后宫董事会版权所有。

●广州南沙天后宫官网：http：//www.gznsthg.com/。

●台湾北港朝天宫：http：//www.matsu.org.tw/，北港朝天宫董事会版权所有。

●台湾鹿港天后宫：http：//www.lugangmazu.org/。

●台湾竹南后厝龙凤宫：http：//www.chunan-great-mazu.org.tw/，竹南后厝龙凤宫管理委员会。

●台湾鹿耳门天后宫：http：//www.luerhmen.org.tw/。

●台湾新港奉天宫：http：//www.hsinkangmazu.org.tw/，嘉义县新港奉天宫董事会主办。

●台湾妈祖联谊会：http：//www.taiwanmazu.org/，台湾妈祖联谊会主办。

●台湾虎尾持法妈：http：//www.chifa-mazu.org.tw/index.asp，虎尾持法妈祖宫。

●台湾大甲镇澜宫：http：//www.dajiamazu.org.tw/。

●白沙屯妈祖婆网站：http：//www.baishatun.com.tw/，白沙屯拱天宫。

●台中天后宫网站：http：//www.tcmazu.org/，台中天后宫。

●全台祀典大天后宫全球资讯网：http：//www.tainanmazu.org.tw/，祀典台南大天后宫。

●山上天后宫：http：//www.tan-ho.org.tw/，山上天后宫管理委员会。

●旗津天后宫全球资讯网：http：//www.chijinmazu.org.tw/，旗津天后宫。

●高雄新庄天后宫：http：//www.ks-tienhou-temple.com.tw/。

●台东天后宫：http：//www.taitungmazu.org.tw/。

●安平开台天后宫：http：//www.anping-matsu.org.tw/。

报纸报道

● 1 月 1 日《温州日报》刊登《台湾名流来温交流妈祖文化》文章。

● 1 月 1 日《湄洲日报》刊登《湄洲妈祖文化影视园海洋馆今日开馆》《福佑群生褒封妈祖 64 字封号解读》《将妈祖神话向下扎根——访高雄海洋科技大学教授吴若己》《用新媒体弘扬妈祖文化》文章。

● 1 月 4 日《澳门日报》刊登《南沙商妈祖旅游合作》文章。

● 1 月 5 日《烟台日报》刊登《长岛寻仙探妈祖》文章。

● 1 月 6 日《东南快报》刊登《妈祖文化扎根福建走向——“慈悲”和“大爱”是其文化内涵，莆田将打造世界妈祖文化中心》文章。

● 1月6日《福建日报》刊登《湄洲妈祖文化影视园海洋馆对外开放》文章。

● 1月6日《海峡都市报》刊登《莆田首个海洋馆对外开放——位于湄洲岛妈祖文化影视园内》文章。

● 1月10日《湄洲日报》刊登《捐资修建妈祖石像》《妈祖信仰和“海丝”文化》文章。

● 1月10日《晋江经济报》刊登《全国“大爱妈祖”书法展晋江2人入展》文章。

● 1月13日《扬中日报》刊登《天后宫》文章。

● 1月14日《湄洲日报》刊登《“道德讲堂”首进妈祖宫庙——在贤良港天后圣殿举行，旨在弘扬妈祖精神》文章。

● 1月14日《慈溪日报》刊登《观海卫的天妃宫和天后宫》文章。

● 1月15日《湄洲日报》刊登《褒封妈祖64字封号解读》文章。

● 1月17日《湄洲日报》刊登《海外妈祖溯祖庙》《多渠道发扬妈祖文化》《天津妈祖文化参访团赴台交流》《华山妈祖文化公园》《妈祖祖庙青年结对孤儿》文章。

● 1月18日《汕头日报》刊登《岁末妈祖巡游彰大爱》文章。

● 1月20日《湄洲日报》刊登《〈妈祖颂〉为“海丝”文化原点喝彩——主创者做客〈新闻沙龙〉谈诗书联袂五年自发打造的感人故事》《跨越海峡的心灵唱和 穿越古今的精神讴歌——〈新闻沙龙〉邀请相关诗人、书法家畅谈自发创作演绎〈妈祖颂〉抒发妈祖情》《百万善款 今冬送暖——本报携手北京莆田企业商会、北京妈祖仁爱慈善基金会联合开展大型公益活动》文章。

● 1月21日《中国海洋报》刊登《妈祖：“海丝”之路的“文化大使”》文章。

● 1月21日《海峡导报》刊登《同题同韵颂圣贤〈妈祖颂〉正式出版》文章。

● 1月21日《合肥日报》刊登《依托传统文化 增进两岸交流——张庆军会见台湾妈祖联谊会考察团》文章。

● 1月21日《恩施晚报》刊登《“天后宫”的变迁》文章。

● 1月22日《福建日报》刊登《妈祖文化：传播立德行善正能量》文章。

● 1月24日《湄洲日报》刊登《妈祖信仰在泰国》《天津市妈祖文化促进会

开展交流活动》文章。

● 1 月 26 日《揭阳日报》刊登《海神妈祖》文章。

● 1 月 27 日《湄洲日报》刊登《妈祖城里 3D 魔幻寻宝——台湾东森 YOYO 幼儿园举办亲子活动》文章。

● 1 月 27 日《香港文汇报》刊登《妈祖文化联谊会理监事就职》文章。

● 1 月 28 日《连云港日报》刊登《天后娘娘和天后宫》文章。

● 1 月 28 日《海峡都市报》刊登《湄洲妈祖祖庙送温暖发放万斤大米》文章。

● 1 月 28 日《光明日报》刊登《聚焦海洋视野中的妈祖文化和华文文学》文章。

● 1 月 28 日《云南经济日报》刊登《入选中华妈祖文化全国书法篆刻大展》文章。

● 1 月 29 日《湄洲日报》刊登《多形式宣传妈祖文化》《薪火相传三十载 新梦点燃再出发——湄洲日报社新媒体平台上线暨创刊 30 周年纪念活动举行〈妈祖颂〉正式发行书法名家现场书写春联赠市民》文章。

● 1 月 29 日《东南快报》刊登《“妈祖”申报世遗建“海丝”博物馆》文章。

● 1 月 30 日《福建侨报》刊登《湄洲妈祖祖庙“慈善之光”牵手泰国领事馆》文章。

● 1 月 30 日《湄洲日报》刊登《砥砺奋进十八载 妈祖圣地谱华章——北岸山亭镇大力发展临港产业建设滨海新城改善社会民生综述》文章。

● 1 月 31 日《湄洲日报》刊登《妈祖信仰在越南》《重兴社妈祖宫》《天津天后宫羊年邮品发行》《发展妈祖文化创意产业——台湾教授蔡泰山来莆田学院座谈》《湄洲妈祖祖庙举办“慈善之光”活动》文章。

● 2 月 1 日《福州晚报》刊登《福建船政天后宫与闽台禅和乐的文化交流》文章。

● 2 月 2 日《福建日报》刊登《用妈祖文化增进两岸交流——访省人大代表陈玉鹏》文章。

● 2 月 2 日《湄洲日报》刊登《扶危救急 爱心汇聚——北京妈祖仁爱慈善基金会紧急援助一名患罕见病的莆籍务工者，在京莆商纷纷伸出温暖援手，捐款献血真情浓》文章。

●2 月 4 日《福建日报》刊登《两岸齐和诗 同声颂妈祖——〈妈祖颂〉出版的幕后故事》文章。

●2 月 4 日《大众日报》刊登《长岛寻仙探妈祖》文章。

●2 月 7 日《湄洲日报》刊登《妈祖信仰在新加坡》《妈祖义工献爱心》《妈祖大爱 莆商情暖》文章。

●2 月 10 日《湄洲日报》刊登《湄洲妈祖灯会大年初三启幕》《颂妈祖懿德 展艺术魅力》文章。

●2 月 10 日《海峡都市报》刊登《正月初三湄洲岛看灯会去》文章。

●2 月 11 日《福建日报》刊登《借力妈祖文化，莆田融入“一带一路”》《海上丝绸之路，绕不过妈祖故乡》文章。

●2 月 11 日《今晚报》刊登《天后宫春祭大典今举行》文章。

●2 月 12 日《中国新闻》刊登《天津天后宫举行春祭大典》文章。

●2 月 12 日《海峡时报》刊登《船政天后宫与闽台禅和乐的文化交流》文章。

●2 月 12 日《每日新报》刊登《天后宫举行春祭大典“爱心公社”帮助贫困生（图）》文章。

●2 月 12 日《湄洲日报》刊登《借力妈祖文化，莆田融入“一带一路”》《海上丝绸之路，绕不过妈祖故乡》文章。

●2 月 13 日《汕头都市报》刊登《新版〈妈祖颂〉春节后在汕首演》文章。

●2 月 14 日《南昌晚报》刊登《南昌曾有座供奉妈祖的天后宫》文章。

●2 月 14 日《湄洲日报》刊登《天津天后宫举行乙未年春祭大典》《“湄洲妈祖灵应宝玺”走向世界》《湄洲妈祖庙最早妈祖石像考》文章。

●2 月 15 日《澳门日报》刊登《天后宫新春延长开放》文章。

●2 月 17 日《海峡都市报》刊登《三坊七巷天后宫初一免费领福卡》文章。

●2 月 17 日《澳门日报》刊登《神州妈祖文化交流会团拜》文章。

●2 月 21 日《澳门日报》刊登《中华妈祖基金会祈福佑澳》文章。

●2 月 25 日《湄洲日报》刊登《同沐灵光 共祈五福——湄洲妈祖祖庙迎春祈年典礼举行，妈祖灯会绚丽启幕为羊年送祝福播平安》文章。

●2 月 25 日《青岛财经日报》刊登《天后宫庙会开启民俗大宴》文章。

● 2 月 26 日《宿迁日报》刊登《今生有缘来相会 妈祖像前觅知己——“今生有缘，妈祖牵线”相亲会侧记》《游客挤爆妈祖园》《妈祖园里笑语喧 游客云集乐陶陶》文章。

● 2 月 26 日《福建日报》刊登《回龙深处藏“妈祖”》文章。

● 2 月 27 日《东南早报》刊登《羊年元宵“乞龟祈福”送平安米——“泉澎祈龟民俗文化活动”将在泉州霞洲妈祖宫举行》文章。

● 2 月 27 日《晋中晚报》刊登《天后宫里拜娘娘——先有天后宫，后有天津卫》文章。

● 2 月 28 日《湄洲日报》刊登《两岸又添两尊隔海相望妈祖石雕圣像》《〈中华妈祖〉栏目十年回望》《展灯造型新颖 展现妈祖元素》《月塘乡洋埭村妈祖文化交流协会揭牌》文章。

● 3 月 1 日《湄洲日报》刊登《妈祖金身昨起绕境湄洲岛巡安布福》文章。

● 3 月 1 日《东南快报》刊登《郎官巷天后宫近期可观古民俗》文章，介绍清代古灯、塔式漆笼收藏展在该处开展，为期三个月。

● 3 月 3 日《今晚报》刊登《天后宫与天津年文化》文章。

● 3 月 4 日《今晚报》刊登《张聊公笔下的天后宫年俗》文章。

● 3 月 4 日《福州日报》刊登《妈祖神像亮相“两马同春闹元宵”灯会》图片。

● 3 月 4 日《宿迁日报》刊登《泗阳妈祖文化园被纳入运河江苏 8 城联动规划》文章。

● 3 月 4 日《东南早报》刊登《摸 4.18 万斤大米龟 同祈福气安康——羊年“乞龟”昨举行，霞洲妈祖宫将和早报一起把“平安米”等送到孤儿院和养老院》文章。

● 3 月 5 日《今晚报》刊登《水会罚戏天后宫》文章。

● 3 月 5 日《湄洲日报》刊登《〈妈祖颂〉被省图书馆典藏——作为特色地方文献该馆官方微博发图文推荐》文章。

● 3 月 5 日《侨乡科技报》刊登《霞洲妈祖宫“水果龙”》文章。

● 3 月 5 日《东南早报》刊登《妈祖巡境数百年见证泉州“海丝”历史》文章。

● 3 月 6 日《烟台日报》刊登《长岛庙会“拜妈祖”闹元宵》文章。

● 3 月 6 日《今晨 6 点》刊登《长岛显应宫庙会“闹元宵拜妈祖”》文章。

●3月6日《晋江经济报》刊登《泉澎“祈龟”民俗昨在天后宫举行，大米龟重达5.288万斤历年最大》文章。

●3月6日《东南早报》刊登《泉州澎湖两地天后宫同“乞龟”》文章。

●3月7日《湄洲日报》刊登《妈祖信仰在西欧》《白俄罗斯国家电视台来莆拍摄妈祖信俗活动》《晋江直飞日本大阪航线月底开通》文章。

●3月7日《泉州晚报》刊登《妈祖巡香——台商投资区》文章。

●3月8日《今晚报》刊登《天后宫香客“女尊男卑”》文章。

●3月9日《湄洲日报》刊登《拜妈祖祈福佑平安——贤良港元宵传承千年民俗魅力》文章。

●3月9日《汕头特区晚报》刊登《〈妈祖颂〉将在艺都公演》文章。

●3月9日《人民日报》刊登《莆田：借力妈祖文化，打造“网上自贸区”》文章。

●3月10日《东南早报》刊登《“乞龟”结束 平安米又成为爱心米——泉州霞洲妈祖宫、东南早报昨献爱心，携大米及食用油慰问孤残儿童》文章。

●3月12日《海峡时报》刊登《怡山院妈祖传说》文章。

●3月12日《中国新闻》刊登《老工业基地欲“涅槃”，妈祖故里促两岸合作》文章。

●3月12日《湄洲日报》刊登《“妈祖故里”湄洲岛可成两岸合作前沿平台——访全国人大代表、中共莆田市委书记周联清》《“公益盛宴”背后的靓丽风景》文章。

●3月13日《湄洲日报》刊登《寻找妈祖文化和“海丝”契合点，服务好“一带一路”倡议——郑晓松来莆调研》文章。

●3月13日《湛江晚报》刊登《三“羊”开泰，喜气洋洋——记文章湾妈祖文化节》文章。

●3月13日《东南早报》刊登《爱心“平安米”暖了众人心》文章。

●3月14日《石狮日报》刊登《妈祖巡香——惠女阿芳蔡永辉〈惠女阿芳〉》闽南文化系列漫画。

●3月14日《湄洲日报》刊登《妈祖信仰在马来西亚》文章。

●3月14日《宿迁日报》刊登《妈祖园列入国家4A级旅游景区创建计划》文章。

● 3 月 17 日《莆田学院报》刊登《〈妈祖信仰世界传播史〉编写启动会召开》文章。

● 3 月 18 日《晶报》刊登《妈祖娘娘很美丽》文章。

● 3 月 18 日《汕头都市报》刊登《新版〈妈祖颂〉在汕首演》文章。

● 3 月 18 日《汕头特区晚报》刊登《原创妈祖颂歌在汕首演》文章。

● 3 月 19 日《海峡都市报》刊登《妈祖〈平安号〉舞台剧有望 6 月推出》文章。

● 3 月 20 日《湄洲日报》刊登《红火喜庆祈平安——妈祖“尾晚”点烛山吸引市民前往观赏》文章。

● 3 月 21 日《湄洲日报》刊登《“海丝”一带妈祖情》《妈祖信仰在菲律宾》《福建省诗词学会参访妈祖故里》文章。

● 3 月 24 日《湄洲日报》刊登《妈祖精神耀红榜》《凸显妈祖元素 弘扬“海丝”精神》文章。

● 3 月 25 日《湄洲日报》刊登《妈祖义工 巧制斋菜》文章。

● 3 月 26 日《莆田学院报》刊登《兰宇：妈祖祭祀典礼上的“指挥官”》文章。

● 3 月 28 日《湄洲日报》刊登《妈祖信仰在日本》《林淑玉制作妈祖贡品》《印度尼西亚惹班福善宫妈祖信众赴湄洲谒祖进香》《四海信众齐聚湄洲天后宫》文章。

● 3 月 31 日《福建日报》刊登《妈祖“牵线”，引来台味文创——莆台文创产业喜“联姻”》文章。

● 4 月 4 日《湄洲日报》刊登《妈祖信仰在印度尼西亚》《推动妈祖文化传播 服务“一带一路”倡议——马来西亚亚庇福建会馆组团来莆访问》文章。

● 4 月 9 日《澳门日报》刊登《林辉勉澳发扬闽南妈祖文化》文章。

● 4 月 11 日《每日新报》刊登《妈祖文化园明年建成开放（图）》文章。

● 4 月 11 日《湄洲日报》刊登《妈祖信仰在朝鲜》《传播妈祖文化 弘扬中华美德》《参拜信众到达福建——“2015 海峡两岸妈祖信众祈福行”》文章。

● 4 月 13 日《湄洲日报》刊登《妈祖之光普照“海丝”》文章。

● 4 月 13 日《城市快报》刊登《妈祖文化节迁滨海》文章。

● 4 月 13 日《深圳商报》刊登《第四届中华妈祖文化旅游节启动》文章。

● 4 月 14 日《天津日报》刊登《天津妈祖文化园明年建成——建有全球最高妈祖像》文章。

● 4 月 14 日《唐山晚报》刊登《天津妈祖文化园明年建成——建有全球最高妈祖像》文章。

● 4 月 14 日《毕节日报》刊登《天津妈祖文化园明年建成》文章。

● 4 月 14 日《太原日报》刊登《天津妈祖文化园明年建成》文章。

● 4 月 14 日《邯郸晚报》刊登《全球最高妈祖像天津建成》文章。

● 4 月 15 日《闽西日报》刊登《妈祖》文章。

● 4 月 15 日《达州日报》刊登《拥有全球最高妈祖像——天津妈祖文化园 2016 年建成》文章。

● 4 月 15 日《中原商报》刊登《最高妈祖》文章。

● 4 月 15 日《洛阳日报》刊登《全球最高妈祖像》文章。

● 4 月 15 日《阳江日报》刊登《全球最高妈祖像》文章。

● 4 月 15 日《泉州晚报》刊登《全球最高妈祖像》文章。

● 4 月 15 日《三门峡日报》刊登《最高妈祖像》文章。

● 4 月 15 日《太原日报》刊登《全球最高妈祖像在天津妈祖文化园建成》文章。

● 4 月 15 日《太原晚报》刊登《全球最高妈祖像建成》文章。

● 4 月 15 日《中老年时报》刊登《全球最高妈祖像建成》文章。

● 4 月 15 日《萧山日报》刊登《天津妈祖 42.3 米全球最高》文章。

● 4 月 15 日《鄂尔多斯晚报》刊登《全球最高妈祖像建成》文章。

● 4 月 15 日《潮州日报》刊登《天津妈祖文化园明年建成》文章。

● 4 月 15 日《吴忠日报》刊登《天津妈祖文化园 2016 年建成》文章。

● 4 月 15 日《汕头都市报》刊登《全球最高妈祖像明年建成》文章。

● 4 月 15 日《皖江晚报》刊登《国内全球最高妈祖像建成——预计明年对外开放》文章。

● 4 月 15 日《今日象山》刊登《天津妈祖文化园预计明年建成》文章。

● 4 月 15 日《库尔勒晚报》刊登《天津妈祖文化园明年建成》文章。

● 4 月 15 日《营口日报》刊登《全球最高妈祖像将于 2016 年建成》文章。

● 4 月 15 日《咸阳日报》刊登《天津妈祖文化园明年建成》文章。

● 4 月 15 日《滕州日报》刊登《天津妈祖文化园 2016 年建成》文章。

● 4 月 15 日《闽南日报》刊登《拥有全球最高妈祖像的天津妈祖文化园 2016 年建成》文章。

● 4 月 15 日《东营日报》刊登《拥有全球最高妈祖像的天津妈祖文化园 2016 年建成》文章。

● 4 月 15 日《资阳日报》刊登《拥有全球最高妈祖像的天津妈祖文化园明年建成》文章。

● 4 月 15 日《九江日报》刊登《拥有全球最高妈祖像的天津妈祖文化园 2016 年建成》文章。

● 4 月 15 日《梧州日报》刊登《拥有全球最高妈祖像的天津妈祖文化园明年建成》文章。

● 4 月 15 日《株洲日报》刊登《拥有全球最高妈祖像的天津妈祖文化园明年建成》文章。

● 4 月 15 日《舟山日报》刊登《拥有全球最高妈祖像的天津妈祖文化园 2016 年建成》文章。

● 4 月 15 日《宜春日报》刊登《拥有全球最高妈祖像的天津妈祖文化园 2016 年建成》文章。

● 4 月 15 日《石狮日报》刊登《全球最高妈祖像有 14 层楼那么高》文章。

● 4 月 15 日《闽东日报》刊登《天津滨海新区中新生态城的天津妈祖文化园正在紧张施工》文章。

● 4 月 16 日《赣州晚报》刊登《全球最高妈祖像建成》文章。

● 4 月 16 日《保定晚报》刊登《拥有全球最高妈祖像的天津妈祖文化园明年建成》文章。

● 4 月 16 日《东莞时报》刊登《惠州巽寮 · 中华妈祖文化旅游节》文章。

● 4 月 17 日《兴安日报》刊登《天津妈祖文化园明年建成》文章。

● 4 月 17 日《福建侨报》刊登《莆田：富美侨乡引侨归巢，妈祖为媒闪耀

"海丝"》文章。

●4月18日《湄洲日报》刊登《传播视野下的妈祖文化——〈妈祖文化传播导论〉简介》《赴台开展妈祖文化交流"妈祖之光"文艺演出在台中市大甲镇举行》《筹备成立北京妈祖海洋文化产业创意促进会》《首创诗祭宜兰南方澳南天宫——"2015海峡两岸妈祖信众祈福行"》《吉祥日里回娘，家妈祖缘结万年长》等文章。

●4月18日《香港文汇报》刊登《大甲妈祖绕境》文章。

●4月18日《云浮日报》刊登《天津妈祖文化园2016年迎客》文章。

●4月18日《澳门日报》刊登《澳团赴台参与妈祖绕境》文章。

●4月19日《湄洲日报》刊登《台湾大甲镇澜宫妈祖起驾绕境——我市妈祖文化交流访问团现场受到台胞热情欢迎》文章。

●4月19日《汕头日报》刊登《朝天阁里奉妈祖》文章。

●4月19日《澳门日报》刊登《大甲妈祖绕境万人空巷》文章。

●4月19日《福州晚报》刊登《台湾大甲妈祖绕境起驾阵头奏〈小苹果〉》文章。

●4月20日《湄洲日报》刊登《"妈祖大学堂"在台湾开设——由中华妈祖文化交流协会倡导发起》文章。

●4月20日《澳门日报》刊登《妈祖花灯》文章。

●4月20日《福建日报》刊登《台湾"三月疯妈祖"登场》文章。

●4月20日《澳门日报》刊登《妈祖基金会随队绕境感受深》文章。

●4月20日《福建日报》刊登《翟墨团队赴湄洲岛恭请妈祖重走海上丝绸之路》文章。

●4月21日《湄洲日报》刊登《妈祖护航重走海上丝绸之路——大型帆船航海主题活动昨开启》文章。刊登《我市申请列入"海丝"申遗预备名单——初步确定湄洲妈祖祖庙等10个文物点为申报点》文章。

●4月21日《澳门日报》刊登《台逾廿宫庙参与妈祖文化节》文章。

●4月21日《海峡都市报》刊登《翟墨领航帆船队恭请妈祖重走"海丝"路》文章。

●4月22日《澳门日报》刊登《妈祖祝寿风雨无阻善信热情》文章。

● 4 月 23 日《澳门商报》刊登《妈祖基金会赴台推妈祖文化节》文章。

● 4 月 23 日《湄洲日报》刊登《一脉相承心心相印——在台湾鹿港天后宫看湄洲祖庙元素，湄洲祖庙将打造世界最大红木妈祖像》文章。

● 4 月 24 日《东南早报》刊登《建议将澎湖马公港天后宫申遗》文章。

● 4 月 24 日《燕赵晚报》刊登《曹妃甸将举办“妈祖文化周”》文章。

● 4 月 25 日《湄洲日报》刊登《心向妈祖——惠安信众 1600 人赴贤良港天后祖祠进香》《天下妈祖回娘家迎来小高潮》《高雄普惠宫贴金妈祖在湄洲祖庙开光》文章。

● 4 月 27 日《湄洲日报》刊登《护航朝拜妈祖 确保一路畅通》《两岸同根同源 文化一脉相承——金门近千名妈祖信众到湄洲朝圣》文章。

● 4 月 27 日《中国建设报》刊登《建有全球最高妈祖像的天津妈祖文化园明年建成》文章。

● 4 月 27 日《石狮日报》刊登《金门千名信众来泉拜谒妈祖》文章。

● 4 月 27 日《海峡导报》刊登《金门千名信众来泉拜谒妈祖》文章。

● 4 月 27 日《澳门日报》刊登《台中大甲妈祖结束 9 天 8 夜绕境》文章。

● 4 月 28 日《湄洲日报》刊登《立德行善大爱——“‘海丝路’·妈祖情”东南亚文化交流书画艺术作品展选登》文章。

● 4 月 29 日《南方日报》刊登《妈祖文化旅游节 5 月 9 日开幕》文章。

● 4 月 29 日《信息时报》刊登《妈祖文化旅游节下月天后宫开幕》文章。

● 4 月 30 日《澳门日报》刊登《天后宫圣母像明赴湄洲》文章。

● 4 月 30 日《海峡都市报》刊登《最大红木妈祖像将现湄洲岛》文章。

● 4 月 30 日《今日洞头》刊登《洞头妈祖平安节 5 月启幕》文章。

● 4 月 30 日《海峡生活报》刊登《金门千信众，厦门朝宗宫庆妈祖诞》文章。

● 5 月 1 日《深圳晚报》刊登《保利献上〈妈祖颂〉及“母爱卡”》文章。

● 5 月 2 日《澳门日报》刊登《妈祖金身回湄洲祖庙》文章。

● 5 月 2 日《湄洲日报》刊登《首家“妈祖平安礼”旗舰店运营》《建在 30 层楼上的新北市宏圣宫为台湾最高妈祖宫》《“聚金会神”故事多——台湾金华山妈祖文物馆见闻》文章。

● 5月3日《澳门日报》刊登《澳妈祖金身驻驾湄洲祖庙》文章。

● 5月4日《深圳晚报》刊登《新版〈妈祖颂〉保利剧院7号公演》文章。

● 5月4日《深圳商报》刊登《民俗歌舞〈妈祖颂〉再次做客保利讲堂》文章。

● 5月4日《澳门日报》刊登《妈祖金身回澳今驻驾佑汉》文章。

● 5月4日《惠州日报》刊登《游巽寮湾岂能不尝海胆炒饭？——妈祖文化旅游节举行，地道美食令游客大快朵颐》文章。

● 5月4日《福州晚报》刊登《天后宫重现“斗茶”》文章。

● 5月5日《今日衢江》刊登《下埠头天后宫》文章。

● 5月5日《汕头日报》刊登《弘扬妈祖文化 共建幸福汕头——汕头市第三届妈祖文化节在潮阳举行》文章。

● 5月5日《汕头都市报》刊登《潮阳妈祖公园建成》《第三届妈祖文化节在潮阳举行》文章。

● 5月5日《澳门日报》刊登《妈祖驻驾佑汉供善信参拜》文章。

● 5月5日《汕头特区晚报》刊登《弘扬妈祖文化精神 同心共建幸福汕头》文章。

● 5月6日《湄洲日报》刊登《筹备妈祖诞辰1055周年纪念活动》《展示妈祖文化成果》文章。

● 5月6日《海峡都市报》刊登《史上最全妈祖文献发布》文章。

● 5月6日《澳门日报》刊登《妈祖文化节周六南沙举行》文章。

● 5月6日《羊城晚报》刊登《9日到南沙看妈祖诞——获国家非遗称号的大型拜祭歌舞表演助阵》文章。

● 5月6日《温州都市报》刊登《中国·洞头妈祖平安节周六开幕》文章。

● 5月6日《温州晚报》刊登《洞头妈祖平安节活动抢“鲜”看》《活动链接第六届中国·洞头妈祖平安节活动单》文章。

● 5月6日《福建日报》刊登《艺博会首设妈祖文化工艺品展区》文章。

● 5月6日《汕头日报》刊登《潮阳新增公共文化设施——后溪妈祖公园和平北文化广场落成》文章。

● 5月7日《城市快报》刊登《天后宫举行妈祖诞辰庆典（图）》文章。修缮后张仙阁首次开放皇会表演等精彩纷呈。

● 5 月 7 日《石狮日报》刊登《默林村妈祖文化广场顺利完工》文章。

● 5 月 7 日《扬子晚报》刊登《下周一天妃宫妈祖庙会盛大开幕首次征集 10 个家庭参与祭祀大典》文章。

● 5 月 7 日《南京日报》刊登《天妃宫妈祖庙会 11 日启幕》文章。

● 5 月 7 日《江南时报》刊登《天妃宫妈祖庙会 5 月 11 日开幕》文章。

● 5 月 8 日《中老年时报》刊登《妈祖诞辰 1055 周年——天后宫将举行纪念活动》文章。

● 5 月 8 日《烟台日报》刊登《港城吹来“妈祖文化风”》文章。

● 5 月 8 日《福州晚报》刊登《“茶帮拜妈祖”明日在榕举行》文章。

● 5 月 8 日《烟台晚报》刊登《民俗博物馆将举行妈祖文化节》文章。

● 5 月 8 日《中国边防警察报》刊登《莆田边检站为“当代妈祖”营造高效便捷通关环境》文章。

● 5 月 8 日《湄洲日报》刊登《千年传承抒华章——湄洲岛以妈祖文化为桥梁先行先试促两岸交流合作新突破》文章。

● 5 月 9 日《湄洲日报》刊登《妈祖信仰在台湾》《参加文化节的妈祖神像回宫》《湄洲妈祖灵分天津莆田商会》《办好盛会 展现风采——市领导检查妈祖诞辰纪念活动筹备情况》《缔结妈祖情谊》文章。

● 5 月 9 日《闽西日报》刊登《妈祖生日四海同歌》文章。

● 5 月 9 日《澳门日报》刊登《路环妈祖文化村今起活动多》文章。

● 5 月 10 日《汕头特区晚报》刊登《弘扬妈祖文化精神 同心共建幸福汕头——汕头市第三届妈祖文化节剪影》文章。

● 5 月 10 日《烟台日报》刊登《烟台妈祖文化节开幕》文章。

● 5 月 10 日《澳门日报》刊登《南沙妈祖文化节开幕》《中华妈祖基金会赴台庆典》文章。

● 5 月 10 日《福州晚报》刊登《两岸青年上演“茶帮拜妈祖”》文章。

● 5 月 10 日《新快报》刊登《明天妈祖诞可到南沙天后宫观礼》文章。

● 5 月 10 日《福州日报》刊登《两岸青年“茶帮”共拜妈祖》文章。

● 5 月 10 日《湄洲日报》刊登《纪念妈祖诞辰 1055 周年庙会昨启动——张克辉林兆枢叶家松出席仪式》文章。

● 5 月 10 日《温州都市报》刊登《游古村，玩穿越 传统节庆出新招——第六届洞头妈祖平安节活动昨天在元觉举行》文章。

● 5 月 11 日《烟台日报》刊登《港城的“妈祖文化”——烟台 2015 妈祖文化节丰富多彩》文章。

● 5 月 11 日《淮海晚报》刊登《妈祖文化》文章。

● 5 月 11 日《闽南日报》刊登《南靖土楼妈祖“过海”》文章。

● 5 月 11 日《老人报》刊登《妈祖诞辰祈福民俗游》文章。

● 5 月 11 日《深圳商报》刊登《南山举办祭妈祖大典——赤湾天后宫上演“辞沙”民俗活动》文章。

● 5 月 11 日《安徽工人日报》刊登《马来西亚庆祝妈祖诞辰》文章。

● 5 月 11 日《澳门日报》刊登《妈祖基金会到马祖天后宫上香》文章。

● 5 月 11 日《今日象山》刊登《马来西亚庆祝妈祖诞辰 1055 周年》文章。

● 5 月 11 日《南方日报》刊登《妈祖文化旅游节南沙开幕——1055 斤平安米献祝福》文章。

● 5 月 11 日《海峡导报》刊登《妈祖“过海”民俗土楼山区上演》文章。

● 5 月 11 日《齐鲁晚报》刊登《修旧如旧，天后宫再现青瓦古韵——即墨市金口天后宫今开放，玉皇殿预计 9 月修复完工》文章。

● 5 月 11 日《福州晚报海外版》刊登《天后宫重现“斗茶”》文章。

● 5 月 11 日《唐山劳动日报》刊登《曹妃甸蚕沙口妈祖庙会人海如潮》文章。

● 5 月 11 日《汕头都市报》刊登《汕尾或建世界首个妈祖文化学院》文章。

● 5 月 11 日《福建老年报》刊登《妈祖诞辰日两岸信众妈祖故里争“头香”》文章。

● 5 月 11 日《今晨 6 点》刊登《妈祖文化节开幕，在天后行宫连唱三天大戏》文章。

● 5 月 11 日《惠州日报》刊登《纪念妈祖诞辰 1055 周年座谈会昨召开》文章。

● 5 月 11 日《湄洲日报》刊登《昨夜今晨，湄洲祖庙上万信众持香拜谒妈祖》文章。

● 5月12日《湄洲日报》刊登《弘扬妈祖精神 共谱“海丝”新篇——妈祖诞辰1055周年举行系列活动突出“海丝”主题》《同谒妈祖 共佑“海丝”——妈祖诞辰1055周年集会昨在湄洲岛举行》《妈祖护航“青岛号”扬帆新丝路——青岛市活动组委会人员昨来湄洲祖庙恭请圣像》文章。

● 5月12日《福建老年报》刊登《妈祖诞辰1055周年“妈祖故里”春祭妈祖》文章。

● 5月12日《深圳侨报》刊登《拜祭妈祖祈平安》文章。5月11日是妈祖诞辰1055周年，南澳办事处东涌社区举行了盛大的祭典。

● 5月12日《中国新闻》刊登《春祭妈祖》文章。

● 5月12日《宿迁日报》刊登《拜谒妈祖赐福人间》《传播妈祖文化》文章。

● 5月12日《信息时报》刊登《非遗歌舞，为街坊重现祭拜盛景》文章。

● 5月12日《城市快报》刊登《4万人参与天后诞辰祭祀大典——昨日天后宫活态展示非物质文化遗产》文章。

● 5月12日《青岛早报》刊登《传承老民俗金口古港祭妈祖——即墨金口镇天后宫昨举行妈祖文化节再现古港繁华》文章。

● 5月12日《齐鲁晚报》刊登《雨中祭妈祖》文章。

● 5月12日《扬子晚报》刊登《千年妈祖诞辰日妈祖巡游阅江楼》文章。

● 5月12日《福建日报》刊登《〈妈祖文献整理与研究丛刊〉出版发行》《纪念妈祖诞辰1055周年大会在莆田举行》文章；刊登《驾船走“海丝”先来请妈祖》文章。

● 5月12日《福州晚报》刊登《“妈祖娘娘”生日节俭过》文章。

● 5月12日《温州日报》刊登《传承妈祖文化 祈福平安丰收》文章。

● 5月12日《中国文化报》刊登《〈妈祖颂〉：塑造和平女神形象》文章。

● 5月12日《厦门晚报》刊登《朝宗宫上颂妈祖，两岸专家来讲古》文章。

● 5月12日《平潭时报》刊登《两岸文脉相连 共祭妈祖诞辰——东庠乡举行庆典仪式，吸引全国800多名信众来祭拜》文章。

● 5月12日《香港文汇报》刊登《两岸万名信众春祭妈祖》文章。

● 5 月 12 日《莆田学院报》刊登《主编全球篇幅最大妈祖文献史料》文章。

● 5 月 12 日《烟台日报》刊登《烟台妈祖文化节圆满闭幕》文章。

● 5 月 12 日《澳门日报》刊登《妈祖文化旅游节十月办》文章。

● 5 月 12 日《深圳特区报》刊登《南澳东涌居民纪念妈祖诞辰》文章。

● 5 月 12 日《南京日报》刊登《天妃宫妈祖庙会启幕》文章。

● 5 月 12 日《海峡都市报》刊登《妈祖护航青岛号 助力扬帆“新丝路”》文章。

● 5 月 12 日《城市商报》刊登《苏州成立省内首家湄洲妈祖文化主题会馆》文章。

● 5 月 12 日《温州都市报》刊登《妈祖平安节揭幕 洞头昨擂鼓祈福》文章。

● 5 月 12 日《汕头特区晚报》刊登《三阳启泰 喜气洋洋——澳门举行庆祝妈祖诞辰活动》文章。

● 5 月 12 日《东南早报》刊登《供品 96 样多“叩妈猪”地位比人高——洛江马甲镇暗林顺济宫妈祖 1055 年诞辰九年轮一次，全村忙一年》文章。

● 5 月 13 日《湄洲日报》刊登《传承弘扬妈祖文化——〈中华妈祖〉创刊十周年座谈会暨〈妈祖文化简明读本〉首发式》《文献整理研究助力“妈祖文化圈”建设》文章。

● 5 月 13 日《澳门日报》刊登《神州妈祖会贺诞联欢》《汕尾海陆丰同乡会贺妈祖诞》文章。

● 5 月 13 日《北京日报》刊登《北京成立妈祖文化交流协会》文章。

● 5 月 13 日《中国文化报》刊登《妈祖书院成立，致力于女性文化传播》文章。

● 5 月 14 日《平潭时报》刊登《妈祖庠歌（歌词）——献给东庠敧头妈祖 1055 周年诞辰》文章。

● 5 月 14 日《今日洞头》刊登《百岛同谒妈祖 万人共享平安——第六届洞头妈祖平安节举行》文章。

● 5 月 14 日《海峡时报》刊登《妈祖生日节俭过》文章。

● 5 月 14 日《澳门商报》刊登《神州妈祖文化交流协贺诞联欢》文章。

● 5 月 14 日《湄洲日报》刊登《民俗演绎新传奇——妈祖祭典从恢复到不

断升级融入“海丝”适应新常态》《美国纽约妈祖大厦落成——湄洲妈祖分灵神像开光》文章。

● 5 月 14 日《南方农村报》刊登《沿海地区有拜妈祖之俗》文章。

● 5 月 14 日《羊城晚报地方版》刊登《默娘与柔娘——澄海莲阳妈祖信俗纪略》文章。

● 5 月 14 日《天津日报》刊登《天后宫管委会举行 2015 年第一次理事会》《沿袭津门传统 传承妈祖文化——天后宫举行天后诞辰 1055 周年庆典》《深入挖掘研究妈祖文化》文章。

● 5 月 15 日《惠州日报》刊登《舞狮唱戏庆妈祖诞——映像大亚湾》文章。

● 5 月 15 日《湄洲日报》刊登《幼童拜妈祖》文章。

● 5 月 15 日《南方法治报》刊登《天后娘娘 1055 岁了——广州南沙和汕尾马宫分别举行妈祖文化节，当地警方强化安保》文章。

● 5 月 15 日《平潭时报》刊登《东庠妈祖传说》《东庠有妈祖欹头驱魔怪》《东庠妈祖文化是发展旅游的切入点之一》文章。

● 5 月 15 日《深圳特区报》刊登《借力妈祖文化 融入“一带一路”》文章。

● 5 月 15 日《中国旅游报》刊登《北京妈祖文化交流协会成立》文章。

● 5 月 16 日《湄洲日报》刊登《妈祖书院在京成立》《普及与提高的权威性读物——〈妈祖文化简明读本〉简介》文章。

● 5 月 16 日《汕头日报》刊登《〈妈祖颂〉广受好评》文章。

● 5 月 16 日《宿迁日报》刊登《妈祖文化园发力 4A 级景区创建》文章。

● 5 月 16 日《香港文汇报》刊登《莆仙乡会 200 乡亲庆妈祖诞》文章。

● 5 月 17 日《澳门日报》刊登《澳台妈祖团体交流促合作》文章。

● 5 月 18 日《福州晚报海外版》刊登《两岸青年上演“茶帮拜妈祖”》文章。

● 5 月 18 日《湄洲日报》刊登《为脑病肝病患者提供救助——北京妈祖仁爱慈善基金会成立专项公益基金，由在京莆商旗下企业捐资设立》文章。

● 5 月 19 日《浔阳晚报》刊登《两岸三地心缘团朝圣庐山天后宫》文章。

● 5 月 19 日《湄洲日报》刊登《用世界语言诠释“大爱无声”》文章。

● 5 月 20 日《湄洲日报》刊登《重心突显——湄洲岛把握机遇提升妈祖文

化效应》文章。

● 5月20日《汕头特区晚报》刊登《全球唯一嵌瓷妈祖像落户陆丰》文章。

● 5月21日《澳门商报》刊登《台大甲镇澜宫访澳妈祖文化村》文章。

● 5月21日《闽北日报》刊登《大山里的妈祖文化》文章。

● 5月21日《宿迁日报》刊登《一园新绿秀桃源——写在泗阳妈祖文化园开园一周年之际》文章。

● 5月22日《湄洲日报》刊登《募集35万元救助莆籍白血病患者——北京妈祖仁爱慈善基金会》文章。

● 5月22日《中华工商时报》刊登《北京妈祖文化交流协会成立》文章。

● 5月23日《今日岱山》刊登《妈祖信仰与岱山海洋文化》文章。

● 5月23日《深圳侨报》刊登《深港祭妈祖 祥瑞佑乡亲——东涌海外游子齐聚天后宫拜祭妈祖，寄托思乡之情》文章。

● 5月23日《湄洲日报》刊登《“让妈祖文化走向世界”〈中华妈祖〉创刊10周年》《泉州獭窟妈祖宫千余人来湄洲进香》文章。

● 5月24日《澳门日报》刊登《妈祖基金会苗栗绕境》文章。

● 5月24日《滨海时报》刊登《妈祖文化新区绽放》文章。

● 5月25日《澳门日报》刊登《传承妈祖信仰结合现代元素》文章。

● 5月25日《九江日报》刊登《两岸心缘团来庐山天后宫朝圣》文章。

● 5月26日《澳门日报》刊登《南音学会赴湄洲贺妈祖诞》文章。

● 5月28日《湄洲日报》刊登《客山公园变身妈祖文化旅游新景点》文章。

● 5月28日《宿迁日报》刊登《请到泗阳“妈祖”来！》文章。

● 5月29日《联合时报》刊登《两岸妈祖文化交流的使者——访上海天妃宫董事长龚忠辉》文章。

● 5月30日《澳门日报》刊登《中华妈祖基金会访台返澳》文章。

● 5月30日《湄洲日报》刊登《台湾福安宫妈祖绕境》《首届“妈祖杯”海峡两岸老年人门球邀请赛举行》《大爱情缘妈祖人》文章。

● 6月2日《海峡都市报》刊登《第二届大爱妈祖文化全国书法篆刻展昨开幕》文章。

● 6 月 2 日《湄洲日报》刊登《第二届中华妈祖文化全国书法篆刻大展开幕》文章。

● 6 月 2 日《宿迁日报》刊登《选派“精兵强将”参与妈祖园创 4A》文章。

● 6 月 3 日《福建日报》刊登《“大爱妈祖”全国书法篆刻大展开幕》文章。

● 6 月 4 日《澳门商报》刊登《中华妈祖基金会赴台参加妈祖绕境》文章。

● 6 月 4 日《国际商报》刊登《第七届海峡论坛·妈祖文化活动周将办》文章。

● 6 月 5 日《湄洲日报》刊登《泼墨挥毫书写“大爱妈祖”情怀——第二届中华妈祖文化全国书法篆刻大展侧记》文章。

● 6 月 5 日《福建日报》刊登《妈祖文化活动周将于 11 日拉开帷幕》文章。

● 6 月 5 日《湄洲日报》刊登《“宋元南戏活化石”唱响台湾校园——莆仙戏剧院携〈妈祖〉等剧目赴台交流，8 天访 10 所高校》文章。

● 6 月 5 日《湄洲日报》刊登《创意与文化的美丽邂逅——湄洲岛发挥妈祖品牌优势大力培育文创产业》文章。

● 6 月 6 日《惠州日报》刊登《农历五月初二从巽寮迎妈祖回村——范和村的端午风俗》文章。

● 6 月 6 日《湄洲日报》刊登《妈祖信仰在南海》《妈祖文化活动周将于 11 日启幕》《赴台湾参访北港朝天宫——“2015 海峡两岸妈祖信众祈福行”》《肩挑两岸妈祖情》文章。

● 6 月 9 日《海峡都市报》刊登《妈祖文化史诗级巨作 4D 大剧〈平安号〉中旬上演》文章。

● 6 月 9 日《湄洲日报》刊登《细化流程 责任到位》文章。

● 6 月 9 日《宿迁日报》刊登《泗水美景迎远客 妈祖神佑福四方——泗阳妈祖文化园开园以来回眸》《泗水美景迎远客 妈祖神佑福四方》文章。

● 6 月 10 日《福建老年报》刊登《妈祖文化史诗级巨作 4D 大剧〈平安号〉中旬上演》文章。

● 6 月 11 日《嘉兴日报》刊登《消失的天后宫弄》文章。

● 6 月 12 日《福建日报》刊登《妈祖搭台，文创有戏！》文章。

● 6 月 12 日《湄洲日报》刊登《第七届海峡论坛·妈祖文化活动周昨开

幕——中华妈祖情 两岸一家亲》《“妈祖文化与海上丝绸之路”论坛举行》《〈平安号〉昨震撼起航，聚焦第七届海峡论坛·妈祖文化活动周——妈祖文化情景体验剧部分精彩片段首次对外上演侧记》文章。

● 6 月 12 日《城市导报》刊登《弘扬妈祖文化 传播人间正道——访上海天妃宫董事会董事长龚忠辉》文章。

● 6 月 12 日《福建日报》刊登《海峡论坛·妈祖文化活动周开幕》文章。

● 6 月 12 日《海峡导报》刊登《妈祖文化周莆田开幕 畅叙两岸共同信仰》文章。

● 6 月 12 日《济宁晚报》刊登《妈祖文化特色剧〈平安号〉首演——讲述海上朝圣故事》文章。

● 6 月 12 日《中国新闻》刊登《海峡论坛·妈祖文化活动周开幕》文章。

● 6 月 13 日《光明日报》刊登《妈祖文化活动周在莆田率先登场》文章。

● 6 月 13 日《湄洲日报》刊登《发挥妈祖文化优势 融入“一带一路”倡议——第七届海峡论坛·妈祖文化活动周侧记》《携手同心 以文化人——两岸“妈祖大学堂”昨开班，两岸 43 家妈祖宫庙负责人共学妈祖文化》文章。

● 6 月 14 日《澳门日报》刊登《妈祖哪吒信俗获国家非遗名牌》文章。

● 6 月 15 日《湄洲日报》刊登《“妈祖大学堂”结交流硕果——两岸 10 家妈祖宫庙结为姐妹宫》《发挥优势融入“一带一路”——两岸专家学者座谈交流“妈祖文化与海上丝绸之路”》文章。

● 6 月 16 日《中国食品报》刊登《妈祖宫外粽球香》文章。

● 6 月 16 日《海峡都市报》刊登《郎官巷天后宫端午“刺五毒”》文章。

● 6 月 16 日《福州晚报》刊登《天后宫端午活动“刺五毒”推升级版》文章。

● 6 月 17 日《东南快报》刊登《妈祖传大爱，翰墨写真情》文章。

● 6 月 17 日《申江服务导报》刊登《妈祖走水，霞浦流光》文章。

● 6 月 18 日《东江时报》刊登《妈祖回“故宫”》文章。

● 6 月 18 日《中国海洋报》刊登《妈祖文化活动周湄洲岛圆满落幕》文章。

● 6 月 19 日《厦门日报》刊登《拜谒“妈祖”神，追寻成功路》文章。

● 6 月 19 日《随州日报》刊登《天后宫有支健康服务队》文章。

● 6月21日《海峡都市报》刊登《福州郎官巷天后宫弯弓射“五毒”》文章。

● 6月21日《南方日报》刊登《海丰大湖将建24.88米高“五身妈祖”》文章。

● 6月21日《湄洲日报》刊登《适应两岸交流新常态——中华妈祖文化交流协会举办两岸“妈祖大学堂”综述》文章。

● 6月22日《中山日报》刊登《湄洲妈祖祖庙：让渔民纷纷变身老板——作为妈祖诞生地，其旅游业正取代传统捕鱼业》文章。

● 6月23日《湄洲日报》刊登《“海丝路”·妈祖情·翰墨缘》《打造世界妈祖文化区 推动莆田融入“海丝”建设》文章。

● 6月23日《京江晚报》刊登《天后宫井》文章。

● 6月24日《湄洲日报》刊登《探访妈祖文化情景体验剧〈平安号〉》文章。

● 6月25日《海峡时报》刊登《马尾船政天后宫》文章。

● 6月25日《羊城晚报地方版》刊登《粤东最古老妈祖庙将“变身”旅游景区》文章。

● 6月27日《莆田学院报》刊登《提升妈祖文化理论化学科化水平——“妈祖文化与海上丝绸之路”论坛在湄洲岛举行》《梦回·又见妈祖》《从〈妈祖学概论〉看妈祖文化与海上丝绸之路》《纵论“妈祖文化与海上丝绸之路”》文章。

● 6月27日《湄洲日报》刊登《〈妈祖祭典〉受到海内外学者青睐》《台湾新港奉天宫到妈祖祖庙进香》《参拜南京天妃宫——“2015海峡两岸妈祖信众祈福行”》《“传闻利泽至今在”——妈祖文化研究已成为莆田学院的办学优势和特色》文章。

● 6月27日《莆田学院报》刊登《妈祖信仰是“海丝”中的“航标”》《传承与弘扬妈祖文化的几点认识》《妈祖文化是推进海上丝绸之路的软实力》《从妈祖信仰宫庙的视角建言“海丝申遗”》《海上丝绸之路与妈祖化——文化线路的视角》文章。

● 6月29日《湄洲日报》刊登《期待〈平安号〉唯美起航》文章。

● 7月3日《海峡都市报》刊登《妈祖文化情景剧〈平安号〉开始公演》文章。

● 7月3日《泉州晚报》刊登《天后宫：妈祖与泉州海外交通》文章。

● 7月6日《湄洲日报》刊登《首家妈祖文化手作体验馆下月开馆》文章。

● 7月8日《汕头特区晚报》刊登《弘扬妈祖“立德、行善、大爱”精神——汕头市第三届妈祖文化节组委会慰问困难渔民及善款移交仪式昨在海门举行》文章。

● 7月9日《海峡时报》刊登《下岐东境妈祖宫》文章。

● 7月9日《汕头日报》刊登《百万善款惠及困难渔民与儿童——市第三届妈祖文化节组委会节余活动经费用于公益事业》文章。

● 7月9日《太仓日报》刊登《浏河天妃宫丰富妈祖文化内涵》文章。

● 7月10日《汕头都市报》刊登《100万善款惠及渔民与儿童——妈祖文化节组委会将节余经费用于公益》文章。

● 7月11日《湄洲日报》刊登《妈祖信仰在“西域”》《用油画展示妈祖文化》《为妈祖信仰寻根》文章。

● 7月16日《湄洲日报》刊登《妈祖显灵的地方——平海天后宫游记》文章。

● 7月17日《联合时报》刊登《妈祖情怀》文章。

● 7月17日《湄洲日报》刊登《〈妈祖〉邮票设计师万维生离世》《两岸青年学子体验妈祖文化》文章。

● 7月18日《湄洲日报》刊登《元代的妈祖信仰》《仰恩学子赴妈祖祖庙社会实践》《千丝万缕妈祖情》《台风难阻两岸妈祖情》文章。

● 7月19日《海西晨报》刊登《厦门最古老寺庙1434岁了》文章。

● 7月19日《汕头特区晚报》刊登《潮人的妈祖信俗》文章。

● 7月21日《泉州晚报》刊登《高甲戏〈妈祖〉成功首演——下月将赴马来西亚交流》文章。

● 7月21日《新商报》刊登《大连莆田商会把妈祖文化引进大连》文章。

● 7月22日《光明日报》刊登《21世纪海上丝绸之路中的妈祖文化》文章。

● 7月24日《湄洲日报》刊登《学妈祖文化 扬妈祖精神》文章。

● 7月24日《厦门日报》刊登《妈祖宫河：蕴藏一段厦台交流史》文章。

● 7月25日《湄洲日报》刊登《两岸学子体验妈祖文化》《我们都是妈祖的

孩子》文章。

●7月30日《湄洲日报》刊登《妈祖故里 放飞希望——湄洲岛风筝节开幕》文章。

●7月31日《晋江经济报》刊登《题深沪妈祖宫》文章。

●7月31日《中国科学报》刊登《默念妈祖文化祥瑞》文章。

●8月1日《湄洲日报》刊登《宋代的妈祖信仰》文章。

●8月3日《金陵晚报》刊登《黏土制作妈祖巡游图》文章。

●8月4日《澳门日报》刊登《妈祖文化旅游节代表团赴台》文章。

●8月4日《新华日报》刊登《泗阳妈祖文化园"游"来已久》文章。

●8月5日《澳门日报》刊登《妈祖文化节代表团访台中》文章。

●8月7日《青岛日报》刊登《市慈善总会妈祖文化基金设立海上救助专项基金》文章。

●8月8日《湄洲日报》刊登《2015海峡两岸妈祖文化寻根之旅——台湾百余家妈祖宫庙信众相聚在霞浦松山天后行宫》《明代的妈祖信仰》文章。

●8月9日《澳门日报》刊登《妈祖文化旅游节代表团赋归》文章。

●8月10日《城市信报》刊登《青岛市妈祖文化基金会成立设立"海上救助"专项基金》文章。

●8月11日《景德镇日报》刊登《窑弄里：寻觅曾经的天后宫》文章。

●8月12日《福建日报》刊登《湄洲岛首家离行智能银行在妈祖祖庙开业》文章。

●8月12日《海峡都市报》刊登《莆田："海丝"庇护神的发祥地》文章。

●8月13日《闽东日报》刊登《同根同源同祭祀 妈祖文化牵两岸》文章。

●8月14日《青岛晚报》刊登《海上救助有了专项基金——市妈祖文化基金会出资7万元设立》文章。

●8月15日《湄洲日报》刊登《敬奉妈祖神祇回家》《清代的妈祖信仰》《至8月8日走过88间宫庙——"2015两岸妈祖信众祈福行"》《参观纯金妈祖神像》文章。

●8月15日《宿迁日报》刊登《妈祖文化园创建4A景区进行时》文章。

● 8 月 18 日《海峡都市报》刊登《两妈祖舞蹈节目首次展演》文章。

● 8 月 19 日《湄洲日报》刊登《发放奖教助学金彰显殷殷妈祖情》文章。

● 8 月 20 日《海峡都市报》刊登《郎官巷天后宫七夕祭星乞巧》文章。

● 8 月 20 日《福建日报》刊登《湄洲妈祖祖庙发放 150 余万奖教助学金》文章。

● 8 月 22 日《湄洲日报》刊登《“2015 两岸妈祖信众祈福行”——祭拜上海妈祖》《用艺术展示妈祖民俗文化——祖庙天后艺术团新编舞蹈在妈祖文化影视园展演》《妈祖文化传播遇上新媒体——莆田学院许元振博士访谈》文章。

● 8 月 24 日《宿迁晚报》刊登《泗阳妈祖文化园成为宿迁首个省级对台交流基地》文章。

● 8 月 26 日《深圳侨报》刊登《妈祖义工队：扶贫助困关爱老人》文章。

● 8 月 28 日《湄洲日报》刊登《中国梦兴化情妈祖缘——我市“亲情中华”艺术团在马来西亚演出受好评》《爱心集结 铺设通途——湄洲岛积极开展扶危助困活动弘扬妈祖精神》文章。

● 8 月 29 日《湄洲日报》刊登《妈祖“抗倭”护国佑民》《深圳龙岗天后古庙践行妈祖精神》《龟山天后宫“妈祖”救众生》《泗阳妈祖文化园创建对台交流基地》文章。

● 8 月 30 日《莆田学院报》刊登《妈祖文化研究中心建设情况》文章。

● 8 月 31 日《人民政协报》刊登《将妈祖文化打造成“海丝之路”的时代文化符号》文章。

● 9 月 1 日《湄洲日报》刊登《弘扬妈祖文化 发挥港口优势——今年厦洽会，北岸开发区重点推介四大产业》文章。

● 9 月 2 日《石狮日报》刊登《妈祖神像》文章。

● 9 月 3 日《澳门日报》刊登《神州妈祖会贺国庆会庆》文章。

● 9 月 5 日《湄洲日报》刊登《妈祖供品》《繁荣的闽西妈祖文化》《陆丰成立首个“妈祖音乐社”》《村民集资兴建妈祖公园》文章。

● 9 月 10 日《海峡时报》刊登《区妈祖文化研究会连续四年金秋助学》文章。

● 9 月 10 日《湄洲日报》刊登《妈祖阁登高远眺》文章。

● 9 月 11 日《湄洲日报》刊登《忆空战九死一生，拜妈祖感念护佑——“飞虎英雄”陈炳靖昨特地前往湄洲祖庙虔诚敬香了却夙愿》文章。

● 9 月 12 日《湄洲日报》刊登《独特的客家妈祖信仰》《学子参观懿海园妈祖文化艺术馆》《“海峡两岸妈祖信众祈福行”到达高雄旗津天后宫》《南京市妈祖文化交流协会一行参访研究院》文章。

● 9 月 12 日《深圳侨报》刊登《千年传承化作桥梁纽带——探寻大鹏所城天后宫的前世今生》文章。

● 9 月 12 日《宿迁日报》刊登《国际友人畅游妈祖文化园》文章。

● 9 月 13 日《汕头日报》刊登《下宫妈祖书画社翰墨飘香》文章。

● 9 月 14 日《宿迁日报》刊登《游泗阳妈祖文化园》文章。

● 9 月 15 日《今日象山》刊登《妈祖如意省亲迎亲仪式盛大举行》文章。

● 9 月 15 日《宁波日报》刊登《象山渔区民俗文化大巡展举行——妈祖·如意省亲迎亲仪式表达渔民美好祝愿》文章。

● 9 月 15 日《闽西日报》刊登《龙门郭源兴桥天后宫》文章。

● 9 月 16 日《今日象山》刊登《妈祖巡安祈丰年》文章。

● 9 月 16 日《宁波日报》刊登《石浦渔港举行妈祖巡安仪式》文章。

● 9 月 17 日《今日象山》刊登《妈祖巡安祈鱼满仓》文章。

● 9 月 18 日《晶报》刊登《大鹏叠福村天后宫重修开光》文章。

● 9 月 19 日《湄洲日报》刊登《妈祖“丝路”驿站》《景泰蓝妈祖像亮相京城》《妈祖是“三圣妃”的主神》文章。

● 9 月 19 日《浔阳晚报》刊登《庐山妈祖起苍茫》文章。

● 9 月 22 日《东莞日报》刊登《周六讲“妈祖”》文章。

● 9 月 24 日《人民日报海外版》刊登《庐山妈祖起苍茫》文章。

● 9 月 25 日《澳门日报》刊登《城大妈祖像惹网热议》文章。

● 9 月 25 日《海峡导报》刊登《相聚在鹭岛 彰显妈祖情——厦门莆田商会的会徽、会旗、会歌出炉啦》文章。

● 9 月 25 日《深圳侨报》刊登《传播妈祖文化，弘扬妈祖精神，撒播慈善爱心》文章。

● 9 月 26 日《湄洲日报》刊登《妈祖架金桥，墨香飘两岸——“妈祖缘·同胞情·城厢美”两岸书画精品在榕巡展》文章。

● 9 月 26 日《湄洲日报》刊登《台湾佛光山如常法师一行参访中华妈祖文化研究院》文章。

● 9 月 26 日《湄洲日报》刊登《展现“海丝”先行区魅力——湄洲妈祖文化旅游节筹备工作协调会召开》文章。

● 9 月 27 日《石狮日报》刊登《“海丝”起点大爱妈祖》文章。

● 9 月 28 日《福建日报》刊登《2015 妈祖之光电视主题晚会在花莲举办》文章。

● 9 月 28 日《海峡导报》刊登《“妈祖之光”晚会中秋夜花莲举行》文章。

● 9 月 28 日《湄洲日报》刊登《助学传播妈祖大爱精神》文章。

● 9 月 29 日《九江日报》刊登《台湾同胞庐山天后宫朝拜妈祖》文章。

● 9 月 30 日《东南早报》刊登《迎青运·社区嘉年华走进华丰社区、天后宫广场》文章。

● 10 月 2 日《湄洲日报》刊登《市妈祖文化交流促进会成立》文章。

● 10 月 9 日《河北青年报》刊登《〈妈祖〉观后感》文章。

● 10 月 10 日《湄洲日报》刊登《多元的妈祖信仰传播途径》《月圆人圆妈祖缘》文章。

● 10 月 10 日《莆田学院报》刊登《年内计划出版多部专著——我校召开妈祖文化研究工作会议》文章。

● 10 月 11 日《陆丰报》刊登《中华妈祖文化交流协会调研我市 筹谋对接地方戏曲艺术》文章。

● 10 月 12 日《澳门日报》刊登《妈祖出巡宣扬无私大爱》文章。

● 10 月 16 日《湄洲日报》刊登《做妈祖故乡文明人倡议书》《向八方宾朋展示新形象——湄洲岛人人争当妈祖义工迎接妈祖文化旅游节》文章。

● 10 月 17 日《湄洲日报》刊登《妈祖金身将巡安湄洲》《湄洲妈祖祖庙被确认为中国华侨国际文化交流基地》《新西兰福建商贸恳亲团参访中华妈祖文化

研究院》《确保活动安全顺畅精彩圆满——陈立华检查湄洲妈祖文化旅游节筹备工作》文章。

● 10月19日《澳门日报》刊登《妈祖文化旅游节今起举行》文章。

● 10月19日《福建老年报》刊登《两岸妈祖信众赴湄洲岛迎接妈祖羽化升天纪念日》文章。

● 10月20日《天津日报》刊登《天后宫与九九重阳》文章。

● 10月20日《深圳商报》刊登《蹭饭蹭到天后宫》文章。

● 10月21日《澳门日报》刊登《妈祖文化旅游节今迭石塘举行》文章。

● 10月21日《福建老年报》刊登《莆田湄洲妈祖文化旅游节将举行》文章。

● 10月22日《澳门日报》刊登《四千人参与妈祖绕境》《"秦风唐韵"佑汉贺妈祖节》《九龙壁下妈祖像已移走》《颜延龄倡拓妈祖旅游经济》《颜延龄：天后宫扩充困难》文章。

● 10月22日《各界导报》刊登《第十三届澳门妈祖文化旅游节开幕》文章。

● 10月22日《湄洲日报》刊登《妈祖光辉，"海丝"风顺——第十七届中国·湄洲妈祖文化旅游节昨开幕》《同谒妈祖 福佑"海丝"——妈祖文化旅游节融入"一带一路"促莆田旅游发展》《歌飞妈祖故乡，情牵海峡两岸——央视"心连心"艺术团来莆慰问演出侧记》文章。

● 10月22日《澳门商报》刊登《妈祖文化旅游节续办》文章。

● 10月22日《海峡导报》刊登《第17届湄洲妈祖文化旅游节开幕》文章。

● 10月22日《陕西日报》刊登《第十三届澳门妈祖文化旅游节开幕——何厚铧宣布开幕，陈海帆李刚马中平等出席》文章。

● 10月22日《天津日报》刊登《建立城市原点标志，传承天津家园精神——访天津市著名书法家、妈祖文化学者胡毓中》文章。

● 10月22日《香港文汇报》刊登《澳门妈祖文化旅游节开幕》文章。

● 10月22日《香港文汇报》刊登《澳妈祖文化节开幕，陕献文化盛宴》文章。

● 10月22日《香港文汇报》刊登《两岸妈祖巡安 数万信众祈福》文章。

● 10月22日《中国新闻》刊登《海内外信众秋祭妈祖祈"海丝"合作》文章。

● 10 月 23 日《湄洲日报》刊登诗词《妈祖》《妈祖颂》《仰望妈祖》《妈祖，我心中的神灵》《我心中的妈祖》和《千年信俗肇贤良 螺港海滨祭祖姑——贤良港举行“海祭妈祖”大典弘扬妈祖立德行善大爱精神》文章。

● 10 月 24 日《湄洲日报》刊登《妈祖架心桥，两岸一家亲——妈祖金身绕境巡安，以妈祖故事为主线展现妈祖精神》《“大爱妈祖”诗歌朗诵会昨晚举行》《在京莆籍乡亲同祭妈祖共祈和平》《“海丝”视野下妈祖文化交流活动频繁》《中华妈祖文化交流协会 2015 年年会召开——张克辉讲话》文章。

● 10 月 24 日《闽西日报》刊登《远树含烟处 悠远天后宫》文章。

● 10 月 24 日《宿迁日报》刊登《走进妈祖》文章。

● 10 月 26 日《福建老年报》刊登《妈祖文化旅游节融入“一带一路”促莆田旅游发展》文章。

● 10 月 27 日《汕头日报》刊登《陆丰举行妈祖飞升纪念活动》文章。

● 10 月 29 日《湄洲日报》刊登《台湾多家媒体聚焦活动盛况——第十七届中国·湄洲妈祖文化旅游节受关注》文章。

● 10 月 30 日《福建侨报》刊登《妈祖祖庙成“中国华侨国际文化交流基地”》文章。

● 10 月 30 日《中国旅游报》刊登《中国·湄洲妈祖文化旅游节成功举办》文章。

● 10 月 31 日《湄洲日报》刊登《结缘妈祖两岸情家庭互访胜邻亲——看两岸基层民间交流“家庭互访”新形态》《金门县妈祖宫庙文化发展协会组团赴研究院参访交流》《鹿港天后宫超强阵容护驾巡安》文章。

● 11 月 2 日《湄洲日报》刊登《聚焦妈祖文化与“海丝”——国际妈祖文化学术研讨会在湄洲岛举行》文章。

● 11 月 2 日《中国水运报》刊登《妈祖文化节如火如荼 莆田海事确保渡运安全》文章。

● 11 月 4 日《湄洲日报》刊登《妈祖信仰吸引力强——访韩国文化人类学学会前会长、牛津大学博士文玉杓》文章。

● 11 月 4 日《晋江经济报》刊登《第十三届澳门妈祖文化旅游节颜延龄陈

明金等主持剪彩上香仪式》文章。

●11月5日《湄洲日报》刊登《妈祖是“海丝”精神的践行者——访加拿大渥太华大学文化研究中心主任、国际著名文化人类学家玛丽博士》文章。

●11月5日《海峡时报》刊登《百名台湾香客赴船政天后宫会香祈福》文章。

●11月6日《湄洲日报》刊登《把妈祖信仰融入“一带一路”——访日本梅花女子大学博士张凯》文章。

●11月7日《湄洲日报》刊登《妈祖信仰是“海丝”发展的纽带和桥梁——2015年国际妈祖文化学术研讨会助力“一带一路”》文章。

●11月7日《湄洲日报》刊登《妈祖文化领风骚》文章。

●11月9日《湄洲日报》刊登《〈妈祖幻想曲〉古筝协奏曲在北大校园奏响》文章。

●11月10日《湄洲日报》刊登《妈祖结缘 翰墨传情》文章。

●11月10日《莆田学院报》刊登《刘中玉：讲解妈祖历史形象的塑造》文章。

●11月11日《陆丰报》刊登《陆丰市正字戏传承保护中心紧锣密鼓排演〈妈祖〉》文章。

●11月11日《湄洲日报》刊登《妈祖海洋文化是中国海洋文化的核心组成部分——王宏来莆调研周联清翁玉耀吴南翔出席座谈会》文章。

●11月13日《城市导报》刊登《浦江妈祖巡台湾大甲妈祖回娘家》文章。

●11月13日《湄洲日报》刊登《让妈祖圣地“热”起来——湄洲岛着力做活做火冬季旅游市场》文章。

●11月14日《湄洲日报》刊登《妈祖信仰体现中华民族传统美德——上海社科院妈祖文化研究中心主任王宏刚一席谈》文章。

●11月14日《湄洲日报》刊登《筹拍〈妈祖〉3D动画电影》《妈祖是海洋文明的象征》《“海峡两岸妈祖信众祈福行”举办》文章。

●11月21日《湄洲日报》刊登《妈祖邮缘牵系两岸》《厦门有个妈祖文化公园》《“我寄高怀邀圣女”——记早期的妈祖信仰研究者朱金明》文章。

●11月21日《陆丰报》刊登《珍稀艺术演绎民间信俗文化正字戏〈妈祖〉

闪亮登场》文章。

● 11 月 22 日《昆山日报》刊登《“昆山妈祖杯”慢速垒球赛开赛》文章。

● 11 月 26 日《福建老年报》刊登《探访福建“妈祖圣地”港里村》文章。

● 11 月 28 日《湄洲日报》刊登《“‘海丝路’·妈祖情”书法展举行》《唐卡妈祖圣像亮相湄洲岛共凝“海丝”之力》《开展妈祖文化交流》文章。

● 11 月 29 日《闽西日报》刊登《留住古韵传文脉——上杭官庄修缮天后宫》文章。

● 12 月 3 日《湄洲日报》刊登《莆仙戏〈海神妈祖〉昨夜首演——凸显妈祖在“海丝”历史上的意义》文章。

● 12 月 3 日《侨乡科技报》刊登《明代妈祖像》文章。

● 12 月 5 日《湄洲日报》刊登《赤柱妈祖宫与台湾桥堡通济宫缔结姐妹宫》《台中神冈颖德宫组团赴湄洲妈祖祖庙谒祖进香》《从人性到神性的自然转换——观莆仙戏〈海神妈祖〉有感》文章。

● 12 月 5 日《闽西日报》刊登《汀江绝响：妈祖“清河祭祀”》文章。

● 12 月 6 日《湄洲日报》刊登《莆仙戏〈海神妈祖〉上演》文章。

● 12 月 7 日《福建日报》刊登《妈祖文化高峰论坛研讨“妈祖文化与海丝”》文章。

● 12 月 7 日《海峡导报》刊登《两岸共同弘扬妈祖文化——何厝社区庆顺济宫重建十五周年》文章。

● 12 月 7 日《厦门日报》刊登《何厝顺济宫两岸千人拜谒妈祖》文章。

● 12 月 8 日《湄洲日报》刊登《做妈祖故乡文明人——湄洲岛举行社会主义核心价值观千人诵》文章。

● 12 月 10 日《梅州日报》刊登《独特的闽西客家妈祖信仰》文章。

● 12 月 11 日《福建日报》刊登《莆仙戏〈海神妈祖〉演出新意》文章。

● 12 月 11 日《建设先锋报》刊登《妈祖故里再添通衢》文章。

● 12 月 11 日《湄洲日报》刊登《手绘湄洲 记录乡愁——大学生创新制作妈祖明信片》文章。

● 12 月 12 日《湄洲日报》刊登《口述档案再现妈祖文化记忆——陈祖芬和

她的“妈祖信俗非物质文化遗产档案研究”》《妈祖祖庙红十字救助站获赞——海峡两岸红十字社区共建交流团来湄洲交流》《妈祖信仰之最》文章。

● 12 月 13 日《澳门日报》刊登《妈祖基金会护送妈祖令旗》文章。

● 12 月 13 日《湄洲日报》刊登《莆仙戏〈海神妈祖〉亮相省戏剧会演——黄文麟袁锦贵叶家松等观看演出》文章。

● 12 月 13 日《人民日报》刊登《瓷国琨瑜：德化窑妈祖坐像（国宝华光·“海上丝路”系列）》文章。

● 12 月 14 日《湄洲日报》刊登《戏曲舞台上的神圣——看莆仙戏〈海神妈祖〉》文章。

● 12 月 16 日《澳门日报》刊登《天后宫妈祖令旗回銮完成》文章。

● 12 月 17 日《江南时报》刊登《妈祖文化交流研讨会天妃宫召开》文章。

● 12 月 17 日《金陵晚报》刊登《专家研讨妈祖文化》文章。

● 12 月 17 日《南京晨报》刊登《2015 南京妈祖文化研讨会举行》文章。

● 12 月 17 日《苏州日报》刊登《昆山妈祖“回娘家”》文章。

● 12 月 19 日《湄洲日报》刊登《2015 南京妈祖文化交流研讨会隆重举行》《理论与实践相结合的成果——〈妈祖信俗非物质文化遗产档案研究〉简介》文章。

● 12 月 21 日《昆山日报》刊登《“慧聚妈祖”顺利返昆——2015 昆山“慧聚妈祖”回娘家活动圆满落幕》文章。

● 12 月 21 日《澳门日报》刊登《昆山妈祖回銮 洪秀柱扶轿》文章。

● 12 月 21 日《海口日报》刊登《省妈祖文化交流协会换届》文章。

● 12 月 21 日《宁夏日报》刊登《昆山妈祖返台“探亲”后回銮安座》文章。

● 12 月 21 日《新华日报》刊登《昆山慧聚妈祖返台“探亲”后回銮安座》文章。

● 12 月 21 日《中国社会科学报》刊登《渔家女妈祖何以走上神坛》文章。

● 12 月 22 日《东南早报》刊登《〈“海丝”起点大爱妈祖〉赏析》文章。

● 12 月 25 日《湄洲日报》刊登《真情守护 共享平安——湄洲派出所弘扬妈祖精神护航“一地三岛”建设》文章。

● 12 月 28 日《湄洲日报》刊登《创业创新 奉献社会——“京华莆商情·妈

祖公益心”慈善活动举行》文章。

● 12月29日《海峡导报》刊登《“小英不要抢妈祖的功劳”》文章。

● 12月31日《湄洲日报》刊登《国画〈壶山雄健兰水长〉义拍10万元——为莆籍画家徐学仕作品，所得善款捐赠北京妈祖仁爱慈善基金会》文章。

● 12月16日《澳门日报》刊登《天后宫妈祖令旗回銮完成》文章。

● 12月19日《信息时报》刊登《天后宫升级4A票价不变》文章。南沙天后宫景区近期成功获批国家4A级旅游景区。

● 12月19日《新快报》刊登《南沙天后宫景区获批国家4A旅游景区》文章。

● 12月19日《南方日报》刊登《南沙天后宫4A级景区正式揭牌，为南沙自贸片区内首个4A景区》文章。

● 12月24日《深圳晚报》刊登《穿越时光：中英街里的天后宫》文章。

图书影视

【第三版《妈祖颂》】

2015 年 5 月 7 日和 8 日，第 3 版的民俗歌舞《妈祖颂》先后在深圳、香港两地为妈祖诞辰 1055 周年献演。

民俗歌舞《妈祖颂》系在合唱朗诵组歌《天后颂》的基础上由原作者加工提高、改编丰富并且由深圳保利剧院、深圳三十八度文化传播有限公司组织汕头爱乐合唱团复排。民俗歌舞《妈祖颂》分《序》《听海》《望海》《祭海》《颂海》五个场景章节，通过《天后颂》《奶奶的童话》《平安歌》《妈妈的呼唤》《望海》《天海之间》《辞沙》《上香歌》《走向蔚蓝》等曲目的演唱与表演，并将广东、福建一带的民间习俗、歌舞形式糅合其中。

【情景剧《平安号》】

情景剧《平安号》是湄洲妈祖祖庙董事会注资 3000 万元打造的以现代声光电技术和空中水雾系统结合福建省杂技团演员精彩表演的室内情景演出剧。该剧由原总政歌舞团副团长李福祥任总导演，国家二级编剧、中国舞蹈家协会会员薛刚任执行导演。

这场运用现代声光电技术及一流杂技舞蹈演员演绎的精彩演出秀，讲述了一次与妈祖信仰有关的朝圣之旅：船长阿真为了完成父亲的遗愿，驾驶新海船“平安号”前往圣地湄洲祖庙，祈求平安，但一场罕见的海上风暴突如其来，在水手阿杰的帮助下，阿真带领船员们拼尽全力保护“平安号”。全剧包括“启航”“玩乐”“回忆”“遇险”“显圣”“到达”六部分。

2015 年 6 月 11 日，《平安号》在福建莆田湄洲岛举行发布仪式。7 月 1 日晚上 8 点，《平安号》在湄洲妈祖祖庙天后大戏楼正式公演。

【高甲戏《妈祖》】

2015 年 7 月 19 日至 20 日，新编高甲戏《妈祖》在泉州市高甲戏传承中心进行首次公演。由中国戏剧梅花奖获得者、泉州市高甲戏传承中心副主任陈娟娟和国家一级演员陈素萍等领衔主演。

【《关渡宫文化丛书》】

《关渡宫文化丛书》由台北关渡宫编写。内容包含：宗教篇、神像篇、建筑篇、艺术篇共 4 篇 10 册，并汇编精华版《灵山胜境关渡宫》一册。10 月 31 日，关渡宫在台北市正殿举行丛书刊行祝告典礼，并于 10 月 30 日至 31 日在台北艺术大学国际会议厅举办“关渡宫妈祖信仰”学术研讨会。

【莆仙戏《海神妈祖》】

2015 年 12 月 2 日晚，由莆田市青年剧作家姚晓群创作，福建莆仙戏剧院演出的莆仙戏新编传奇剧目《海神妈祖》，首次在莆仙大剧院向社会公演。

【纪录片《台中迓妈祖》】

《台中迓妈祖》由台中市文化部门斥资 330 万元新台币拍摄，记录了大甲妈祖绕境进香、大庄妈北港进香回銮绕境、旱溪妈祖绕境十八庄、万和宫老二妈省亲的不舍眼泪、梧栖迎神仪式“走大轿”及新社九庄妈游庄盛事。

文化交流

【“琴棋书画颂妈祖”艺术展】

1月1日上午，由中华妈祖文化研究院、中国文化艺术品收藏联合会、东南网“妈祖之光”联合主办的“琴棋书画颂妈祖”当代名家书画陶瓷展在莆田荣百堂举办。此次展览持续10天，截止至1月10日。艺术展展出妈祖题材书画、陶瓷、紫砂壶、寿山石作品120件。

【陆丰市妈祖文化研究会举行“迎春祈福典礼”】

1月1日，广东省陆丰市妈祖文化研究会在陆丰市妈祖文化园区举行“迎春祈福典礼”。活动内容有：妈祖祭祀典礼，独唱、模仿秀、魔术杂技等当地民间技艺表演。中华妈祖文化交流协会常务副会长林国良及来自台湾、香港、大陆的二十多位客人及近千当地市民参与了活动。

【厦门朝宗宫举行“乾隆皇帝御赐朝宗宫圣匾重光暨歌颂妈祖精神诗词笔会”】

1788年1月2日，乾隆皇帝为福建省厦门朝宗宫御书“恬澜贻贶”，乾隆皇帝此前还为毗邻朝宗宫的风神庙赐过“惠应波恬”匾额。朝宗宫方面决定复制当年乾隆皇帝为风神庙和朝宗宫所题的两块匾额，请台湾有关专家查阅史料并根据台北故宫博物院找到的乾隆手迹，复制匾额题词。

2015年1月2日，朝宗宫为复制的乾隆御书匾额举行揭幕仪式，同时邀请厦门老年大学诗词学会以吟诵诗词及书写墨宝的笔会来盛赞妈祖大爱精神。

出席活动的有厦门市民宗局处长许河山先生、思明区政协副主席赖晓明女士、思明区民宗局局长郑勇明先生、著名诗词家余元钱先生、厦门老年大学诗词学会会长杨缅昆先生和原会长陈明光先生、朝宗宫顾问彭一万先生、郭坤聪先生、卢志明先生以及厦门老年大学诗词学会会员。

【福建省农家书屋工作座谈会代表团赴秀屿区马厂妈祖阁考察】

1月6日上午，福建省新闻出版广电局副局长庄志松带领省局科技处处长余梅琼等省局领导到莆田市秀屿区东庄镇马厂村妈祖文化交流中心妈祖阁的农家书屋考察。代表团一行先后参观了图书室、电脑室、健身室、棋牌室等，认真听取了该镇文化站干部和“农家书屋”管理员关于书屋建设和管理方面的经验介绍，并与观看图书的农民群众亲切交谈，了解群众的需求和想法。

【“大爱妈祖——第二届中华妈祖文化全国书法篆刻大展”评审工作完成】

大爱妈祖——第二届中华妈祖文化全国书法篆刻大展评审工作于1月8日结束。经评选共产生18幅优秀作品，入展作品210幅（含优秀作品）。经公示后，正式名单为206人入展，其中优秀作品17件。

【电视剧《后妈许多多》摄制组到湄洲妈祖祖庙取景】

1月8日上午，30集电视连续剧《后妈许多多》摄制组一行80人到湄洲妈祖祖庙取景。

【天津妈祖文化参访团到台湾进行参观交流】

1月9日，“中华妈祖俗信文化研究中心”名誉主任陆炳文在台北市康华大饭店主持仪式，欢迎到访的天津妈祖文化参访团。参议团一行10人在中华妈祖文化交流协会副会长、天津妈祖文化促进会副会长蔡长奎的带领下，先后到大甲镇澜宫、鹿港天后宫和北港朝天宫拜谒妈祖，开展妈祖文化交流联谊活动。

【江夏学院人文学院到湄洲岛调研】

1月13日上午，受福建省委文明办委托，福建江夏学院人文学院院长黄陵东带领课研组一行到福建省莆田市湄洲岛进行文化调研。湄洲岛台办主任唐国清，湄洲妈祖祖庙董事会吴国春副董事长及常务董事周金琰陪同，并与他们就妈祖文化品牌力进行深入探讨。

同时，就发挥壮大妈祖文化品牌力中遇到的困难与症结等问题，双方希望通过更多的合作交流，多渠道地发扬妈祖文化，把妈祖文化作为福建第一文化品牌广泛传播于世界。

【“道德讲堂”首次走进妈祖宫庙】

1 月 14 日《湄洲日报》报道，由福建省莆田市北岸宣传部和山亭镇党委联合举办的主题为“积极践行社会主义核心价值观·大力弘扬妈祖立德行善大爱精神”的“道德讲堂”活动在贤良港天后圣殿举行。这是莆田市“道德讲堂”继进机关、进学校、进企业后，首次走进妈祖宫庙。

【天津图书馆举办妈祖文化讲座】

1 月 17 日上午 9 时 30 分，由天津图书馆主办的《海津讲坛系列讲座》第 298 讲在天津图书馆报告厅举行。本次讲座主题为“天后宫——天津年文化的摇篮与荟萃之地”，主讲人是作家、文化学者、天津市妈祖文化促进会理事、天津市作家协会会员罗春荣。

【广州南沙天后文化学会举行《妈祖新说》一日谈活动】

1 月 20 日，广州南沙天后文化学会在天后宫内举行“妈祖文化与当下生活”系列之《妈祖新说》一日谈活动。

本次活动主题为《妈祖新说》一日谈，是“妈祖文化与当下生活”这一系列活动的开题论坛，意在深入挖掘妈祖精神，了解妈祖文化对我们当下生活所产生的影响。

【雪隆海南会馆（天后宫）举办“海南年菜烹饪示范班”活动】

1 月 25 日，马来西亚雪隆海南会馆（天后宫）妇女团，在雪隆海南会馆礼堂举办“海南年菜烹饪示范班”活动。

【莆田学院举行妈祖文化创意座谈】

1月27日上午，台湾南亚科技大学副校长、史学博士蔡泰山教授在莆田学院妈祖文化研究院举行妈祖文化创意座谈，与莆田学院各院系老师进行互动交流，探讨妈祖文化创意产品等议题。

【台北松山慈佑宫到莆田文峰天后宫参访】

1月28日，台湾台北松山慈佑宫陈玉峰董事长、副董事长及林春杰3人到莆田文峰天后宫参访，察看商议文峰天后宫两旁基建事宜，同意帮助设计并回宫商讨捐助事宜。

【海峡两岸《妈祖志》编纂委员会到连江县妈祖文化研究会调研】

1月30日，海峡两岸《妈祖志》编纂委员会一行25人，到连江县妈祖文化研究会调研。了解连江妈祖文化研究会建立的时间、各宫庙的建设管理以及列为县级文物保护单位妈祖宫庙的管理保护等问题。走访了连江县的白沙天妃庙、琯头镇塘下天后宫、福斗寺和城关的妈祖庙，对上述宫庙采集了图文信息。

【台湾“中华道教妈祖弘道促进会”到漳州市荷东村天后宫参访】

2月3日上午，台湾“中华道教妈祖弘道促进会”一行15人到福建漳州市云霄县东厦镇荷东村天后宫参访。云霄县台办、东厦镇等领导陪同参访。台湾新北市板桥圣昭天上圣母会和板桥镇圣宫分别与荷东村天后宫签订协议，缔结为姐妹宫庙。

【2015海峡两岸妈祖信众祈福行】

1900年9月，孙中山先生偕梁启超先生，一起到了台湾台北城妈祖庙，上香朝拜妈祖。梁启超挥笔题写赞联：“向四海显神通，千秋不朽；历数朝受封典，万古流芳”。

为纪念孙中山先生首次赴台拜谒妈祖庙115周年、孙中山先生150岁诞辰，庆祝抗战胜利台湾光复70周年，全球粥会世界总会、中华妈祖俗信文化研究中心、福建霞浦松山天后圣母行宫、北京妈祖文化交流协会等单位联合举办“2015海峡两岸妈祖信众祈福行”活动。活动通过拜谒海内外各地标志性妈祖宫庙的形式纪念孙中山先生“博爱”的和平文化和妈祖“大爱”的和平精神。

“2015 海峡两岸妈祖信众祈福行”活动从 2 月 4 日在台北孙中山纪念馆祭告孙中山先生开始启动，到 11 月 12 日中午在台北孙中山纪念馆举行纪念孙中山诞辰 150 周年活动暨“2015 海峡两岸妈祖信众祈福行”交令典礼时结束。

活动期间，以“中华妈祖俗信文化研究中心”名誉主任陆炳先生为团长的“2015 海峡两岸妈祖信众祈福行”一行人，前后巡礼了海内外各地指标型宫庙120 间，在巡礼的大陆妈祖庙中，找到了 7 处刻有梁启超先生题赞的对联。

活动期间，“2015 海峡两岸妈祖信众祈福行”活动还举办了“两岸同行中山路 · 万众同拜妈祖庙 · 一心同圆中国梦”恳谈会。

【“2015 海峡两岸妈祖信众祈福行”续行】

继“2015 海峡两岸妈祖信众祈福行”功德圆满之后，为了梦圆中国统一大业，12 月 13 日，“海峡两岸妈祖信众祈福行”及“两岸同行中山路 · 万众同拜妈祖庙 · 一心同圆中国梦”活动续行，陆炳文先生一行将继续拜谒海内外各地妈祖宫庙的活动。12 月 13 日至 12 月 24 日，活动巡礼了海内外各地 333 天，拜谒了指标型宫庙 157 间。

【西螺福兴宫举办 TAIPING MATZU 捐血摇滚音乐会】

2 月 7 日，台湾云林县西螺福兴宫在庙埕举办“TAIPING MATZU 捐血摇滚音乐会”，让市民在捐血的同时观看文艺表演。

【“天后耀湄”2015 湄洲妈祖灯会】

2 月 21 日至 5 月 11 日，湄洲岛国家旅游度假区管委会及湄洲妈祖祖庙董事会在湄洲岛举办为期 80 天的以“天后耀湄”为主题的大型湄洲妈祖灯会。灯会共展出 9 个大型花灯，分别被摆放在湄洲妈祖天后广场、湄洲宫下圆圈以及湄洲宫下码头等位置。展灯造型新颖，体现妈祖文化元素，如妈祖故事、郑和下西洋、妈祖与“海丝”、世界妈祖信众回娘家等。

本次灯会邀请台湾设计策划团队台湾悍创集团（北京悍创体育文化管理有限公司）策划承办。

【2015年台中妈祖国际观光文化节】

台中市文化部门主办的“2015台中妈祖国际观光文化节”规划多项系列活动，将传统民间宗教活动转化成时尚的文化观光节庆活动。

- “2015台中妈祖国际观光文化节——百年宫庙风华”活动。

由台中市文化部门主办的“2015台中妈祖国际观光文化节——百年宫庙风华”活动自2月22日起至11月26日，分别在新社九庄妈、大甲镇澜宫、南屯万和宫、大庄浩天宫、大肚万兴宫、台中乐成宫、台中万春宫、丰原慈济宫、梧栖朝元宫、社口万兴宫、台中南兴宫及大里杙福兴宫等12间百年宫庙，安排大型综艺晚会、歌仔戏之夜及音乐舞蹈会演，并配合“2015台中妈祖国际观光文化节”活动时程，宣传相关活动。

“2015台中妈祖国际观光文化节——百年宫庙风华”活动表

日　期	地　点	内　容
2月22日 19：00—21：00	新社高中停车场	综艺晚会
3月5日 19：00—21：00	南屯万和宫 大庄浩天宫（庙前广场） 大肚万兴宫	歌仔戏 综艺晚会 综艺晚会
3月6日 19：00—21：00	台中乐成宫庙前旱溪街路口	综艺晚会
4月12日 19：00—21：00	大甲蒋公路与育德路口	歌仔戏
4月17日 18：00—01：00	大甲经国路与中山路交接口	综艺晚会
5月3日 19：00—21：00	台中万春宫（庙前） 丰原慈济宫（庙前）	综艺晚会 综艺晚会
5月8日 19：00—21：00	梧栖朝元宫（梧栖老街文化广场）	歌仔戏
5月9日 19：00—21：00	社口万兴营（庙前广场）	综艺晚会
5月10日 19：00—21：00	台中南兴宫（庙前广场）	音乐舞蹈会演
11月26日	大里杙福兴宫（庙前）	北管乱弹戏

● 2015 台中妈祖国际观光文化节“彩笔画妈祖”水彩征件比赛。

为配合“2015 台中妈祖国际观光文化节”活动，鼓励民众以水彩艺术创作之形式，表现台中市妈祖宫庙建筑、文物、民俗活动之美，通过艺术创作增进民众对妈祖文化之认识，宣扬妈祖慈悲善良之精神，台中市文化部门举办“2015 彩笔画妈祖水彩征件比赛”。

“2015 彩笔画妈祖水彩征件比赛”共收到参赛作品 1576 件，经评选 100 件作品得奖。8 月 27 日上午在台中市台湾大道市政大楼惠中楼一楼中庭举办颁奖典礼，台中市潘文忠先生、文化部门王志诚先生以及评审张明祺、廖本生老师向获奖者颁发奖项。

得奖作品自 8 月 27 日至 10 月 29 日在台中市台湾大道市政大楼惠中楼展出。大专及社会组的前三名得奖作品，由台中市文化部门收藏。

● “妈祖文化专车”活动。

为方便市民参访台中 12 座百年妈祖宫庙，台中市文化部门推出“妈祖文化专车”活动。“妈祖文化专车”活动共规划 5 条路线 25 车次，时间为 4 月 25 日至 5 月 24 日，每周六、日发车，共计 1000 个参与名额。

“妈祖文化专车”活动的内容有参访大甲镇澜宫、台中乐成宫、南屯万和宫、大庄浩天宫、神冈社口万兴宫、大肚万兴宫、新社九庄妈、梧栖朝元宫、台中市万春宫、丰原慈济宫、台中市南兴宫及大里杙福兴宫等，结合妈祖太子神童团传统艺阵表演与体验，由专人指道民众实际操作太子神将偶以及传统祭品红龟粿与麻糬 DIY。

●迎妈祖 HOT 阵头。

“迎妈祖 HOT 阵头”活动于 5 月 9 日下午 2 点及 5 月 10 日上午 10 点于港区艺术中心艺术广场举行。

“迎妈祖 HOT 阵头”活动邀请卓兰实验中学舞龙队、东方艺术团、振宗艺术团以及台中市演艺团队九天民俗技艺团、大肚山同仁堂、台中教育大学响鼓社、忠义堂民俗文化工作室、拳儿醒狮团、威劲龙狮舞术战鼓团、绵绵舞蹈团、妙璇舞蹈团、台中法天坛、琼瑢舞蹈团等台湾优异阵头团队参与演出。

●铁道追福邮轮专列逍遥游活动。

结合一年一度台中大甲妈祖国际观光文化节活动，促进台中市观光旅游业发展，台中市葫芦墩观光发展协会举行铁道追福邮轮专列逍遥游活动。4 月 26 日，参加活动的三百多人乘坐莒光对号专列车厢，从台中车站出发，经停丰原车站、苗栗车站、竹南车站、新埔车站、大甲车站、追分车站，返回丰原车站和台中车站，全面体会台中的宗教文化、铁道文化、美食小吃及历史古迹特色，欣赏铁道的山线与海线风光。

●万众骑 BIKE 青春洋溢乐游台中。

“2015 万众骑 BIKE 青春洋溢乐游台中”活动由台中市社口万兴宫、大甲镇澜宫、丰原镇清宫、台中朝圣宫、旱溪乐成宫、南屯万和宫、大雅永兴宫联合举办。

3 月 4 日，“2015 万众骑 BIKE 青春洋溢乐游台中”活动记者会在神冈社口万兴宫举行。出席记者会的有台中市民政部门蔡世寅先生、台中市张雅旻先生、台中市神冈区刘俊信先生，及 7 座承办活动宫庙的董事长、副董事长、主委及董监事们，以及协办单位台中银行方枝全副总经理、国际青年商会台湾总会郭伦豪总会长等。

“万众骑 BIKE 青春洋溢乐游台中”活动于 4 月 11 日由社口万兴宫出发，沿途经过社口万兴宫、大甲镇澜宫、丰原镇清宫、台中朝圣宫、旱溪乐成宫、南屯万和宫、大雅永兴宫，全程约一百公里。所有车友环游台中山、海、屯风光，并体验 7 间妈祖宫庙宗教文化之旅。

●风吹千里寻妈祖——妈祖公仔设计征件比赛。

为弘扬妈祖文化，活跃妈祖创意设计开发，扩大妈祖文化的综合效益，台中市文化部门举办了“风吹千里寻妈祖——2015 妈祖公仔设计征件比赛”活动。

“风吹千里寻妈祖——2015 妈祖公仔设计征件比赛”，共收到参赛作品两百余件。经评选，选出 18 组得奖公仔。社会组首奖由施纯皓“妈祖行海 SAIL TO THE FUTURE”拔得头筹。学生组林子瑜则以“吉祥妈祖”夺冠。

10 月 20 日，“妈祖带你游台中——2015 妈祖公仔设计征件比赛颁奖仪式及成果展”在台中市政大楼惠中楼一楼举行。林佳龙先生出席典礼，为获奖者颁奖。

【妈祖花灯亮相“两马”元宵灯会】

3 月 1 日晚，“两马”（福建马尾和台湾马祖）元宵灯会在福建福州马尾东江滨公园内正式亮灯。其中，来自台湾马祖的 Q 版妈祖亮相“两马”元宵灯会。Q

版妈祖女神形象笑眼弯弯，两腮红红。

【雪隆海南会馆（天后宫）等部门联合举办乙未年全马挥春比赛】

3 月 1 日，由雪隆海南会馆、《星洲日报》、马来西亚书艺协会、马来西亚大学中文系毕业生协会、马来西亚广播电台、华社研究中心及雪隆灯谜协会联合举办的乙未年马来西亚挥春比赛，在雪隆海南会馆（天后宫）礼堂举办。

【蕃薯厝顺天宫举办元宵文化节】

3 月 3 日，台湾水林乡蕃薯厝顺天宫与水林乡公所、蕃薯厝社区发展协会共同举办“射火马”历史解说，帮助文正小学五六年级学生了解家乡历史。

台湾水林乡蕃薯厝顺天宫元宵文化节于 3 月 5 日起连续举办三天，每天晚上有蹭轿脚、高空烟火，7 日晚上进行“射火马”仪式，以冲天炮火化 3 匹“射火马”消灾驱邪，为活动带来最高潮。

【三坊七巷郎官巷天后宫举办民俗活动庆元宵】

3 月 5 日，福州三坊七巷郎官巷天后宫举办清代以来元宵民俗祭器“塔式漆笼”、古灯收藏展，展出福州民俗收藏家张祖仁收藏的近 60 件清代元宵祭器“塔式漆笼”、清代花灯。元宵佳节期间，还举行“天官赐福”上元燃灯祈福仪式，非遗项目福州花灯传承人教儿童学做传统花灯，市民参与台湾文创花灯手工制作等民俗活动。

【雪隆海南会馆（天后宫）联合举办 2015 元宵花灯制作比赛】

3 月 5 日，雪隆海南会馆联合南洋商报和爱 FM，在雪隆海南会馆（天后宫）举办“万民同欢庆，元宵乐满天”元宵花灯制作比赛。

【宁德妈祖文化研究会举办新春联欢会】

3 月 8 日下午，宁德妈祖文化研究会在宁德天后宫举行新春联欢会，庆祝福建省宁德天后宫民俗活动登上中央电视戏曲春节晚会。宁德妈祖文化研究会创办人陈新颖在联欢会上祝词。

●在庆祝宁德天后宫民俗活动上央视戏曲春节晚会联欢会上的祝辞（陈新颖）

2015年中央电视戏曲春节晚会的片头《东西南北绣神州》展示了宁德天后宫里的民俗活动，主要是古溪哪吒文化宫的武狮、宁德城隍庙的“福禄寿喜”等民俗表演。片头采撷虽短犹精，短短20秒钟耀眼的一瞬间充满乡土气息、激情四溢的本色表演，充分展示了宁德纯朴的风俗人情和昂扬向上的精神风貌，浓缩代表了华南闽粤地区情真味浓的民俗民风。

为了珍惜国家给予的荣誉，重温拍摄录制时团结合作的情景，分享上央视春晚的集体荣耀和喜悦，今天我们在天后宫载歌载舞、欢聚一堂。在这喜庆的美好时节，谨让我代表宁德天后宫、宁德城隍庙、古溪哪吒文化宫，向各位领导、各位来宾、父老乡亲道一声——新春快乐，羊年吉祥！

中华传统文化就是文明演化而汇集成的一种反映民族特质和风貌的民族文化，是民族历史上各种思想文化、观念形态的总体表征。不管是妈祖文化、城隍文化，还是哪吒文化，其庙会除了祭祀活动外，还为各种民间民俗活动提供了表演的舞台，各种民间戏曲、杂耍、绝活由此得以传承保留，成为宝贵的历史文化遗产。

……

我们相信妈祖文化、城隍文化、哪吒文化的交流与联谊，将为我区挖掘民间艺术宝藏，弘扬传承传统优秀文化发挥更大的作用。

最后祝新春联欢会圆满欢畅，顺意举行！

【广东湛江文章湾妈祖文化节】

3月9日，广东省湛江市赤坎区中华街道文章湾村举行一年一度的妈祖文化节。“三阳开泰”“妈祖佑福”“喜气洋洋”“五谷丰登”“簕古龙”等方块组成的巡游队伍，吸引近两万多群众观看。

【台湾寺庙金兰会会长王增荣一行参访南沙天后宫】

3月9日至10日，台湾寺庙金兰会会长暨正统鹿耳门圣母庙主任委员王增荣，率该会会员一行9人到广东省广州南沙天后宫参访。广州市台办聂嘉毅处长，南沙区委统战部副部长何英富、惠立新，南沙资产公司总裁钟惠彪、南沙旅游发展公司董事长朱华宇等与考察团进行了座谈和陪同考察。

【“2015 妈祖万人崇 BIKE”活动】

由台湾新竹市与台湾运动休闲推广协会共同主办的“2015 妈祖万人崇 BIKE”活动于 3 月 15 日开骑，两千多名车友组成的骑福挑战组从台中大甲出发，沿着台一线骑乘，一路拜访妈祖圣殿大甲镇澜宫、彰化南瑶宫、云林西螺福兴宫，终点为嘉义新港奉天宫，活动路线总长约 120 公里。

【汕头市妈祖文化交流协会举办《妈祖颂》大型公益歌剧音乐会】

3 月 15 日晚，由广东省汕头市妈祖文化交流协会、汕头市爱乐合唱团、汕头市潮南区华瑶潮乐社共同主办《妈祖颂》大型公益歌剧音乐会在汕头市艺都影剧院公演。这次公益演出，由汕头市社会组织总会、汕头市机关书画院、共青团汕头市蓝色河畔网络委员会支持，汕头市台商协会、汕头市收藏家协会、汕头市福建商会、汕头市名优企业协会、汕头市女企业家协会等 26 个单位协办，海门镇社众理事会、妈屿天后宫、潮阳区和平下宫天后古庙、海门天后太宫、樟林古港天后宫等赞助。

该音乐会有潮州大锣鼓《春华秋实》《滨涨龙腾》，合唱《天后颂》《平安歌》《妈妈的呼唤》《上香歌》《走向蔚蓝》，独唱《辞沙》《天海之间》，重唱《望海》，潮乐合奏《浪淘沙》《迎春曲》《懿德传香》《灯楼》等，旨在以纯原创音乐的妈祖主题歌曲，来诠释妈祖文化的真正内涵，引领社会公益慈善事业。

【广东陆丰市妈祖文化研究会爱心义工队举行义工座谈会】

3 月 15 日，广东陆丰市妈祖文化研究会爱心义工队组织数十名义工们，在福山天后宫，座谈学习妈祖文化感悟，聆听长者讲述圣母懿德。

【鹿港天后宫举办元宵花灯展】

鹿港天后宫香客大楼今年举办的元宵花灯展邀请台湾花灯大师林健儿制作，

林健儿与鹿港传艺联合工坊共同构思，把卡通化的五路财神和庙会里面的阵头、舞龙、舞狮搬上今年的花灯展，呈现热闹气氛。主灯造型设计充满了新意，吉祥羊背着小太阳，口衔玉如意。

【云林虎尾慈龙宫到福建参访】

3月18日，台湾云林虎尾慈龙宫宫主林进元先生率38名妈祖信众，恭捧7尊神像，到中华妈祖文化研究院参访。中华妈祖文化交流协会常务副会长林国良接待了参访团。

【2015大甲妈祖国际观光文化节】

2015大甲妈祖国际观光文化节，除举行大甲妈祖绕境进香活动外，还有传统戏曲演出，街舞、摄影、绘画、舞蹈、歌唱、土风舞等各种表演活动。

● 2015大甲妈嫁女儿。

3月21日，台湾大甲镇澜宫举行集体婚礼，共99对新人参加，其中还有来自美国的新人参加。

●大甲妈文创品牌市集暨农特产品展。

3月24日，台湾经济部门与大甲镇澜宫在镇澜宫庙前广场举行2015年度活动专属绕境系列进香使用产品说明会。推出的镇澜宫专属绕境产品是由台湾经济部门委托有关公司开发设计的绕境包、纯棉纱布运动巾、吸湿排汗素色衫以及多功能袜等。

4月3日至5日，台湾经济部门与大甲镇澜宫联合在大甲镇蒋公路举办“大甲妈文创品牌市集暨农特产品展”。现场展售镇澜宫专属绕境产品、台湾优质文创品牌的服饰、鞋类、袋包、织袜等。

●大甲镇澜宫妈祖乙未年绕境进香活动。

大甲镇澜宫妈祖乙未年绕境进香活动，于4月17日晚11时，举行起驾仪式。当天下午，妈祖神像上轿大典由台湾地区前领导人马英九等人将湄洲妈、正炉妈、副炉妈3尊神像恭奉上銮轿。莆田市妈祖文化交流访问团十多家宫庙代表，和来自美国、新加坡、印度尼西亚、马来西亚等三百多家妈祖宫庙的代表参加了起驾仪式。

台湾大甲镇澜宫妈祖绕境进香活动，由大甲镇澜宫出发至嘉义新港奉天宫，全程步行往返，横跨台中、彰化、云林、嘉义4个县市，总路程超过340公里，巡经南瑶宫、福兴宫、朝兴宫等上百座宫庙，历时长达九天八夜。活动依照传统举行献敬礼仪，往年皆为八大典礼，现已扩大为十大典礼。十大典礼分别为筊筶、竖旗、祈安、上轿、起驾、驻驾、祈福、祝寿、回驾、安座等，每一项典礼都按照既定的程序、地点及时间举行。绕境活动于4月27日凌晨回銮。

2015年大甲镇澜宫妈祖绕境进香活动行程

4月17日晚11:00，起驾车；4月18日，驻驾彰化南瑶宫；4月19日，驻驾西螺镇福兴宫；4月20日，驻驾新港乡奉天宫；4月21日上午8:00，祝寿大典；4月22日，驻驾西螺镇福兴宫；4月23日，驻驾北斗镇万安宫；4月24日驻驾彰化市天后宫；4月25日，驻驾清水区朝兴宫；4月26日，回驾大甲区镇澜宫。

● 跟着妈祖轻旅行。

为了让一般上班族和学生在工作与学习之余，也能参与大甲镇澜宫天上圣母绕境进香活动，大甲镇澜宫推出“跟着妈祖去旅行一日体验和二日体验”活动。

● 4月12日，由财团法人台中市大甲镇澜宫、财团法人大甲妈社会福利基金会主办的“2015大甲妈拉松活动bobi-run祈福路跑”在大甲镇澜宫庙前广场举行。全程约9.7公里。

● 由大甲镇澜宫财团法人，大甲妈祖社会福利基金会主办的“妈祖之光”晚会，4月16日19:30—22:00在台中市大甲体育场举行。

● 2015大甲妈祖国际观光文化节摄影比赛、绘画比赛颁奖。

6月6日上午，2015大甲妈祖国际观光文化节摄影比赛在大甲镇澜宫庙前广场举行。

【台湾高雄市农会到莆田文峰天后宫参访】

3月26日，台湾高雄市农会会长率高雄各基层农会领导七十多人到莆田文峰天后宫进香参访。

【行动玻璃庙等妈祖文创产品在台湾灯会展展出】

2月27日至3月15日，由台湾交通部门、台中市主办的“2015台湾灯会”，在乌日高铁、台中公园、丰原三处举办。

由台湾玻璃馆、玻璃妈祖庙、台湾护圣宫等台湾各县市总计130家厂商及文创艺术工作者（包括台北、新北市、桃园、新竹、台中、彰化、嘉义、台南、高雄等），共同联手打造的行动玻璃庙、玻璃妈祖船、玻璃神轿在台中市乌日灯区展出。

【《中华妈祖》选送的“俄罗斯友人陆丰拜妈祖侧记”获莆田市2014年度对外好新闻二等奖】

3月25日，福建省莆田市2014年度对外好新闻评选揭晓，由《中华妈祖》选送的“俄罗斯友人陆丰拜妈祖侧记”获二等奖，作者系广东省陆丰市妈祖文化研究会的林保虔和蔡佳思。此次评选由福建省莆田市委宣传部、市委外宣办、市新闻工作者协会主办。

【大甲镇澜宫举办机器人展】

3月28日至29日，4月4日至5日期间每天08：30—16：30，由财团法人大甲镇澜宫、财团法人大甲妈社会福利基金会主办的机器人展在大甲镇澜宫文化大楼举行，现场展出仿照妈祖阵头特色的机器人和相关的绘本、绘画、活动照片及文创商品。

【白沙屯拱天宫推出自制结婚证书】

台湾苗栗县通霄镇白沙屯拱天宫为庆祝新香客大楼启用，可提供婚嫁场所，加上过去不少新人会带着结婚证书到庙里盖圣印、请妈祖婆福证，今年庙方自制精致结婚证书礼盒免费送给新人做纪念，祝福每对佳偶百年好合。

【马来西亚亚庇福建会馆“福建寻根之旅”访问团到湄洲妈祖祖庙朝圣】

3月下旬，马来西亚亚庇福建会馆主席叶参率“福建寻根之旅”访问团一行

30 人到湄洲妈祖祖庙朝圣观光，寻亲谒祖，并与莆田市侨联进行了座谈交流。

【福建省人大常委会书记徐谦一行到莆田学院调研妈祖文化研究情况】

4 月 1 日，福建省人大常委会书记、副主任徐谦，省人大常委会副秘书长、办公厅主任林钟乐一行到莆田学院调研妈祖文化研究情况。在详细了解有关情况后，徐谦提出五点建议：第一，建议立项开展“‘新海丝区’妈祖文化交流研讨活动”；第二，建议简化高校因公出国指标单列管理，简化赴台审批手续，便于两岸高校间交流；第三，建议适当放宽高校管理干部赴台交流；第四，建议省教育厅批准莆田学院设立妈祖文化与传播专业硕士点；第五，建议协调省有关部门审批《妈祖学刊》。

【浙江省民族宗教事务委员会到苍南坑尾妈祖庙调研】

4 月 8 日，浙江省民族宗教事务委员会副主任陈振华一行，在温州市民宗局副局长肖益、苍南县民宗局和苍南县妈祖文化交流协会领导的陪同下，到苍南坑尾妈祖庙调研民间信仰工作，调研团一行先后参观了坑尾妈祖庙、在建的坑尾妈祖文化园。

苍南县坑尾妈祖庙董事会董事长、苍南县妈祖文化交流协会副会长林成眼向调研团一行汇报了近年来坑尾妈祖庙在民间信仰和两岸交流工作的情况。调研团一行对 9 月举办的第四届浙台（苍南）妈祖文化节工作提出了要求。

【国际同济会台湾总会会长庄贵盛一行到湄洲妈祖祖庙参访】

4 月 9 日上午，国际同济会台湾总会会长庄贵盛携总会成员一行 70 人赴湄洲妈祖祖庙参访进香。湄洲妈祖祖庙副董事长林金赞陪同庄贵盛会长一行在祖庙湄洲天后宫内上香并交流探讨。

【山东省青岛市妈祖文化联谊会到中华妈祖文化研究院参访】

4 月 9 日下午，山东省青岛市妈祖文化联谊会新一届领导集体在执行会长王旭红的带领下到中华妈祖文化研究院参访。中华妈祖文化交流协会常务副会长林国良、秘书长周金琰、蔡承武等陪同考察并进行了座谈。

【莆田市政府在东南亚国家举办“立德行善大爱——‘海丝路’·妈祖情”书画艺术作品展】

4月9日—19日，莆田市政府组织了东南亚经贸文化交流之旅，分别在泰国、印度尼西亚、马来西亚举办了“立德行善大爱——‘海丝路’·妈祖情”书画艺术作品展。作品围绕湄洲妈祖、莆田24景以及其他乡土题材等主题。

【福建省妈祖文化研究会到霞浦松山天后行宫考察】

4月12日，福建省妈祖文化研究会常务副会长、莆田学院妈祖文化研究院院长黄瑞国，福建省妈祖文化研究会副秘书长林明太等一行到霞浦松山天后行宫考察妈祖文化。霞浦松山天后行宫董事会秘书长陈杰陪同考察，先后参观了宋代建筑天后正殿、林愿纪念馆、妈祖文化大楼、妈祖文物室等，并举行了座谈会，互赠了妈祖文化研究文集。

【汕尾田寮天后宫理事会到中华妈祖文化研究院参访】

4月13日上午，广东汕尾市红海湾区遮浪街道田寮村天后宫理事会林本方理事长、陈妈增副理事长兼秘书长一行到中华妈祖文化研究院参访。中华妈祖文化交流协会常务副会长林国良、副秘书长周金琰陪同。

林本方理事长向协会领导汇报了天后宫建设情况及历史文化馆规划设想。在详细了解田寮天后宫各方面情况后，林国良常务副会长对天后宫的工作提出以下建议：第一，今后开展信俗活动，要赋予时代要求的主题，与现代文明相适应；第二，进一步挖掘整理妈祖文物史料，积极申办文物保护单位；第三，历史文化馆的建设要有内涵，达到启迪后人、继往开来的目的；第四，积极开展对外交流联谊活动，让更多的信众懂得田寮、了解田寮，用妈祖文化为构建和谐田寮插上精神的翅膀。

【台湾亲民党荣誉副主席钟荣吉到湄洲妈祖祖庙参访】

4月16日，台湾亲民党荣誉副主席钟荣吉到湄洲妈祖祖庙参访。湄洲妈祖祖庙副董事长林金赞前往码头迎接并陪同钟荣吉一行在妈祖祖庙天后宫内举行三献礼仪式。随后，双方就以妈祖文化为中心的中华圆梦构想进行座谈交流。

【台湾郑成功文化交流协会到湄洲妈祖祖庙参访】

4月16日下午4时，台湾郑成功文化交流协会一行近六百人恭捧郑成功和妈祖神像到湄洲妈祖祖庙参访。

【莆田学院妈祖文化研究院到长乐市调研妈祖文化】

4月17日，福建省妈祖文化研究会常务副会长、莆田学院妈祖文化研究院院长黄瑞国教授一行5人，到福建省福州市长乐市专题调研妈祖文化传播工作。

调研团先后到长乐显应宫、长乐市旅游馆、郑和史迹纪念馆、漳港天后宫、云母礁妈祖庙等地进行了参观考察，并与相关部门负责同志进行了座谈交流。

【2015年安平迓妈祖百百旗·旗队艺阵大赛】

4月18日至19日，由台南安平开台天后宫管理委员会、财团法人安平开台天后宫文化基金会主办的2015年安平迓妈祖百百旗·旗队艺阵大赛，在安平开台天后宫广场举行。2015年安平迓妈祖百百旗艺阵旗队大赛首度分成“小学、初中组”和“高中、大专、社会组”。比赛结果，由实践大学、西港初中分别夺冠，其中实践大学宋江阵则是蝉联三连冠。

【妈祖护航“2015重走海上丝绸之路”】

为深入挖掘古代海上丝绸之路的历史贡献，展现21世纪海上丝绸之路在经济文化艺术交流中的广阔前景，加强与海上丝绸之路沿线各国的文化艺术交流，发展海洋合作伙伴，增强和扩大海上经贸往来，互联互通，推进海洋领域的友好交流，增进相互了解，巩固深化友谊，东南卫视联合中国国际文化交流中心和中华文化促进会共同主办“2015重走海上丝绸之路”大型帆船航海主题活动。

“2015重走海上丝绸之路”大型帆船航海主题活动由中国航海家翟墨先生领航，他和团队一起驾驶60英尺远洋大帆船于4月20日从中国平潭启航，经过新加坡、马来西亚、斯里兰卡、塞舍尔、马耳他、埃及、希腊等 7 个国家，于 8 月 16 日到达目的地意大利米兰。

4 月 17 日上午，翟墨率帆船团队到湄洲妈祖祖庙，恭请妈祖为“重走海上丝绸之路”保驾护航。当日湄洲妈祖祖庙董事长林金榜领翟墨等人在祖庙举行“三献礼”和鞠火分香仪式，重现六百多年前郑和下西洋前到湄洲妈祖祖庙祭拜妈祖的盛举。

【秀屿区东庄中心小学开展以弘扬妈祖大爱精神为主题的道德讲堂活动】

4 月 17 日上午，福建省莆田市秀屿区东庄中心小学开展文明礼仪道德讲堂活动，莆田市秀屿区妈祖文化交流中心主任、中华妈祖文化研究院詹金炉讲师到校授课，主题为“真诚对待他人、严格要求自己——发扬中华传统美德、弘扬妈祖大爱精神”，中心小学的五六年级学生、老师及部分学校领导参加本次活动。

【“妈祖神蒜 · 云林享赞”文化节】

4 月 18 日，台湾云林县高速路西螺服务区举办“妈祖神蒜 · 云林享赞”文化节。西螺广福宫老大妈以“出巡”形式登上台湾中山高速公路，在绕境北上及南下西螺服务区后，驻驾北上服务区一个月。

【台中金华山妈祖文物馆开设“妈祖大学堂”】

由中华妈祖文化交流协会倡导和发动的“妈祖大学堂”，4 月 19 日在台湾台中金华山妈祖文物馆开设。

由中华妈祖文化交流协会、湄洲妈祖祖庙董事会组织的莆田市妈祖文化交流访问团参加了台中金华山妈祖文物馆“妈祖大学堂”开设仪式。访问团向金华山妈祖文物馆赠送了一幅长 2.33 米、宽 1.26 米的妈祖圣像图，祝贺“妈祖大学堂”在台湾开设。

【惠州 · 巽寮第四届中华妈祖文化旅游节】

4 月 25 日至 5 月 2 日，由中华妈祖文化交流协会、湄洲妈祖祖庙董事会指导，广东省惠州巽寮天后宫理事会和台湾北港朝天宫共同主办的“惠州·巽寮第四届中华妈祖文化旅游节”在天后宫岭南民俗文化商业街举办。

本次妈祖文化旅游节主题是“大爱妈祖、平安巽寮”，本次活动内容有文化旅游节开幕式和妈祖祭典仪式、海上烟花、“渔歌”表演、黄梅戏、“妈祖金身巡安，渔船出海仪式”等民俗表演系列活动。

【莆田万达广场举办第三届妈祖文化节】

4 月 24 日至 5 月 3 日，福建省莆田万达广场举办第三届妈祖文化节。本届文化节活动内容有：妈祖金身巡安驻跸万达、妈祖花样贡品展、妈祖圣迹图展、东海龙宫首现万达、巨型 Q 版妈祖现万达、水阙仙班巡游派送礼以及创意妈祖礼满额刮、妈祖纪念币满额抽、祖庙平安米免费送等。

【2015 Bike 宜兰妈祖古庙 · 骑求平安】

由台湾罗东社区大学、宜兰社区大学、宜兰孔明单车协会、灿景古建筑研究工作室等共同发起的“2015 Bike 宜兰妈祖古庙 · 骑求平安”活动，4 月 25 日在宜兰县内巡礼，6 尊妈祖神像在单车骑士带领下，绕境宜兰 6 间妈祖庙，后环岛骑行 13 天，走访全台各地妈祖庙。

【2015 台南鹿耳门天后宫 Bobi Run 祈福路跑】

“2015 台南鹿耳门天后宫 Bobi Run（保庇）祈福路跑”活动，4 月 25 日上午在鹿耳门天后宫登场，共有四千余名跑友参与，全程约九公里。

【雪隆海南会馆（天后宫）召开 2015 年度会员大会】

4 月 26 日上午，雪隆海南会馆（天后宫）在天后宫礼堂举行 2015 年度会员大会。大会选举产生新一届理事会成员，讨论并通过 2014 年度会务和财政报告。

【艺博会首设妈祖文化工艺品展区】

4 月 28 日至 5 月 2 日，第十届中国（莆田）海峡工艺品博览会在莆田工艺美术城举行。主展馆首设妈祖文化主题工艺精品展区，通过木雕、石雕、玉雕、铜雕等不同门类工艺精品展示妈祖文化的独特魅力。

【湄洲妈祖文化影视园举行五一寄相思许愿活动】

5月1日，湄洲妈祖文化影视园举行五一寄相思许愿活动。活动内容有：许愿活动、平安帽大放送、寻章＋抽奖活动以及开幕活动。

【中国·曹妃甸第二届“妈祖之光”文化艺术周】

5月3日至11日，以“妈祖之光开放包容”为主题的中国·曹妃甸第二届“妈祖之光”文化艺术周，在曹妃甸柳赞镇蚕沙口村举办。文化艺术周由河北省民俗协会、唐山市民俗学会、曹妃甸区民俗协会和柳赞镇蚕沙口村委会主办，期间共推出中国民间12大类传统海洋民俗活动。

【汕头市第三届妈祖文化节】

5月4日，汕头市第三届妈祖文化节在潮阳区后溪天后宫举行。活动内容有开幕式、妈祖祭典仪式、向棉北街道困难群众发放扶贫物资、民俗及文艺表演等。

汕头市第三届妈祖文化节由广东省民族宗教研究院为指导单位；中共汕头市委统战部、汕头市民族宗教事务局，中共潮阳区委统战部、潮阳区民族宗教事务局主办；由汕头市潮阳区棉北街道办事处、汕头市潮阳妈祖文化交流协会、汕头市潮阳区后溪天后宫承办。广东省民族宗教研究院副院长李筱文，汕头市领导孙光辉、马逸丽、赵红、刘少强，海内外嘉宾、社会各界人士、信众等近两千人出席了妈祖文化节开幕式。

【《妈祖文献整理与研究丛刊》首发仪式】

5月5日上午，《妈祖文献整理与研究丛刊》首发仪式在莆田学院举行。《妈祖文献整理与研究丛刊》共20卷，收录有关妈祖文献达108种，属于“国家十二五重点图书出版规划项目”和“国家古籍整理出版规划项目”，由中国社会科学院历史研究所妈祖文化研究基地、福建省社会科学研究基地莆田学院妈祖文化研究中心和莆田学院妈祖文化研究院合作主持编纂。

【“南海救 101”访台前到湄洲妈祖祖庙会香鞠火】

“南海救 101”轮于 5 月 3 日 12 时驶离广州基地码头，开始访台交流活动。5 月 5 日，“南海救 101”轮抵达福建莆田湄洲岛。5 月 6 日上午，恭请湄洲分灵妈祖和镇澜宫分灵妈祖，在湄洲祖庙会香鞠火后，从湄洲岛青浦澳码头开往台湾高雄港。

【天津天后宫召开 2015 年第一次理事会】

5 月 7 日，天津天后宫召开 2015 年第一次理事会。

天津南开区委常委、宣传部部长、统战部部长朱树江，南开区委宣传部副部长周萍，南开区文化和旅游局党委书记刘世奇，南开区文化和旅游局副局长尚洁，天津天后宫理事成员及管委会领导参加了当天的理事会。

理事会通过了天后宫新的《理事会章程》，依照新的《理事会章程》规定，通过新一届理事会成员，包括：理事长一名、常务副理事长一名、副理事长三名、秘书长一名、常务理事十五名。南开区文化和旅游局副局长、天津天后宫管理委员会主任尚洁总结近年来天后宫工作并介绍天后诞辰 1055 周年活动方案。

【湄洲妈祖书画院一行参访广东陆丰福山妈祖文化园区】

5 月 7 日，福建省湄洲妈祖书画院林德富院长一行到广东省陆丰市妈祖文化园区参访。与陆丰市妈祖文化研究会人员进行了座谈，参观了福山的“妈祖圣迹雕像群”，并赠予陆丰市妈祖文化研究会多幅字画。

【2015 锡口文化节“疯妈祖摄影比赛暨摄影展”】

2015 年台湾松山锡口文化节首度与松山慈佑宫共同合作，举行“疯妈祖摄影比赛暨摄影展”。

比赛征件日期从 5 月 7 日起至 6 月 7 日止。

征件主题：凡属松山地区之著名景点、美食与妈祖人文，以展现松山锡口具有文化活力特色之令人“感动”主题，透过镜头呈现出具松山慈佑宫妈祖精神的摄影作品。

6月25日，“疯妈祖摄影展”在台湾松山火车站举办开幕记者会暨颁奖典礼，财团法人台北市松山慈佑宫陈玉峰董事长、台北市松山区公所薛秋火先生、《国家地理》杂志人文摄影师麦可·山下与《国家地理》杂志广告总监冯业威共同为获奖者颁奖并为展览揭幕。展览持续至8月31日。

【国家文化遗产研究院专家到莆田文峰天后宫参观、调研】

5月8日下午，国家文化遗产研究院专家在莆田市文物办领导陪同下到莆田文峰天后宫参观调研。

【2015永福镇妈祖文化节】

5月8日至11日，福建省龙岩市漳平市永福镇举行妈祖文化节暨庆祝妈祖诞辰1055周年活动。活动内容有：

5月8日晚在永福镇兰田村妈祖庙举行妈祖文化节启动仪式。9日上午在兰田妈祖庙举行祭典仪式。11日上午举行恭请妈祖在永福镇集镇区域内绕境巡安的踩街活动，有彩车、花船、舞龙、腰鼓队表演以及以西游记和八仙过海人物扮演表演等。

文化节期间还举办了民间书画展、生物样本展览、美食展、彩车装饰比赛和农民广场舞表演、趣味宁洋木偶戏、传统芗剧表演。

【2015霞浦妈祖民俗文化节】

5月8日至13日，福建省霞浦松山天后圣母行宫董事会举办2015霞浦妈祖民俗文化节。内容包括祈福祭祀大典、妈祖金身绕境巡安、民俗踩街、妈祖千人平安宴、闽剧公演、文艺晚会等。

【天津天后宫利用微信弘扬妈祖精神】

为纪念妈祖诞辰1055周年，天津天后宫今年制做了微信“天后诞辰寿面刮刮卡”活动，凡是参加活动并且刮出奖励的，凭获奖信息在 5 月 10 日中午前到天后宫换取寿面卡。

【2015 土楼妈祖民俗文化节】

5 月 10 日上午，福建省漳州市南靖县默林镇天后宫举行一年一度的土楼妈祖民俗文化节。

上午 9 点，“会首”率领村民们，把妈祖请出天后宫在默林镇默林村巡游踩街。巡游进行到村头河流时举行了“妈祖走水”仪式。

【烟台市 2015 妈祖文化节】

5 月 9 日至 11 日，山东省烟台市 2015 妈祖文化节在烟台天后行宫举行。活动由烟台市文化广电新闻出版局、烟台市台湾事务办公室主办，烟台市博物馆、烟台市莆田商会承办。本次妈祖文化节活动内容有妈祖祭祀仪、妈祖诞辰进献头炷香祭祀仪式、祖庙分灵妈祖像广场巡游仪式、妈祖节功德碑揭牌仪式、向妈祖敬献花篮、妈祖文化节摄影大赛等活动，还有莆仙戏、京剧、八卦鼓舞、舞狮表演等文艺演出。

【贤良港天后祖祠举行纪念妈祖诞辰 1055 周年活动】

5 月 10 日至 11 日，贤良港天后祖祠举行系列活动纪念妈祖诞辰 1055 周年。

- 5 月 10 日，在贤良港天后祖祠举行“贤良港中华诗词创作基地揭牌仪式”。莆田市副市长高政，中华诗词学会顾问、福建省社会科学院研究员蔡厚士，中华诗词学会常务理事、福建省诗词学会会长欧孟秋等诗词界人士五十多人出席揭牌仪式。

- 5 月 11 日上午，举行纪念妈祖诞辰 1055 周年祭祀大典。

上午 9 时，参加祭祀大典的海内外妈祖宫庙进香团恭护妈祖銮轿，和天后祖祠的迎驾方阵，依序从山亭街牌坊向贤良港天后祖祠进发，各个方阵在沿途进行民俗文艺踩街表演，沿街居民焚香迎驾。11 时，纪念妈祖诞辰 1055 周年祭祀大典在贤良港天后圣殿前天后广场举行。

来自印度尼西亚和中国台湾、广东、漳州、泉州、莆田等地的五百多家妈祖宫庙近万名妈祖信众参加祭祀等习俗活动。参加“贤良港中华诗词创作基地揭牌仪式”的全国诗词学会的专家学者一行五十多人，全程观礼祭祀活动。

●邀请台中、高雄、台北等地特色美食的经营者来到贤良港举办为期五天的“妈祖美食文化嘉年华”。

● 5月11日下午，岭南艺术家黄太闻在贤良港天后祖祠举行“妈祖赐福，百《福》分享会”，百《福》分享会包括黄太闻百《福》图书法作品鉴赏和百《福》图义卖义捐活动两部分。黄太闻先生现场义卖一百幅《福》图，所得的善款全部捐给贤良港天后祖祠，一方面支持贤良港天后祖祠的建设，一方面支持天后祖祠妈祖大学堂的教育办学发展。

【2015年汕尾市凤山妈祖文化旅游节】

5月10日至5月12日，广东省汕尾城区在凤山祖庙旅游区举行2015年妈祖文化旅游节暨纪念妈祖诞辰1055周年系列活动。此次文化节举办的内容有：5月10日举行民俗拜祭典礼和地方戏剧表演；5月11日举行妈祖合境巡安、妈祖文化旅游节开幕式、凤山祖庙炮会；5月12日举行旅游景点推介交流会等活动；5月10至6月20日，连续一个月地方戏剧表演。

【妈祖助力“中国·青岛”号帆船穿越北冰洋东北航线】

5月11日上午，青岛市帆船运动管理中心携“中国·青岛”号超级三体帆船航海团队专程到湄洲岛恭请妈祖神像，为“中国·青岛”号的航海之旅祈福。9月初，这艘帆船由中国航海家、世界单人不间断环球航行世界纪录保持者、世界和平与体育组织的中国大使郭川担任船长，率领4名来自俄罗斯、法国、英国和挪威的水手，从俄罗斯出发，穿越北冰洋，冲击北冰洋东北航线的首个世界纪录。然后，再向着海上丝绸之路的经典航线扬帆起航，沿途依次经过上海、广州、香港特别行政区和新加坡、印度、英国等地，最后到达荷兰鹿特丹。

【2015广州南沙妈祖文化旅游节】

5月9日至11日，由南沙天后宫旅游景区主办，广州市南沙天后文化学会、香港深水埗天后宫、澳门中华妈祖基金会、台南市两岸经济文化交流协会、台湾中山胜母宫协办的 2015 广州南沙妈祖文化旅游节在南沙天后宫举行。本次旅游节以南沙自贸区“一带一路”为核心，推动南沙妈祖文化和旅游文化发展。

5 月 9 日，2015 广州南沙妈祖文化旅游节开幕式在南沙天后宫举行。来自香港西贡天后庙、香港佛堂门天后庙、香港大澳天后宫、香港元朗天后宫、台湾中山胜母宫、陆丰天后宫以及南沙天后宫代表齐聚南沙，共同庆祝妈祖诞辰 1055 周年。开幕式除陆丰专业祭典团队进行大型拜祭歌舞表演外，还有大型醒狮列阵以及麒麟舞、咸水歌等大型岭南民俗文化综艺演出、祈福仪式和民乐表演等活动。

5 月 10 日，东莞朝安宫、中山胜母宫组织近两千信众在南沙天后宫举行“妈祖诞”祭拜及巡游活动。

5 月 11 日，南沙天后文化协会带领本地信众在南沙天后宫举行朝拜祭祀活动。

【广东省妈祖文化交流协会举办纪念妈祖诞辰 1055 周年座谈会】

5 月 10 日，广东省妈祖文化交流协会举办的纪念妈祖诞辰 1055 周年座谈会在惠州西湖宾馆举行。广东省台办调研员卢国文、惠州大学教授李靖国、汕尾学者陈锤、全国道德模范赵喜昌及全省各地的学者代表与妈祖信众代表出席了座谈会，共同缅怀中华民族文明史上伟大母亲的丰功伟绩，还就妈祖文化与中外关系在海上交通贸易及沿海港口开发所起的积极作用以及对海峡两岸关系的促进作用等内容进行了座谈交流。广东省妈祖文化交流协会会长罗如洪主持了座谈会。

【天津滨海新区妈祖文化园举行“妈祖诞辰 1055 周年纪念活动”】

5 月 10 日上午，由天津市妈祖文化促进会与天津市滨海新区中新生态城管委会联合举办的“妈祖诞辰 1055 周年纪念活动”在天津滨海新区妈祖文化园举行。

天津市妈祖文化促进会会长罗远鹏、天津市旅游局副局长何智能及滨海新区中新生态城管委会领导及相关部门的专家、学者和妈祖信众参加了活动。

【厦门朝宗宫：“庙口讲古”恭祝天上圣母圣诞】

5 月 10 日下午，福建省厦门朝宗宫举行纪念妈祖诞辰 1055 周年活动。近三百人参加此次纪念活动。活动邀请了海峡两岸知名文史专家，在朝宗宫古戏台举行“庙口讲古”民俗活动。还进行了朝宗宫自编自导的歌仔戏《吟歌朝宗宫》演出。

【天津天后宫举行庆祝妈祖诞辰1055周年庆典系列活动】

● 5月6日，天津天后宫举办了“纪念天后诞辰1055周年专家学者座谈会”。

出席座谈会的有天津市南开区委常委、宣传部部长、统战部部长朱树江，南开区委宣传部副部长周萍，南开区文化和旅游局副局长、天津天后宫管委会主任尚洁，天津市相关单位的专家学者以及专程来参加座谈会的中华妈祖文化交流协会副秘书长兼学术部主任周金琰。

与会的领导、专家学者就天津天后宫在妈祖文化传承中的历史地位、历史贡献及当代发展方向，当代妈祖文化研究成果、发展趋势，妈祖文化与“津沽文化”的关系等议题进行了座谈。

● 5月10日至11日，天津天后宫举行庆祝天后诞辰1055周年庆典。

5月10日上午10时，举行玉妈祖安座仪式和天津天后宫金身妈祖的襄赞活动启动仪式，玉妈祖安座于张仙阁内，张仙阁也首次对公众开放。随后举行天后诞辰邮品首次发售仪式，此次发信的邮品为邮资纪念封和个性化邮票，限量发行1055套，封套上打印相关号码。

5月11日，举办祭祀大典、天后出巡散福、皇会表演、舍“天后长寿面”等活动。

【天津市莆田商会举办的纪念妈祖诞辰1055年庆典活动】

5月11日，由天津妈祖文化促进会、天津天后宫管理委员会、天津市莆田商会联合举办的纪念妈祖诞辰1055年庆典活动在天津市莆田商会会馆举行。庆典活动包括接驾（迎接湄洲妈祖祖庙灵分天津莆田商会的妈祖）和庆典仪式（按照福建莆田地区祭祀妈祖的仪式进行）。

【陆丰举行妈祖诞辰1055周年庆典活动】

5月11日，广东省陆丰市妈祖文化研究会成立13周年和妈祖诞辰1055周年庆典活动在陆丰妈祖文化园区举行。

陆丰市人大、市政府、市政协领导和市委宣传部、统战部、文广新等部门负责人出席开幕式。来自加拿大以及香港特别行政区、河南、广州、佛山、深圳、汕头等地的宾朋与当地数千群众参加了活动。

【莆田市市委统战部长、市民宗局局长到莆田文峰天后宫调研】

5月11日，莆田市委统战部长林素卿，偕市民宗局局长张元坤一行13人到莆田文峰天后宫调研，对文峰天后宫文物保护工作作出指示。

【第六届洞头妈祖平安节】

5月11日，由浙江省温州市洞头县人民政府主办，北岙街道办事处、元觉街道办事处承办，洞头县台办、县旅委、县文广新局、县妈祖文化交流协会协办的第六届洞头妈祖平安节，在洞头县北岙街道东沙村妈祖广场和元觉街道沙角村举行，来自福建、台湾等地近万名游客参加了本次活动。

第六届洞头妈祖平安节的活动内容有开幕式暨千人拜妈祖游百岛活动仪式、民俗文艺专题演出、百岛妈祖共祈福仪式、妈祖出巡、赏百岛民俗工艺、渔灯猜谜等活动。

【2015年南京妈祖庙会】

5月11日，由南京阅江楼风景区管理委员会和南京妈祖文化交流协会共同主办的2015年南京妈祖庙会在南京天妃宫内举行。活动内容有：乙未年春祭妈祖大典、妈祖巡游、妈祖文化研讨会、南京天妃宫复建10周年文化专题座谈会等主题活动。

【北京妈祖文化艺术节暨北京妈祖文化交流协会成立揭牌仪式】

5月11日至13日，北京妈祖文化艺术节暨北京妈祖文化交流协会成立揭牌仪式在北京民俗博物馆举行。北京市文联、社团关系单位、各妈祖文化机构代表、民间信仰与研究妈祖文化人士出席了开幕仪式。北京市文联相关领导、北京市妈祖文化交流协会会长关三多，北京市妈祖文化交流协会副会长兼副秘书长陈春风等分别在开幕式上致辞，并为陈方成颁发了荣誉徽章证书、高玉平颁发高级顾问证书。

【湄洲妈祖祖庙举办妈祖诞辰 1055 周年系列纪念活动】

由莆田市人民政府、中华妈祖文化交流协会主办，湄洲岛国家旅游度假区管委会、湄洲妈祖祖庙董事会承办，莆田市委台办、莆田市文化广电新闻出版局、莆田市旅游局、台湾妈祖联谊会协办的纪念妈祖诞辰 1055 周年活动持续两个月。有“天下妈祖回娘家”、莆田民俗庙会、纪念妈祖诞辰 1055 周年大会、乙未年春祭妈祖典礼、《平安号》首演、妈祖文化与“海丝”摄影图片展等活动内容。

● 从 4 月 19 日起，开展为期一个月的“天下妈祖回娘家”活动，组织海上丝绸之路沿线国家及两岸妈祖宫庙在农历三月廿三前后到湄洲妈祖祖庙朝拜妈祖。

● 5 月 4 日下午，召开筹办妈祖诞辰 1055 周年系列纪念活动协调会。莆田市委常委、统战部长林素钦，市委常委、宣传部长程强出席。

● 5 月 9 日 8 时 30 分，妈祖诞辰 1055 周年庙会启动暨升幡挂灯仪式湄洲妈祖祖庙圣旨门广场举行。第十届全国政协副主席、中华妈祖文化交流协会会长张克辉先生、中国侨联顾问林兆枢先生及 31 家进香团近两万人参与了活动。

湄洲妈祖祖庙董事长林金榜在仪式上致辞，第十届全国政协副主席、中华妈祖文化交流协会会长张克辉为庙会启动仪式开锣。接着，进行升幡挂灯仪式和 30 支民俗表演队进行民俗表演。

● 5 月 11 日，以“同谒妈祖，共佑‘海丝’”为主题的妈祖诞辰 1055 周年纪念大会在福建莆田湄洲岛举行。

十届全国政协副主席、中华妈祖文化交流协会会长张克辉，中国侨联顾问、中华妈祖文化交流协会副会长林兆枢，福建省人民政府副省长郑晓松，福建省人大常委会原副主任袁锦贵，福建省政协原副主席叶家松，中共莆田市委书记周联清，莆田市人大常委会委员林光大，福建省人民政府副秘书长王永礼，福建省政协原副秘书长、办公厅主任陈新华，莆田市人大常委会主任阮军，莆田市政协主席林庆生，中华妈祖文化交流协会常务副会长林国良，福建省委台办副主任宋志强，福建省旅游局副局长陈奕辉，台湾大甲镇澜宫董事长颜清标，台湾民意机构代表颜宽恒，中华妈祖文化交流协会副会长、秘书长、湄洲妈祖祖庙董事长林金榜，中华妈祖文化交流协会副会长、上海玉成天赐珠宝有限公司董事长赵柳成，海内外妈祖宫庙代表、妈祖信众及各界人士近两万人参加纪念大会。大会由阮军主持。

上午 9 时 30 分，举行祭典活动。湄洲妈祖祖庙董事长林金榜与台湾大甲镇澜宫董事长颜清标担任主祭官，上千名信众代表参与祭祀。来自浙江苍南钱库娘娘庙的 180 名信众和台湾澎湖紫微宫的 111 名信众，首次以陪祭团身份参加祭典，展现出两岸同根、共祭妈祖的盛大场面。

● 5 月 6 日至 12 日，湄洲妈祖祖庙还举行贡品展。用食物等材料制成的贡品有“现圣身轻舟伏魔”“拯漕运救船保车”等 36 幅妈祖圣迹图案，有十二生肖、二十四孝，有“八仙祝寿”“瑶池进酿”等神话故事。

● 6 月 10 日至 16 日，“妈祖文化与海上丝绸之路”摄影图片展在湄洲妈祖祖庙西轴线大牌坊广场举行。两百幅摄影作品参与了展览，集中展示海上丝绸之路沿线国家妈祖文化活动图片资料、海峡两岸妈祖文化、民间基层交流图片、湄洲岛人文及风光摄影资料等。

● 6 月 11 日，由湄洲妈祖祖庙董事会斥资打造的情景体验剧《平安号》在福建莆田湄洲岛举行发布仪式，并演出了部分精彩片段。

【泗阳妈祖文化园举行纪念妈祖诞辰 1055 周年吉祥祈福活动】

5 月 11 日上午，江苏泗阳妈祖文化园在如意广场举行“拜谒妈祖，赐福人间”吉祥祈福活动，纪念妈祖诞辰 1055 周年。

【丰顺县留隍天后宫举行民俗表演庆祝妈祖诞辰】

5 月 11 日，广东省梅州市丰顺县留隍天后宫，为庆祝妈祖诞辰，在妈祖文化广场举行潮剧公演和广场舞表演。

【郑州市莆田商会举行妈祖诞辰1055周年纪念活动】

5月10日—12日，郑州市莆田商会在郑州举行妈祖诞辰1055周年暨湄洲妈祖分灵郑州市莆田商会一周年纪念活动。

5月10日下午，在郑州市莆田市商会驻地举办纪念妈祖诞辰1055周年暨湄洲妈祖分灵郑州市莆田商会一周年文艺演出活动。活动由商会监事长、妈祖董事会董事长唐清虎主持，李金裕会长致辞。活动邀请福建省莆田市莆仙戏二团到郑州公演3天6场莆仙戏《樊莉花传奇》《恩怨情》《乱世风云》《蜀郡情仇录》《马超战张飞》《大唐女巡案》。

5月11日上午，在安座湄洲妈祖神像的商会一楼大堂内举行祭拜妈祖仪式，纪念妈祖诞辰1055周年。仪式遵从礼制，妈祖信众在法师的指导下举行了“三献礼”。

【《中华妈祖》杂志创刊十周年座谈会暨《妈祖文化简明读本》首发】

5月12日,《中华妈祖》杂志创刊十周年座谈会暨《妈祖文化简明读本》首发式在中华妈祖文化研究院懿贤楼三层会议室举行。

出席座谈会的嘉宾有十届全国政协副主席、中华妈祖文化交流协会会长张克辉，中国侨联顾问、中华妈祖文化交流协会副会长林兆枢，福建省政协原副主席叶家松，福建省政协原副秘书长、办公厅主任陈新华，莆田市政协副主席彭丽靖，莆田市人大常委会原副主任甘玉连，莆田市政协原副主席郑世雄，中华妈祖文化交流协会副会长兼秘书长、湄洲妈祖祖庙董事长林金榜，中华妈祖文化交流协会副会长、上海玉成天赐珠宝有限公司董事长赵柳成，赛博思集团董事长蔡玉春，中华妈祖网总裁王炳兴,《中华妈祖》杂志社编委全体成员,《妈祖文化简明读本》编委会成员，海峡两岸妈祖文化机构代表以及来自社会各界关心和支持《中华妈祖》杂志的知名人士。会议由中华妈祖文化交流协会常务副会长林国良主持。

座谈会上，莆田学院教授刘福铸首先对《妈祖文化简明读本》的编辑概况做了简要介绍；接着由会长张克辉和副会长林兆枢为《妈祖文化简明读本》揭封并将此书赠予妈祖文化机构代表；杂志社编委会副主任翁卫平先生介绍了《中华妈祖》杂志十周年办刊情况后，杂志社编委会副主任郑世雄等与会人员纷纷发表个人感言。

【第十一届深圳文博会妈祖文化专题展】

5月14日至18日，第十一届深圳文博会在深圳会展中心举行。本届深圳文博会开设了由汕头市妈祖文化交流协会联合多个妈祖文化机构共同策划发起的，以“弘扬妈祖文化，助力‘海上丝路’”为主题的妈祖文化专题展。

湄洲妈祖祖庙、深圳龙岗古庙、广州南沙、潮阳、赤湾、樟林以及陆丰福山天后宫参与了展览。

【台湾南投慈善宫及“心缘团”一行四十多人到庐山妈祖文化公园朝圣】

5月16日，台湾南投慈善宫及深圳、香港、澳门等地妈祖信众“心缘团”一行四十多人，经由深圳起飞至江西省九江市。在庐山马尾水景区、庐山妈祖文化公园内观光、朝圣、祭拜妈祖。九江市人民政府台湾事务办公室主任周三连、副主任汪国庆、庐山管理局局长彭敏、宣传部长熊伟等领导陪同观览。

【台湾新北市镇北宫主任委员谢铭洋一行到霞浦松山天后行宫参访】

5月17日，中华妈祖文化交流协会副秘书长、湄洲妈祖祖庙董事会顾问、台湾新北市镇北宫主任委员谢铭洋先生一行到福建霞浦松山天后行宫参访。霞浦松山天后行宫董事会秘书长陈杰陪同。

【深圳龙岗天后古庙理事长庄美叶一行15人到中华妈祖文化研究院参访】

5月19日，广东省深圳龙岗天后古庙理事长庄美叶带领妈祖信众一行15人到中华妈祖文化研究院参访。中华妈祖文化交流协会常务副会长林国良会见了参访团一行。

【台湾新党主席郁慕明等一行参访天津天后宫】

5月19日，台湾新党主席郁慕明等一行参访天津天后宫。天津市及南开区有关部门领导陪同。

【闽澳共同打造妈祖文化旅游品牌】

5月20日，由福建省和澳门特别行政区联合主办的“感受澳门—福建·福州”澳门旅游推介会在福州举行。闽澳双方就2015年闽澳旅游交流达成八项合作意向，即共同打造妈祖文化旅游品牌、共同推介高铁旅游精品线路、共同提升海丝旅游产品、共同开展旅游宣传推广活动、共同启动游学旅游工程、共同促进旅游产业融合发展、共同提升两地旅游服务品质、共同加强旅游人才教育培训。

【首届“妈祖杯”海峡两岸老年人门球邀请赛】

5月21日，首届“妈祖杯”海峡两岸老年人门球邀请赛在福建省莆田市湄洲岛举行。福建省老体协主席王美香，莆田市人民政府副市长张丽冰，莆田市政协原副主席林能玉，湄洲妈祖祖庙董事长林金榜及港澳台门球队代表出席了开幕式。

【台湾妈祖文化交流团到海南省参访】

台南市慈天宫主任委员黄文炫率领台湾妈祖文化交流团到海南省海口市和澄迈县天后宫参访，与海南省妈祖文化交流协会、海口市妈祖文化交流协会座谈，就开展交流和共同举办妈祖祭拜活动等问题进行了交流。

5月22日下午，海南省台办主任刘耿、副主任陈硕，海南省台联党组书记陈琼鹏、副巡视员符江，在澄迈投资的台商、台南县原副县长林文定等与台湾妈祖文化交流团进行了座谈。

【国际青年商会香港总会一行到天津天后宫参访】

5月22日至25日，由中华全国青年联合会和香港中联办主办的国际青年商会香港总会国情研习班在中国青年政治学院举行。来自香港青商总会下属13个分会的会长及总会会长、副会长等共35名参加了研习班。期间，研习班专程到天津天后宫参访。

【澳门鲜鱼行总会举办妈祖文化讲座】

5月24日上午，由澳门鲜鱼行总会主办的“澳门鱼行醉龙节2015”系列活动之“非遗讲堂”邀请了台中教育大学台湾语文学系专任副教授林茂贤讲授“台湾的妈祖信仰”。林茂贤认为澳门与妈祖渊源深厚，名字亦由此而来；认为：台湾妈祖信仰十分盛行，已成为民间信仰主流，青年若没有参加妈祖相关活动更被认为落伍，原因是台湾的妈祖信仰不再是传统庙会，而是结合了现代与传统元素。

【陆丰市妈祖文化研究会林永欣会长到大德妈祖庙旅游区参访】

5月28日，中华妈祖文化交流协会常务理事、广东省陆丰市妈祖文化研究会林永欣会长到广东省汕尾市海丰县大德妈祖庙旅游区参访，大德妈祖庙旅游区筹建理事会施生本理事长与其进行了交流。

【浙江石浦举办谢洋活动迎休渔期】

5月30日，浙江石浦举办万人谢洋活动迎休渔期。本届谢洋仪式活动主要有：恭请妈祖海上巡游、祭祀大典、放生感恩、万人谢洋宴等。

【第二届中华妈祖文化全国书法篆刻大展】

6月1日上午，由中国书法家协会，福建省文联，莆田市委、市政府主办的“大爱妈祖——第二届中华妈祖文化全国书法篆刻大展”在莆田市综合体育馆开幕。此次展览入展作品205件。中国书协副主席聂成文宣布大展开幕。莆田市委副书记、市长翁玉耀致辞。莆田市委常委、宣传部长程强主持开幕式。

【北海岸传奇妈祖文化祭】

台湾北海岸金山区一年一度的传奇妈祖文化祭于5月30日开幕。6月2日压轴戏登场，慈护宫所供奉的“二妈”，由3000名信众陪同，沿着台二线徒步行走5个多小时，回到先前最初发现神尊的野柳地质公园海蚀洞内，完成一年一度的回娘家行程。

【云林县六房妈祖过炉绕境】

台湾唯一没有固定庙宇奉祀的六房妈祖，于5月31日举行了过炉绕境庆典活动。当天上午7时，由云林县知名人士李进勇等共同点燃起马炮后，在数万信众护送随香下，銮驾正式移驾土库竹脚寮。绕境队伍经由斗南镇明昌里、埤麻里、西伯里、新仑里，经土库大桥进入虎尾镇下湳里，由145线道绕境土库市区，全程约30公里。

【陆丰市妈祖文化研究会林永欣会长到龟山天后宫调研】

6月3日，中华妈祖交流协会常务理事、陆丰市妈祖文化研究会林永欣会长到陆丰市金厢镇龟山天后宫调研，和该宫新一届理事会座谈。

【台湾北港朝天宫等到长岛显应宫参访】

台湾北港朝天宫常务副董事长蔡辅雄率台湾宫庙代表25人到山东长岛开展了为期四天的妈祖文化交流活动。参拜了长岛显应宫妈祖，为台湾北港朝天宫分灵妈祖举行梳妆法事活动，出席6月4日长岛显应宫省级海峡两岸交流基地授牌仪式。

【第三届海峡汉服文化节在福州三坊七巷天后宫举行】

6月6日，由两岸联办的第三届海峡汉服文化节在福州三坊七巷天后宫启幕，台湾知名人士王金平、宋楚瑜送来亲笔致庆题词。王金平的题词为“汉服天下”；宋楚瑜的题词为“华夏衣冠，四海同钦”。当日，两岸汉服社团负责人代表共同来到福州三坊七巷郎官巷天后宫，拜谒妈祖金身神像。

【厦门大学历史系考古专业师生到莆田文峰天后宫调研】

6月11日上午，莆田市文管办主任连金焰带领厦门大学历史系考古专业教授及学生6个人到莆田文峰天后宫调研。

【第七届海峡论坛·妈祖文化活动周】

6 月 11 日至 16 日，由莆田市人民政府主办，莆田市台办、湄洲岛管委会、莆田学院承办，中华妈祖文化交流协会、莆田市海外联谊会、湄洲妈祖祖庙董事会等单位协办的“第七届海峡论坛·妈祖文化活动周”在莆田市举行，内容包括活动周开幕式、情景体验剧《平安号》发布仪式、台湾社区项目对接活动、“妈祖文化与海上丝绸之路”论坛、“妈祖文化与海上丝绸之路”摄影图片·书画作品展、“湄洲之夏”海峡流行音乐季、首届“湄洲行·台湾味”台湾美食节、两岸“妈祖大学堂”等。

● 6 月 11 日上午，以“中华妈祖情·两岸一家亲”为主题的第七届海峡论坛·妈祖文化活动周开幕式在湄洲妈祖祖庙天后广场天后大戏楼内举行。

开幕式上，福建省副省长郑晓松、莆田市委书记周联清、莆田市市长翁玉耀、中国国民党中常委黄志雄、台湾妈祖联谊会会长郑铭坤共同转动航舵启动开幕。周联清、黄志雄分别在开幕式上致辞，郑晓松在开幕式上讲话。开幕式由莆田市人民政府市长翁玉耀主持。

总政歌舞团副团长、情景剧《平安号》总导演李福祥，福建省政府副秘书长王永礼，福建省台办副主任、省台联党组书记蔡尔申，莆田市领导阮军、林庆生、林素钦、郑春洪、傅冬阳，中华妈祖文化交流协会常务副会长林国良，台湾妈祖联谊会会长、台湾大甲镇澜宫副董事长郑铭坤，台湾鹿港天后宫副主委蔡平焜，台湾台中万和宫董事长萧清杰，台湾内门顺贤宫主委黄富义，台湾南方澳南天宫董事长陈正信，台湾莆仙同乡会副总干事黄逸耕，中华妈祖文化交流协会副会长兼秘书长、湄洲妈祖祖庙董事长林金榜以及两岸妈祖宫庙代表，两岸妈祖文化专家学者、书法家等三百多人参加了开幕式的活动。

● 6 月 11 日下午，第七届妈祖文化活动周内容之一的“妈祖文化与海上丝绸之路”论坛在湄洲岛举行，莆田市委常委、统战部长林素钦出席。来自海峡两岸高校、研究机构、社会团体、妈祖宫庙等从事妈祖文化研究的 140 多位专家学者参会。

● 6 月 10 日至 13 日，由中华妈祖文化交流协会主办，湄洲妈祖祖庙董事会、秀屿区妈祖文化交流中心、台湾云林北港朝天宫、台湾高雄道德院协办，以

“携手同心，以文化人”为主题的“两岸妈祖大学堂”在莆田举行。来自海峡两岸43家的妈祖宫庙主委、董事长、理事长、总干事、执行长等百名负责人参加学习《妈祖文化简明读本》。

6月12日上午，在莆田中华妈祖文化研究院举行开班仪式。会议由中华妈祖文化交流协会常务副会长林国良主持。开班仪式上，两岸6位妈祖文化学者、专家被中华妈祖文化交流协会聘为妈祖大学堂讲师。

6月13日下午5时，“两岸妈祖大学堂”活动圆满结束。参与妈祖大学堂学习的两岸百名宫庙负责人，每人获得由中华妈祖文化交流协会颁发的《福缘》证书。在闭学式上，台湾台南福安宫、宜兰永惠宫、台南铁线桥堡通济宫等5家宫庙和莆田龙桥天后宫、英惠妈祖宫、莆田赤柱妈祖宫等5家宫庙结为姐妹宫。

【台中乐成宫郭松益一行到连江县白沙天妃庙参访】

6月12日，台中乐成宫郭松益董事长一行10人，在福建省连江县妈祖文化研究会杨文健会长、白沙天妃庙刘永泰董事长陪同下，到连江县白沙天妃庙参访并祭拜妈祖。

【苗栗慈裕宫镇殿三妈轿更新】

经信众集资68万元新台币，台湾苗栗县竹南镇中港慈裕宫镇殿已使用两百多年的三妈轿更换新轿，6月13日庙方举行了点睛开光，6月20日端午祭江洗港活动时新轿首度出巡亮相。

【雪隆海南会馆举办第24届“养育之恩，永铭我心”双亲节联欢晚宴】

6月14日晚，由雪隆海南会馆妇女团、《星洲日报》及《光明日报》联办的第24届“养育之恩，永铭我心”父母亲节联欢晚宴，在雪隆海南会馆（天后宫）礼堂举行，118名父母在子孙的陪伴下欢庆双亲节，共渡天伦乐。

【范和村迎妈祖过端午】

6月17日，广东省惠州市惠东县稔山镇范和村村民耍鱼灯、舞布龙、担花篮，喜迎妈祖神像从巽寮围返回范和村欢度端午佳节。

【泉港沙格村端午节祭拜妈祖、赛龙舟】

6月20日，福建省泉州市泉港区沙格村举行端午“赛龙舟”。

沙格村举办龙舟赛前有传统的祭神仪式。即祭祀妈祖、祭祀诗人屈原和清官忠臣王忠孝。早上9时，祭祀仪式后，村民们抬出妈祖神像绕村巡游，而后把神像抬到海滩上的观礼台就座，观看龙舟比赛。

【端午节天津天后宫香粽敬妈祖】

6月20日上午，天津天后宫的工作人员和信众向妈祖敬献粽子。

【汕尾海丰举办大德妈祖文化交流暨大湖风光推介会】

6月20日上午，由广东省妈祖文化交流协会、海丰县大湖镇大德祖庙旅游区管理处、大德祖庙理事会主办的大德妈祖文化交流暨大湖风光推介会，在大湖镇大德妈祖庙文化广场举行。海丰县政协副主席、统战部长郑永城和沿海各地妈祖文化交流协会负责人等参加活动。

活动的内容有民俗表演、大德妈祖祭典仪式和马宫山顶大德“五身妈祖”雕像建设启动仪式；在海丰县城举行了散文诗朗诵会；大湖镇实验中学举办大湖风光美术、摄影展。

【端午节霞浦松山村举行“妈祖走水·龙舟竞渡”活动】

6月20日，端午节当天，福建省霞浦县松山村举行“妈祖走水·龙舟竞渡”活动。上午举行了“妈祖走水”习俗活动，下午1时举行龙舟赛。

【美国亚利桑那州大学柏夷教授到厦门朝宗宫参访】

6月22日上午，美国亚利桑那州大学宗教研究系教授、四川大学宗教所特聘教授柏夷先生，在厦门大学哲学系教授黄永锋先生的陪同下到厦门朝宗宫参访。

【澄海樟林古港天后宫到中华妈祖文化研究院参访】

6月23日，广东省汕头市澄海区樟林古港天后宫理事长张悟孝一行六十多人到中华妈祖文化研究院参观访问。

在交流座谈会上，张理事长首先介绍了樟林古港历史沿革和恢复建设情况，并向协会提交入会申请。

【全台祀典大天后宫举办庆祝镇南天上圣母开光百周年文化季活动】

为纪念全台祀典大天后宫镇南妈开光一百周年，6月27日至7月5日，全台祀典大天后宫举办庆祝镇南天上圣母开光百周年文化季活动。活动内容有：

6月27日上午举行开锣典礼暨记者会，并颁发低收入学生奖助金。

6月27日起每天安排一友宫庙摆设华筵，恭宴妈祖。

6月27日至28日举行民俗艺阁绕境，巡游台南市与高雄市各友宫庙。

6月27日至29日举行台湾传统戏曲表演，邀请明华园黄字团歌仔剧团在大天后宫庙埕公演。

6月27日至28日在大天后宫庙前举行艺阵表演。

7月4日至5日举行“镇南天上圣母巡游府城全境”绕境活动。

【台湾“中华大学”学访团到天津天后宫参访】

7月3日下午，台湾“中华大学”35名师生组成的学访团到天津天后宫参访。

【全国政协副主席刘晓峰到天津天后宫参观】

7月3日下午，全国政协副主席刘晓峰在天津市有关领导的陪同下，到天津天后宫参观。

【高雄市青溪总会参访团一行参访天津天后宫】

7月4日下午，台湾高雄青溪总会前理事长杨朝钦率高雄市青溪总会参访团一行到天津天后宫参访。

【统战部归国留学人才研修班到天津天后宫进行考察】

7 月 4 日下午，中央统战部第二期归国留学人才研修班学员在天津南开区委常委、宣传部部长、统战部部长朱树江，南开区文化和旅游局副局长、天后宫管理委员会主任尚洁等领导的陪同下，考察了天津妈祖文化园、天津民俗博物馆、天津天后宫等地。

【台湾工商发展文化协会到天津天后宫参访】

7 月 5 日上午，台湾工商发展文化协会一行到天津天后宫参访，参加第八届津台投资合作洽谈会暨 2015 天津·台湾名品博览会。台湾工商发展文化协会一行参观了天后宫建筑群的主要宫殿，了解了具有津沽文化特点的北方妈祖文化，游览了天津古文化街。

【连江县妈祖文化研究会到秀屿区妈祖文化交流中心参访】

7 月 6 日，福建省连江县妈祖文化研究会杨文健会长一行 5 人到莆田市秀屿区妈祖文化中心参访，开展传播妈祖文化、弘扬妈祖精神的联谊交流活动。

【雪隆海南会馆举办第 27 届天后杯学生象棋个人锦标赛】

7 月 12 日，马来西亚雪隆海南会馆在雪隆海南会馆（天后宫）冷气大礼堂举行第 27 届天后杯学生象棋个人锦标赛。比赛分为小学低年组、小学高年组、中学初中组、中学高中组、家长组。

【首届海峡两岸妈祖文化体验营】

7 月 13 日，由中华全国台湾同胞联谊会、福建省妈祖文化研究会指导，莆田学院主办的首届海峡两岸妈祖文化体验营开营仪式在莆田学院国际学术交流中心举行。莆田市台湾同胞联谊会副调研员郑一希，莆田市台办副主任陈朝英，台湾大学领队、高雄海洋科技大学大陆事务组组长高瑞钟，莆田学院副校长曾文华，莆田学院妈祖研究院院长黄瑞国，莆田学院文化与传播学院党总支书记朱新华等出席开营仪式。开营仪式由文化与传播学院院长孟建煌主持。郑一希宣读了全国台联发来的贺信。陈朝英在开营式上致辞。

首届海峡两岸妈祖文化体验周活动时间为 7 月 12 日至 18 日，来自高雄海洋科技大学、中台科技大学、朝阳科技大学、台湾“中国医药大学”的 14 名学生和莆田学院 15 名学子共同体验妈祖文化。活动内容有妈祖文化讲座，联谊交流，参观考察湄洲妈祖祖庙、贤良港天后祖祠、文峰天后宫、妈祖工艺美术城、懿海园妈祖文化馆、莆田市群众艺术馆，学习莆仙文化等。

【莆田市人大到莆田文峰天后宫视察】

7 月 14 日，莆田市人大常委会副主任林国清带领部分市人大代表到莆田文峰天后宫视察，着重了解文峰天后宫妈祖文化遗产保护传承发展情况。

【大学生暑期社会实践队到莆田调研学习妈祖文化】

● 7 月 5 日至 16 日，仰恩大学组织学生到莆田开展主题为传承妈祖文化，探究新农村经济的暑期社会实践活动。

实践队主要走访莆田学院妈祖文化研究院、中华妈祖文化研究院、妈祖源流博物馆、白沙中学、夹漈草堂等地，了解妈祖文化的传播以及时代发展下湄洲岛旅游经济的发展状况；感受当地中学开展妈祖文化教学以及道家文化与湄洲妈祖文化的不同；了解新农村建设模式下经济的发展，并看望空巢老人。

● 7 月 9 日，中央民族大学王佳婧、黄毓慧同学到莆田学院妈祖文化研究院进行暑期社会实践调查。林明太副院长与同学们进行了主题为“妈祖文化创意产业”的座谈。

● 7 月 11 日，厦门大学管理学院 8 位师生到莆田文峰天后宫调研如何规范宫庙管理及进行妈祖文化交流。

● 7 月 14 号上午，莆田学院土木工程学院暑期社会实践队到莆田市北高镇体验妈祖文化，从实际生活中感受妈祖文化对民众生活的影响。

实践队在北高镇副镇长郑细荣的带领下，走访古建筑万灵宫和埕头灵慈宫，当地群众向实践队讲述了一些妈祖文化对其生活影响的具体事例。

● 7月15日，闽江学院旅游系暑期实践团到湄洲岛体验妈祖文化。队员们先后到湄洲妈祖祖庙、湄洲妈祖文化影视城参观调研，同时还对当地民众和游客进行有关妈祖文化的采访，初步地了解了妈祖文化的发展史。

● 8月14日，中国矿业大学管理学院暑期社会实践团到湄洲岛进行为期两天的实地考察和学习，参观了朝天阁、天后宫、妈祖源流博物馆，听取当地人讲述妈祖的故事。

【雪隆海南会馆组团到福建考察妈祖文化】

7月15日至7月20日，雪隆海南会馆举办三年一度的妈祖灵身回銮活动，组团到湄洲妈祖祖庙谒祖进香，期间还到泉州天后宫拜访与交流，并考察泉州、安溪和福州多间古庙建筑。

【台湾鹿港天后宫、旗山天后宫、桃园龙德宫主委到中华妈祖文化研究院参访交流】

7月16日，台湾鹿港天后宫主委张伟东、高雄旗山天后宫主委叶冠亿、桃园龙德宫主委潘振丰等一行人到中华妈祖文化研究院参访交流。

参访团先在懿明楼举行祭拜仪式。随后，在研究院懿贤楼会议室举行交流座谈。中华妈祖文化交流协会常务副会长林国良、办公室主任苏健、副秘书长蔡承武陪同。座谈会后，高雄旗山天后宫主委叶冠亿、桃园龙德宫主委潘振丰向中华妈祖文化交流协会提交入会申请。

【广东省文物考古研究院到陆丰福山妈祖文化主题园区调研】

7月17日，广东省文物考古研究院以及汕尾市有关文物专家到陆丰市福山妈祖文化主题园区调研。

【广东普宁妈祖文化交流中心一行人到贤良港天后祖祠进香】

7月20日《湄洲日报》报道，广东普宁妈祖文化交流中心组织三百余人护送妈祖神轿到贤良港天后祖祠进香。此次进香，普宁妈祖文化交流中心馈赠《竹报平安》和《喜上眉梢》潮绣之绒绣予贤良港天后祖祠，同时带来民俗文化表演之《英歌舞》。

【台湾梧栖朝元宫举办妈祖文物史料展】

7月22日至7月27日，台中市相关单位与梧栖朝元宫在梧栖区农会产业文化综合大楼六楼举办“2015百年宫庙梧栖朝元宫妈祖文物史料展”。展出的历史文物有梧栖朝元宫镇庙之宝“石香炉”、凤辇、凉伞、锦绣、墨宝、玉玺、凤冠、圣签筒、药签筒、古铜香炉、令旗、木刻版画等。

【广州南沙天后文化学会举办2015“妈祖大学堂”传统文化论坛】

7月25日至31日，广州南沙天后文化学会举办了2015“妈祖大学堂”传统文化论坛。本期妈祖大学堂主题为“爱与诚”，目的是弘扬妈祖精神、传播妈祖文化。

【北京妈祖文化交流协会到莆田文峰天后宫参访】

7月27日，北京妈祖文化交流协会组团到莆田文峰天后宫参访。莆田文峰天后宫管委会主任陈鹭玲组织参访团向妈祖行三献礼。随后，陈鹭玲代表文峰宫向参访团赠送《妈祖圣迹图》画册。

【中华妈祖文化交流协会副会长蔡长奎一行7人到陆丰考察妈祖文化工作】

7月28日至29日，中华妈祖交流协会副会长蔡长奎、福建湄洲妈祖书画院院长林德富一行7人到陆丰福山天后宫参访。中华妈祖文化交流协会常务理事、陆丰市妈祖文化研究会林永欣会长陪同考察了福山天后宫、妈祖主题园区，与陆丰市宣传部门交流妈祖文化工作，到陆丰市“正字戏传承中心”调研。

【2015海峡两岸妈祖文化寻根之旅】

8月3日至4日，主旨为“中华妈祖情·两岸一家亲”的“2015海峡两岸妈祖文化寻根之旅”活动，在福建霞浦松山天后行宫举行。台湾120多家妈祖宫庙约600人与当地信众一道参加了活动。

【2015北港成年礼活动】

8月16日上午，由台湾云林县指导，北港镇公所、北港朝天宫主办，笨港妈祖文化基金会、笨港合和民俗发展协会承办的“2015北港成年礼活动”在北港朝天宫庙前文化广场举行。380名北港地区年满16岁的男女青年参加了成年礼活动。

【《梨园京韵颂妈祖》《湄洲渔女》等舞蹈节目在湄洲妈祖文化影视园海韵阁展演】

8月16日下午，由宁德畲族歌舞团副团长雷胜辉及钟林荔老师指导，妈祖祖庙天后艺术团排练的《梨园京韵颂妈祖》《湄洲渔女》等舞蹈节目在湄洲妈祖文化影视园海韵阁展演。

【“中国梦·兴安情·妈祖缘”文艺演出在马来西亚举办】

8月16日至18日“中国梦·兴安情·妈祖缘”文艺演出先后在马来西亚吉隆坡、马六甲两地举办。本次活动由莆田市人民政府主办，莆田市文化广电新闻出版局、莆田市侨联和马来西亚兴安总会、雪隆兴安会馆、马六甲兴安会馆共同承办，旨在贯彻“一带一路”倡仪，弘扬莆仙文化，联络在外乡亲感情。

【厦门朝宗宫举行成年礼】

8月20日（农历七月初七）下午，厦门朝宗宫为45名16周岁的青少年举行成年礼仪式。

出席成年礼的领导有厦门市民宗局许河山处长、厦门市文化馆黄念旭副馆长、思明区民宗局张兴局长、厦港街道龚家涛副主任、思明区委报道站方文杰站长、思明区文化馆王磊馆长、思明区台办苏硕民科长。

【安平开台天后宫兴办“圆满十六岁·欢喜转大人”活动】

8月20日上午8点至12点，台湾安平开台天后宫与安平观音亭、安平区公所联合举办“圆满十六岁·欢喜转大人”活动。除了穿越时空隧道接受跨越时空的祝福外，并按传统仪式举行拜妈祖、拜观音佛祖、拜中坛元帅、奉茶谢亲恩、走花道及出鸟母宫、安平老街巡礼及登王城等活动。

【汕尾比干慈善事业促进会筹委会到陆丰龟山天后宫园区参访】

8月25日，广东省汕尾比干慈善事业促进会筹委会组成人员到陆丰龟山天后宫园区参访。

【台湾北港朝天宫董事长蔡咏锝等妈祖宫庙负责人，受邀参加纪念中国人民抗日战争暨世界反法西斯战争胜利70周年阅兵式等纪念活动】

中共中央台湾事务办公室、国务院台湾事务办公室邀请台湾北港朝天宫董事长蔡咏锝、鹿港天后宫主委张伟东、台湾妈祖联谊会会长郑铭坤等妈祖宫庙负责人，参加9月3日在北京举行的纪念中国人民抗日战争暨世界反法西斯战争胜利70周年阅兵式等纪念活动。

【连江县妈祖文化研究会拜会林国良】

9月3日，连江县妈祖文化研究会一行8人，在会长杨文健带领下到莆田拜会中华妈祖文化交流协会常务副会长林国良，就当前妈祖文化研究及闽台妈祖宫庙编撰进展情况进行了汇报，听取林国良副会长的意见。

【南京市、汕头市两妈祖文化交流协会到中华妈祖文化研究院参访】

9月8日上午，南京市妈祖文化交流协会会长王隆京一行12人到中华妈祖文化研究院参访，中华妈祖文化交流协会常务副会长林国良陪同。

当天，汕头市妈祖文化交流协会副会长林楚洪一行也到研究院参访，并一同参加了座谈交流。

【“飞虎英雄”陈炳靖到中华妈祖文化研究院参访】

9月8日下午，唯一健在的中国“飞虎英雄”、98岁高龄的陈炳靖时隔三十年再次回乡省亲，专程到中华妈祖文化研究院参访。

【台湾鹿港天后宫主委张伟东一行到中华妈祖文化研究院参访】

9 月 13 日，台湾鹿港天后宫主委张伟东一行到中华妈祖文化研究院参访，协会常务副会长林国良、副秘书长蔡承武陪同。张伟东此行主要汇报了鹿港天后宫与朴子配天宫将于 12 月 26 日至 27 日举办联合绕境活动的情况。

【“2015 北台湾妈祖文化节”】

9 月 13 日，“2015 北台湾妈祖文化节”在台北关渡宫开幕。此次文化节活动持续到 9 月 19 日，活动内容有妈祖巡游淡水河洒净祈福、关渡欢迎嘉年华文艺展演、恭迎妈祖莅临迎驾古礼祭踩街祈福、人文创意市集和关渡时光走廊展览等内容。来自台湾 9 县市的 23 座宫庙妈祖、50 多个表演艺阵参与了文化节活动。

【《中华妈祖》杂志社到陆丰市妈祖文化研究会调研】

9 月 12 日，《中华妈祖》杂志社领导和采编人员到广东省陆丰市妈祖文化研究会调研，与陆丰市妈祖文化研究会有关人员进行了座谈，并参观考察了福山天后宫及山峰的“妈祖圣迹雕像群”。

【首届“中国梦·妈祖情”全国书画大赛启动】

由汕头市妈祖文化交流协会主办、《潮人风采》杂志社承办的首届“中国梦，妈祖情”全国书画大赛，从 9 月 12 日起至 12 月 31 日，向全国各地书画界人士、爱好书画艺术收藏者、热心人士征集书画作品。活动将通过系列书画交流展览和专题拍卖活动，动员社会力量，提升关注民生、服务大众、奉献大爱，增强文化认同感、社会认同感、信仰认同感、民族凝聚力，发扬妈祖“立德、行善、大爱”的传统美德，让妈祖精神造福天下百姓。

【第十八届中国（象山）开渔节——石浦港妈祖巡安】

9 月 15 日晚，第十八届中国（象山）开渔节的活动内容之一，石浦港妈祖巡安仪式在石浦港举行。本次巡安船队由 9 艘渔船组成，有肃静回避、妈祖巡安、台东如意、吉祥渔港、一帆风顺、鱼虾满仓、年年有余、善待海洋、渔港古城九个主题。台东县的渔民代表及停泊在港区内的 1500 艘渔轮参与了此次活动。

【陆丰市妈祖文化研究会举办“缤纷跑”】

9 月 20 日下午，由广东陆丰市妈祖文化研究会、陆丰市米果文化传播和喜佳缘婚庆策划有限公司主办的“陆丰活力新形象 · 米果缤纷跑”活动在陆丰市政府广场举行，当地一千多名民众参加。全程 4 公里，活动不设规矩，不计时间，途中设置 4 个不同颜色彩色颜料喷洒站，每过一个站都会有工作人员向参与者喷洒水溶性环保颜料表示祝福。

【台湾佛光山如常法师参访中华妈祖文化研究院】

9 月 21 日，台湾佛光山如常法师一行到中华妈祖文化研究院参访，中华妈祖文化交流协会常务副会长林国良陪同。

如常法师代表佛光山邀请中华妈祖文化交流协会参加 12 月 25 日在台湾佛光山举办的各路神明大联谊活动。

【北港朝天宫、高雄道德院到庐山天后宫参访】

9 月 23 日上午，在台湾北港朝天宫副董事长蔡辅雄、台湾高雄道德院三清太乙宗师翁太明主持带领下，台海道教界及群众团体一百多人，应邀从江西龙虎山来到庐山开天古观和庐山天后宫参访。

【第四届浙台（苍南）妈祖文化节】

9 月 25 日，由浙江省苍南县坑尾妈祖庙董事会主办，台湾北港朝天宫董事会协办，以“弘扬中华妈祖文化 · 促进浙台交流合作”为主题的第四届浙台（苍南）妈祖文化节在苍南县妈祖园文化广场开幕。来自浙江省民宗委、文化厅、文物局，温州市民宗局、文广新局、台办，中华妈祖文化交流协会、台湾北港朝天宫的嘉宾及海峡两岸的妈祖信众数千人参加了开幕式。

开幕式上，浙江省和温州市相关部门的领导、湄洲妈祖祖庙及中华妈祖文化交流协会的领导、台湾北港朝天宫、温州苍南县坑尾妈祖庙董事会领导先后发表祝辞。文化节为期两天，活动内容有祈福大典、两岸妈祖文化论坛、妈祖平安宴等。

【2015“妈祖之光 · 情深似海”大型电视主题晚会在台湾花莲县港天宫举办】

9月27日，2015“妈祖之光 · 情深似海”大型电视主题晚会在台湾花莲县港天宫举办。这是“妈祖之光”品牌晚会第一次在台湾东部地区举办。晚会共分为“人 · 海”“家 · 海”“月 · 海”三个篇章，凸显“中秋团圆”意味。

晚会由中华广播影视交流协会、中华文化联谊会、福建省广播影视集团、莆田湄洲妈祖祖庙、台湾花莲港天宫联合主办。

【2015大甲镇澜宫举办妈祖契子祝寿大团圆活动】

9月27日上午，台湾大甲镇澜宫举办妈祖契子祝寿大团圆活动，认妈祖为母的义子女回到大甲镇澜宫参加祭典，吃寿桃寿面。

【台湾妈祖联谊会第35届会员大会】

10月3日上午，台湾妈祖联谊会在台湾和平区福寿山农场举行第35届会员大会。新加坡和香港特别行政区、厦门等地的妈祖庙派员参加。

【泰国泰北华裔学生到台北朝天宫参访】

10月3日至11日，“泰国泰北文教推广协会”与“泰国皇太后大学汉语学院”共同举办“泰友文化飨宴”，邀集泰北华裔学生到台湾进行文化交流，参访台湾的学校、寺庙、文教设施。参访团共有学生、老师与地方人士17人。

【厦门朝宗宫举办谢礼等传统古礼体验活动】

10月4日下午，厦门朝宗宫举办传统古礼体验活动。一个多月前，刚刚参加“十六岁成年礼”活动的青少年们再次回到朝宗宫，共同学习中华民族的传统古礼文化——DIY花灯、射礼、投壶、拜月等。

【台湾“中华海峡两岸一家亲交流促进会”到莆田文峰天后宫参访】

10 月 6 日，台湾“中华海峡两岸一家亲交流促进会”陈汉光理事长率 18 人到莆田文峰天后宫进香参访。

【海南省刘赐贵省长到雪隆海南会馆（天后宫）参访】

10 月 9 日，在马来西亚海南会馆联合会会长拿督林秋雅陪同下，海南省刘赐贵省长一行 6 人到雪隆海南会馆（天后宫）参访。雪隆海南会馆会长丁才荣博士及众理事于天后宫礼堂外迎接。

【新西兰福建商贸恳亲团一行到中华妈祖文化研究院参访】

10 月 13 日下午，新西兰福建商会陈福祥会长、新西兰妈祖文化交流协会冯一飞会长率新西兰福建商贸恳亲团一行到中华妈祖文化研究院参访，中华妈祖文化交流协会常务副会长林国良陪同。

【深圳、惠州妈祖文化考察团到粤东开展妈祖文化交流】

10 月 15 日至 16 日，中华妈祖文化交流协会理事、深圳龙岗天后古庙顾问陈永腾和惠州巽寮天后宫理事会甘玉明会长带领两地妈祖信众组成的文化考察团，先后到达粤东陆丰福山天后宫、陆丰虎岛天后宫、普宁涂坑妈祖庙、澄海樟林古港天后宫等地进行妈祖文化交流，探讨如何拓宽妈祖文化传播渠道，普及和深化妈祖文化教育等相关事项。

【长岛县县长率考察团到中华妈祖文化研究院参访】

10 月 16 日下午，山东长岛县县长刘树军率考察团一行到中华妈祖文化研究院参访交流，中华妈祖文化交流协会常务副会长林国良陪同。

【莆田市荔城区政府向文峰天后宫赠送牌匾感谢天后宫对区精神卫生事业的捐助】

10 月 22 日下午，莆田市荔城区副区长蔡国萍带领区民宗局、卫生局领导和区精神病防治院院长向莆田文峰天后宫送上一块印有“行善积德，造福社会”的牌匾，感谢文峰天后宫对荔城区精神卫生事业的捐助。

【2015 冈山妈祖文化节】

10 月 24 日至 25 日，台湾高雄寿天宫举办 2015 冈山妈祖文化节。活动内容有踩街表演比赛、团体彩妆造型比赛等。

【第十七届“中国·湄洲妈祖文化旅游节”暨妈祖羽化升天 1028 周年纪念活动】

第十七届“中国·湄洲妈祖文化旅游节”暨妈祖羽化升天 1028 周年纪念活动由福建省文化厅、福建省旅游局、莆田市政府联合主办；由湄洲岛国家旅游度假区管委会、莆田市文化广电新闻出版局、莆田市旅游局、莆田市台办承办；由中华妈祖文化交流协会、湄洲妈祖祖庙董事会、台湾妈祖联谊会、台湾鹿港天后宫协办。活动时间为 10 月 21 日至 11 月 21 日。活动内容有第十七届中国·湄洲妈祖文化旅游节开幕式、乙未年秋祭妈祖大典、两岸信众护驾妈祖金身巡安湄洲、央视“心连心”艺术团慰问演出、中华妈祖文化交流协会会员大会、妈祖文化诗歌朗诵会、“妈祖情·‘海丝路’”旅游推介大会、海上丝绸之路书画展、邮票展、妈祖文化国际学术论坛、湄洲岛“平安祈福”风铃季等。

● 10 月 20 日下午，中央电视台“心连心”艺术团组织小分队在湄洲岛圣旨门广场举行慰问演出，10 月 21 日下午 3 时，中央电视台“心连心”艺术团在莆田工艺美术城举行慰问演出。

● 10 月 21 日上午 9 时 30 分，以“妈祖光辉‘海丝’风顺”为主题的第十七届中国·湄洲妈祖文化旅游节在湄洲岛天后广场开幕。十届全国政协副主席、中华妈祖文化交流协会会长张克辉，中国侨联顾问、中华妈祖文化交流协会副会长林兆枢，福建省政协原副主席李祖可，中央电视台大型节目制作中心领导，泰国驻厦门总领事馆代总领事孟坤，福建省人大常委会委员、中华妈祖文化交流协会顾问林光大，福建省侨办主任杨辉，中国侨联副主席、福建省侨联主席王亚军，福建省台湾同胞联谊会会长江尔雄，福建省政协原副秘书长、办公厅主任陈新华，莆田市领导周联清、翁玉耀、林庆生、陈立华、李飞亭、郑春洪、程强、祁永信、王强，中华妈祖文化交流协会常务副会长林国良，中华妈祖文化交流协会副会长、台湾鹿港天后宫主任委员张伟东以及来自“海丝”沿线国家及两岸妈祖信众一万多人参加了开幕式。市长翁玉耀主持开幕式。

莆田市委书记周联清在致辞时表示，莆田已经成为台湾同胞来大陆投资兴业、旅游朝圣的主要地区之一，目前有143家台资企业在莆投资发展，去年来湄洲岛朝拜的台湾同胞近三十万人。作为海峡两岸一项重要旅游盛事，今年妈祖文化旅游节还注重融入“海丝”元素，主题更加突出，规模更加宏大。希望以此次旅游节为契机，抓住中央支持福建加快发展的重大历史机遇，进一步拓展莆台经贸、文艺演出、休闲娱乐等合作，密切两岸青年学生的交流交往。

开幕式上，中国侨联授予湄洲妈祖祖庙“中国华侨国际文化交流基地”牌匾。

开幕式后，举行了乙未年秋祭妈祖大典，参加开幕式的领导嘉宾代表向妈祖敬献花篮。

● 10月21日上午11时，两岸妈祖信众护驾祖庙妈祖金身绕境巡安湄洲岛起驾仪式在天后广场举行。巡安队伍沿袭古制，以扫街、哨角、大灯、清道旗等执事为阵头，由祖庙护驾团、鹿港方阵、民俗表演方阵、湄洲岛14个宫庙方阵、彩车方阵、马队方阵等数千人组成。巡安活动持续两天，绕岛一周。

鹿港方阵由台湾鹿港天后宫恭请康熙二十二年时分灵至鹿港天后宫的湄洲妈，并组织鹿港提灯队、震天鼓和护驾团在内的600名台湾妈祖信众组成。

● 10月21日下午，中华妈祖文化交流协会2015年年会在福建省莆田湄洲岛国际大酒店三层会议厅举行。会议秉承“世界妈祖同一人，天下信众共一家”的创会理念，围绕“用妈祖文化弘扬妈祖精神，用妈祖精神传播妈祖文化”的办会宗旨，汇报工作，总结经验，部署任务。

十届全国政协副主席、中华妈祖文化交流协会会长张克辉，十一届全国政协常委、原全国侨联主席、中华妈祖文化交流协会副会长林兆枢，福建省政协副主席李祖可，福建省人大常委会常委、中华妈祖文化交流协会顾问林光大，中共莆田市委副书记陈立华，中华妈祖文化交流协会常务副会长林国良，莆田市人大副主任王玉芳，莆田市政协副主席王玉宝，中华妈祖文化交流协会副会长蔡长奎、张伟东、赵柳成等出席大会。来自新西兰、澳大利亚、新加坡等国家，中国台湾及香港、澳门特别行政区，以及天津、上海、广东、山东、广西、河南、福建、江西、江苏、贵州、湖南、海南等十多个省、直辖市、自治区共有670多个会员单位，760多名妈祖文化机构代表参加会议。

会议由林国良主持。陈立华代表莆田市委、市政府致辞。林兆枢代表中华妈祖文化交流协会理事会作了《协会理事会2014—2015年工作报告》。报告从推进联谊交流，构建共同精神家园；拓宽传播渠道，扩大妈祖文化宣传；扩展研究视域，彰显妈祖精神价值；践行大爱精神，致力公益慈善事业；加强自身管理，提升整体服务水平等五个方面，总结了2014—2015年的工作，并对下一年度的工作提出计划。

张克辉在讲话中要求在今后的工作中，一要把和合包容作为为人处世的态度，共同推动妈祖文化繁荣发展；二要把心灵契合作为福利社会的主线，共同构建中华民族精神家园；三要把崇德向善作为福利社会的主线，共同服务平安和谐社会建设；四要把弘义奉献作为实际运作的准则，共同维护妈祖崇高形象。

● 10月21日，海峡两岸共同举办的“平安祈福”风铃季在湄洲岛开幕。

此次风铃季活动共展示各色风铃9999串，其中陶瓷风铃数量最多，有50多种样式，其余是东巴风情风铃、贝壳风铃和金属风铃。从湄洲岛码头到妈祖祖庙大牌坊，一路设置13个风铃展区。在妈祖平安礼品店和大牌坊主展区设有风铃售卖点。本次风铃季将展示至11月底。

● 10月22日下午3时30分，在湄洲岛海景大酒店举办旅游营销政策发布会。

● 10月23晚，“大爱妈祖”诗歌朗诵会在莆田广电中心举行。市委副书记陈立华，市委常委、宣传部长吴桂芳，中华妈祖文化交流协会常务副会长林国良等观看了朗诵会。

整场诗歌朗诵会分为《序》以及《妈祖故里》《大爱无疆》《天下妈祖》三个篇章。朗诵了陈章汉《妈祖颂》、哈雷《故乡的岛屿》、刘登翰《妈祖》、落蒂《无所不在的神恩，咏妈祖》、欣桐《大爱女神》、朱谷忠《我心中的妈祖》、蓝光《妈祖，我心中的神灵》等诗篇。

● 10月31日至11月2日，首届妈祖文化高峰论坛——2015年国际妈祖文化学术研讨会在湄洲岛举行。

●11 月 26 日上午，“‘海丝路’·妈祖情”摄影艺术展与书法展在福建省莆田湄洲岛举行。福建省台办副主任、省台联党组书记蔡尔申，福建省文联顾问、省书协主席陈奋武，莆田市领导祁永信、吴桂芳、张丽冰出席。

展览由福建省文联、福建省台联、福建省书协、莆田市委宣传部联合主办，分为书法展及摄影艺术展两部分。展出著名书画家作品百余幅，摄影作品两百多幅。同时，历史上第一幅唐卡妈祖圣像也在展览中展出。

【第十三届澳门妈祖文化旅游节】

●由澳门中华妈祖基金会主办、陕西省协办的第十三届澳门妈祖文化旅游节，10 月 21 日上午在澳门妈祖文化村开幕。全国政协副主席何厚铧出席并宣布文化旅游节开幕。澳门特别行政区代理行政长官陈海帆，中央人民政府驻澳门特别行政区联络办公室主任李刚，陕西省政协主席马中平，中央统战部副部长林智敏，全国政协港澳台侨委员会副主任郑立中，陕西省副省长王莉霞，中国外交部驻澳门特别行政区特派员公署副特派员潘云东，澳门立法会主席贺一诚，澳门中华妈祖基金会主席颜延龄等出席。马中平、颜延龄先后在开幕式上致辞。

开幕式上，陕西省文艺工作者表演了“大唐礼宾”“有朋自远方来”“安塞腰鼓”等歌舞节目。

本届澳门妈祖文化旅游节持续至 10 月 22 日，活动内容有开幕式、妈祖祭典祈福仪式、妈祖绕境巡游、驻驾佑汉公园祈福仪式等。

【台湾妈祖巡狩海域文化节】

10 月 21 日至 10 月 23 日，全台祀典大天后宫举办“台湾妈祖巡狩海域文化节”。台湾云林以南以及大陆泉州霞州妈祖庙、莆田文峰天后宫共 24 间宫庙参加了活动。10 月 21 日，全体参加活动的宫庙神轿先在高雄蚵仔寮境内绕境，然后进行为期两天的祈福法会。

10 月 23 日凌晨 2 时开始妈祖巡海绕境仪式，参加巡狩海域的 22 间宫庙船只，从高雄蚵仔寮港出海，经高雄旗津海域后北转台南沿海，10 点在台南马沙沟将军港上崖坡，上岸后沿滨海公路巡游。

【非洲学生到雪隆海南会馆（天后宫）参访】

10月25日，SEAMEO RECSAM 非洲学生一行28人在导师 S Kanageswari Suppiah Shanmugam 和 Hideo Nakano 的带领下到马来西亚雪隆海南会馆（天后宫）参访。雪隆海南会馆副会长周昌进、公关主任朱仕兴、副教育主任符永道及理事黄靖胜一起陪同。

【莆田文峰天后宫举行文艺活动迎接该宫妈祖金身赴台回銮】

10月25日晚，莆田文峰天后宫举行文艺踩街活动，迎接该宫妈祖金身赴台湾参加“台湾妈祖巡狩海域文化节”回銮。

10月26日晚，莆田文峰天后宫在新殿广场举行妈祖赴台狩海巡安回銮晚会。晚会节目内容有莆田市非遗传承戏剧迎神剧目《大五福》、民间歌舞剧《海神林默娘》等。

在台期间，文峰天后宫妈祖金身先后驻跸台南大天后宫、蚵仔寮朝天宫、马沙沟李圣宫、高雄新庄天后宫。

【第二届永春慈孝文化节】

10月25日，第二届永春慈孝文化节暨“天心杯”孝心少年表彰活动在福建省永春县东关镇外碧村陈坂宫开永妈祖庙举行，表彰了29名“孝心少年”。

【新北市板桥镇圣宫等5家台湾宫庙及机构到妈祖故里联谊交流】

● 10月25日上午，新北市板桥镇圣宫、圣昭天上圣母会等5家台湾宫庙及机构一行五十多人到福建省莆田市秀屿区妈祖文化交流中心联谊交流。中华妈祖文化交流协会常务副会长林国良也应邀参加。

交流活动除举行祭拜妈祖仪式、共享平安家宴外，还进行缔结“至亲家庭”活动。秀屿区妈祖文化交流中心主任詹金炉一家分别与台湾北港蔡辅雄一家、林金辉一家、林施湖一家结为至亲家庭，邀请台湾3个家庭到家中做客、参观、交流，以“聊家常、叙情缘、祈福祉、展未来”为主题，开创了两岸交流新渠道、新形式。

● 10 月 25 日下午，5 家台湾宫庙及机构到中华妈祖文化研究院参访交流，中华妈祖文化交流协会常务副会长林国良陪同。当天，板桥镇圣宫、圣昭天上圣母会及北港圣天宫妈祖像驻跸研究院。

【金门县妈祖宫庙文化发展协会参访团到福建参访】

10 月 26 日，金门县妈祖宫庙文化发展协会参访团一行 26 人到中华妈祖文化交流协会参访。中华妈祖文化交流协会常务副会长林国良接待了参访团成员。参访团首先在懿明楼举行祭拜妈祖仪式并参观懿明楼，接着在懿贤楼三楼会议室举行座谈。随后，双方互赠礼品并合影留念。之后，参访团一行前往厦门朝宗宫参访。

参访团成员由来自台湾料罗顺济宫、峰上天后宫、官澳龙凤宫、南门妈祖会、四墩天后宫、南门天后宫、湖下双忠庙等宫庙代表组成。

【湄洲岛首届彩虹跑】

10 月 31 日上午，妈祖文化影视城、湄洲妈祖微官网联合在湄洲岛举办首届彩虹跑活动。彩虹跑活动始发点祖庙正面牌坊，终点妈祖影视城。主要有盖章活动、喷粉活动、手印墙活动、彩粉大战、赠饮活动、寻宝活动等。

【台湾莆仙同乡会到湄洲妈祖祖庙寻根谒祖】

10 月 31 日上午，台湾山水人文学会执行长吴智庆率领台湾莆仙同乡会一行 22 人到湄洲妈祖祖庙寻根谒祖。湄洲妈祖祖庙吴国春副董事长与台湾莆仙同乡会一行进行了座谈，双方围绕湄屿文化、莆仙妈祖民俗风采、历史沿革、语言文化、服饰发髻、戏曲歌谣等进行交流。

【辽宁省东港市妈祖文化交流协会到湄洲妈祖祖庙联谊】

10 月底，辽宁省东港市妈祖文化交流协会一行 15 人，在宁永亮会长的率领下，到湄洲妈祖祖庙联谊交流。湄洲妈祖祖庙林金赞副董事长及周金琰常务董事进行接待并出席了座谈会。宁永亮会长首先介绍了东港妈祖文化的情况。林金赞副董事长从祖庙领导班子组建、祖庙景区建设、节日活动举办和政府支持等方面向东港妈祖文化交流协会作了介绍。座谈会后，双方互赠礼物。

【“妈祖缘 · 同胞情 · 城厢美”两岸书画精品大巡展】

9月8日至13日，由莆田市台办指导，莆田市城厢区台办、莆田市妈祖书画院、福州大雅堂等单位主办的“妈祖缘 · 同胞情 · 城厢美”两岸书画精品大巡展在福州三坊七巷举行，共展出两岸书画作品一百多幅。

11月2日到11月12日，“妈祖缘 · 同胞情 · 城厢美”两岸书画精品大巡展在福建省莆田市城厢区正和文化艺术馆举行。开展首日，除了书画展外，还有书画笔会环节，数位著名的两岸书画家现场献艺。

【长岛妈祖文化参访团到台湾参访】

11月2至11月6日，山东省烟台市长岛县委书记张延廷带领“长岛妈祖文化赴台参访团”一行7人到台湾进行文化交流活动。

文化交流活动期间，参访团先后拜访了台湾北港朝天宫、澎湖马公天后宫、台北板桥镇圣宫和桃园慈护宫等台湾地区具有代表性的妈祖宫庙，重点考察了台湾地区的妈祖宫庙与妈祖文化发展状况，学习台湾宫庙民间管理、社会监督、自主经营相结合的运行管理经验，同时举行了“北港—长岛妈祖文化交流回顾恳谈会”互动交流活动，并就妈祖文化与旅游的结合和旅游产业发展主题赴澎湖列岛进行学习考察。

【韩国顺天乡大学朴现圭教授到中华妈祖文化研究院参访交流】

11月3日上午，韩国顺天乡大学中文科教授朴现圭先生到中华妈祖文化研究院参访。中华妈祖文化交流协会常务副会长林国良、学术部主任周金琰接待了朴教授，接受朴先生加入中华妈祖文化交流协会的申请。

【台湾妈祖联谊会在山东威海参观考察】

11月5日至6日，台湾妈祖联谊会会长郑铭坤率该会一行34人，在山东威海参观考察。威海市台办主任于连波、副主任刘新亭会见台湾妈祖联谊会一行，介绍了威海经济社会发展情况及威台经贸文化各领域交流情况。

台湾妈祖联谊会一行到刘公岛海峡两岸交流基地考察，参观了中国甲午战争博物院及其陈列馆、北洋海军水师衙门等历史文化遗迹，并在中国甲午战争博物院内祭祀了妈祖。

【湄洲岛参加“第十届海峡两岸台北旅展”】

11月6日至9日，由海峡两岸旅游交流协会与台湾观光协会共同主办的“第十届海峡两岸台北旅展”在台北世贸中心举办。莆田湄洲岛作为福建参展商代表之一，以妈祖文化为主线，向台湾民众推出湄洲岛旅游纪念品、精品旅游线路、湄洲岛旅游宣传册等。

【台湾妈祖文化交流团到福建永定洪坑天后宫参访】

11月7日，台湾云林麦寮拱范宫主任委员张克中带领台湾妈祖文化交流团一行120人，捧着一尊云林麦寮拱范宫的黑脸妈祖，到福建省永定县湖坑镇洪坑天后宫参访。

此次妈祖文化交流团由台湾云林、台中、高雄、台北的9个妈祖宫庙组成。

【国家海洋局局长到中华妈祖文化研究院调研】

11月8日上午，国家海洋局局长、党组书记王宏到中华妈祖文化研究院调研，福建省渔业局厅长吴南翔，中共莆田市委书记周联清、莆田市人民政府市长翁玉耀等领导陪同。中华妈祖文化交流协会常务副会长林国良接待调研团。

调研团首先在懿明楼瞻仰妈祖神像，了解妈祖文化在海洋建设和海洋发展中的历史贡献及传承情况和重要意义。接着在懿贤楼会议室举行“妈祖与海洋文化调研”专题座谈会。

座谈会由中共莆田市委书记周联清主持。中华妈祖文化交流协会常务副会长林国良提出了四点建议。一是设立“妈祖海洋文化”专题研究，列入社科议题，填补中国海洋文化研究中的空白。二是举办“国际妈祖与海洋文化”研讨会或论坛。三是把2015年以来有关妈祖与海洋文化的文章收集汇编。四是关心莆田兴化湾南岸建设，把南日岛列为“国家海洋生态文明示范区”建设。

王宏在总结时指出，妈祖文化是海洋民俗文化的一个核心组成部分，是中华民族优秀传统文化，是海峡两岸心灵沟通的精神桥梁和纽带，推动以妈祖文化为内涵的海洋文化建设，意义重大。协会的建议具有建设性和可操作性，着眼长远规划，将努力推动跟进。

会后，协会赠送《妈祖文献史料汇编》等文献给国家海洋局收藏。

【马六甲兴安会馆暨兴安天后宫恳亲团到湄洲妈祖祖庙参访】

11月12日上午，马来西亚马六甲兴安会馆暨兴安天后宫恳亲团一行70人到湄洲妈祖祖庙参访。湄洲妈祖祖庙吴国春副董事长接待了恳亲团并互赠纪念品。

【台湾2015两岸集邮联谊参访团一行到湄洲妈祖祖庙进香】

11月14日，台湾2015两岸集邮联谊参访团一行14人到莆田进行艺文交流。

当天上午，参访团一行自厦门到湄洲妈祖祖庙进香。之后，莆田市集邮协会在秀屿区临港工业园区举办海峡两岸集邮联谊交流会。为纪念本次活动，莆田市邮政局启用了竖式联体纪念戳一种，采用蓝色油墨。戳图以妈祖、信件、握手为主要元素构成，彰显两岸妈祖邮缘一线牵的主题。

【广州南沙天后文化学会参访团一行到莆田开展妈祖文化交流】

11月20日至22日，广州南沙天后文化学会参访团一行32人，在学会常务副会长陈镇洪的带领下到莆田开展妈祖文化交流。

参访团一行先后到湄洲妈祖祖庙、莆田文峰天后宫、中华妈祖文化研究院、莆田学院妈祖文化研究院、白湖顺济庙考察访问。

【第五届“昆山妈祖杯”慢速垒球邀请赛】

11月21日，第五届“昆山妈祖杯”慢速垒球邀请赛在昆山慧聚寺垒球公园举行。此次比赛共有来自海峡两岸22支慢速垒球队参赛。海峡两岸关系协会会长陈德铭、原中国国民党主席朱立伦、海基会董事长林中森分别发来贺信。

【莆田俚歌《湄洲妈祖颂》获福建省首届“丹桂奖”曲艺（电视）大赛业余组节目奖一等奖】

11 月 22 日晚，由福建省文联、福建省文化厅主办，福建省曲艺家协会承办的福建省首届“丹桂奖”曲艺（电视）大赛业余组比赛在福建晋江落下帷幕。由湄洲妈祖祖庙选送的莆田俚歌《湄洲妈祖颂》获得业余组节目奖一等奖。

莆田俚歌《湄洲妈祖颂》，以莆田俚歌板鼓的说唱曲艺形式，讲述妈祖生前慈善为怀、济世救人和羽化为神后守望“海丝”、护国庇民的故事。

【台湾“中华妈祖俗信文化研究中心”修正组织规程】

11 月 26 日，台湾“文化艺术界联合会”第二届理事会第四次会议通过了修正台湾“中华妈祖俗信文化研究中心”的组织规程，增列一项“在名誉主任一人之外，得聘任荣誉主任若干人”。经全体理事讨论后新聘了 24 位荣誉主任，其中 16 席保留给“2015 海峡两岸妈祖信众祈福行”拜谒过的台湾地区标志性宫庙的管理人员。陆炳文兼任台湾“中华妈祖俗信文化研究中心”名誉主任。

【莆田赤柱妈祖宫与台湾桥堡通济宫缔结为姐妹宫】

11 月 28 日，福建莆田市荔城区英龙居委会北河的赤柱妈祖宫与台湾台南市桥堡通济宫在赤柱妈祖宫举行缔结姐妹宫仪式。中华妈祖文化交流协会常务副会长林国良、莆田妈祖文化交流促进会会长何玉春、副会长朱鸿霖应邀参加活动。仪式上双方还互赠了纪念匾额。

【广东省第二届南粤妈祖文化活动周】

广东省第二届南粤妈祖文化活动周，由广东省妈祖文化交流协会主办、台湾北港朝天宫协办。活动时间为 11 月 28 日至 12 月 2 日，以“海峡两岸，欢聚汕尾，同谒妈祖，同梦中华”为主题。这次活动分别在汕尾市区、红海湾经济开发区、海丰县和陆丰市四个地点举行。主会场设在汕尾市马思聪艺术中心。

11月29日，第二届南粤妈祖文化活动周在汕尾市区举行。来自福建、香港、澳门、台湾等地的五十多个妈祖宫庙代表和全国各地妈祖信众、游客共三千多人参加了开幕式。

开幕当天，汕尾市区举行了妈祖绕城巡游、祈福典礼、“崇尚妈祖文化，断恶修善，远离毒品”妈祖文化大讲堂、“弘扬妈祖文化，助推21世纪海上丝绸之路建设”研讨会以及“妈祖缘两地情”大型文艺晚会等活动。

【海峡两岸关系协会会长陈德铭率团到大甲镇澜宫参访】

11月30日，海峡两岸关系协会会长陈德铭率海协会交流团到台湾访问，首站即赴台中大甲镇澜宫参访。大甲镇澜宫副董事长郑铭坤率庙方人员接待。

【上杭县官庄畲族乡福泉村天后宫发现一副用字偏僻的对联】

11月，施工人员在对福建省龙岩市上杭县官庄畲族乡福泉村天后宫修葺时，发现石门楼上石灰下有一副用字偏僻的对联——“绅笏冕旒尊弥竖亥，江淮河海群乐夷庚”。

【第二届我爱妈祖全球儿童画大赛圆满落幕】

12月11日下午，“妈祖缘·中国梦——第二届我爱妈祖全球儿童画大赛”评选结果揭晓。中国台湾王辰瑜的《妈祖女神和她的驾前护卫》、福建省莆田市杜露兮的《妈祖护航》、福建省福清市王旭雪的《妈祖大爱》等三幅作品获得少年组一等奖；美国欧金瑞的《妈祖护佑 祖国平安》、澳大利亚许尔烁的《世界的妈祖》、福建省连江县林芷妍的《“荷”天下》等三幅作品共同获得幼儿组桂冠。

本届全球妈祖文化儿童画大赛，自2014年7月启动以来，大赛组委会收到了来自韩国、澳大利亚、新西兰、荷兰、美国及中国台湾、澳门特别行政区、福建、安徽、江苏、上海、湖北、广西、广东、天津等地的投稿作品共480幅。

【天津天后宫召开理事大会】

12月14日，天津天后宫召开理事大会，理事会秘书长赵娟向理事们通报了天津天后宫金身妈祖筹建情况和下一阶段筹资计划。

金身妈祖筹建计划自今年5月份启动，计划用一年时间，用筹集到的资金修建一尊32.3厘米的纯金妈祖像。

【湄洲妈祖祖庙董事会到各地宫庙拜早年】

12月15日至17日，湄洲妈祖祖庙林金赞副董事长携祖庙部分董监事，带上丙申年妈祖挂历，带上祝福前往厦门、泉州、晋江和惠安一带，走访了近四十家宫庙和妈祖文化协会，与他们进行座谈交流。

【厦门朝宗宫举办“祈福祉·赏大戏，把平安带回去”主题庙会】

12月19日至23日，厦门朝宗宫举办以“祈福祉·赏大戏，把平安带回去”为主题的庙会活动，为“四海龙王”祝寿。庙会活动除了传统斋醮科仪，还有风采腰鼓和歌仔戏表演等。

【连江县妈祖文化研究会乘“福州—马祖首航”到马祖交流妈祖文化】

12月23日上午，福州—马祖首航仪式同时在福建省连江黄岐港客运中心与马祖北竿白沙港码头举行。福建省连江县妈祖文化研究会组团39人，在杨文健会长的带领下，坐首航客轮“安麒2号”到马祖岛，到马祖境天后宫烧香祈福，并同马祖境天后宫主委曾林官等人联谊交流并互送礼品。

【天津市妈祖文化考察团赴台交流考察】

12月25日，2015世界神明朝山联谊会在台湾高雄佛光山佛陀纪念馆举行。湄洲妈祖祖庙、天津天后宫应台湾“中华传统宗教总会”邀请参加了盛会。

【陆丰市第二职业技术学校与陆丰市妈祖文化研究会联合举行新年师生文艺汇演】

12月29日，由陆丰市第二职业技术学校主办、陆丰市妈祖文化研究会协办的“新年师生文艺汇演”在陆丰市第二职业技术学校文化广场举行。

陆丰市第二职业技术学校注重校园文化建设，把妈祖文化作为校园文化建设的一部分，与陆丰市妈祖文化研究会戮力同心，组建了200人“妈祖文化祭典艺术团”。

【陆丰市妈祖文化研究会举行“感恩妈祖·新年祈福”活动】

12月30日，广东陆丰市妈祖文化研究会在福山天后广场举行“感恩妈祖·新年祈福”活动，陆丰市政协、统战、文化广电新闻出版局等部门领导出席并致辞。来自莆田湄洲、天津、河南卫辉、海南、香港特别行政区、广州、深圳、珠海、惠州、汕尾、汕头、揭阳及本市各地妈祖文化团体和社会各界人士近千人参加了活动。

活动内容有“陆丰市妈祖诵经团”诵经祈福、庆典仪式、祭祀典礼、歌舞表演、陆丰正字戏《妈祖》首演、黄梅戏展演等。活动共持续六天。

【台湾妈祖联谊会会长等4人到中华妈祖文化研究院参访交流】

12月30日下午，台湾妈祖联谊会会长郑铭坤一行4人到中华妈祖文化研究院参访交流。当天，中华妈祖文化交流协会常务副会长林国良接待了他们并举行了座谈会。

【湄洲妈祖祖庙举行跨年诵经祈福典礼】

12月31日23时30分，莆田湄洲妈祖祖庙举行跨年诵经祈福典礼。22位诵经团成员进行了66分钟的跨年晨颂祈福典礼。来自台湾笨港港口宫妙行斋、金门坞坵岛的妈祖信众与湄洲妈祖祖庙全体董监事、各地香客一起参加了典礼。

园区建设

【妈祖文创专利】

●艺术品（湄洲妈祖灵应宝玺）

申请人：陈立人

发明人：陈立人

申请日期：2014.08.20

公开日期：2015.02.18

申请号：2014302971909

专利类型：外观设计专利

●工艺品（妈祖）

申请人：陈木林

发明人：陈木林

申请日期：2014.11.20

公开日期：2015.04.01

申请号：2014304619810

专利类型：外观设计专利

●调味罐（妈祖阁）

申请人：康信辉

发明人：康信辉

申请日期：2014.11.03

公开日期：2015.08.05

申请号：2014304274181

专利类型：外观设计专利

●工艺品（妈祖护身卡）

申请人：福建省德诚天玑文化创意发展有限公司

发明人：肖曦

申请日期：2015.04.21

公开日期：2015.10.21

申请号：2015301083609

专利类型：外观设计专利

【莆田湄洲妈祖文化影视园海洋馆正式开放】

1月1日，福建省莆田市湄洲妈祖文化影视园海洋馆正式对游客开放。妈祖文化影视园海洋馆于2013年12月开工，占地550平方米，投资700多万，由海龟朝圣、大须鲸标本和观赏鱼三部分组成。

【北京妈祖文化交流协会成立】

1月18日，北京妈祖文化交流协会成立大会暨第一次会议代表大会在北京华声国际大厦举行。

在成立大会上，筹委会的领导宣读了北京市民政局（京民社许受【2014】1231号）批复成立北京妈祖文化交流协会的文件，进行了协会成立相关内容的汇报。大会进行了理事会、会长、副会长、秘书长等人事选举，共选举出27名理事组成理事会，关三多当选会长，郑玉水当选副会长兼秘书长。

北京妈祖文化交流协会是北京市的妈祖文化社团组织，协会将围绕着妈祖文化遗产保护、资源整合、学术研究、联谊交流、慈善活动等展开各项工作，为京城的妈祖文化交流工作创建了一个重要平台。

【漳台两岸共建月港“海丝”妈祖文化园启动及奠基仪式】

2月1日至2日，漳州市海澄天后宫与台湾北港朝天宫联合建设“月港‘海丝’妈祖文化园”的启动和奠基仪式分别在厦门和漳州两地举行。“月港‘海丝’妈祖文化园项目”位于漳州市海澄天后宫，包括“妈祖文化广场”“道德讲堂”“乡村大舞台”、妈祖石雕神像园等。

2月1日，漳台两岸共建月港“海丝”妈祖文化园启动仪式在厦门国际会展中心举行，绿业集团董事长徐创之、台湾前法务部门廖正豪先生、台湾云林县北港朝天宫副董事长蔡辅雄、莆田湄洲妈祖祖庙副董事长吴国春、龙海市海澄天后宫主委洪水发以及台湾、大陆的众多嘉宾和妈祖信众参与。启动仪式上，海峡两岸的嘉宾代表共同按下启动球，水晶球内浮现出“漳台两岸共建月港妈祖文化园启动”的字样。

2月2日，漳台两岸共建月港“海丝”妈祖文化园奠基仪式在漳州市龙海市海澄天后宫举行。同时安排了两岸妈祖信众共同祭拜海澄天后宫妈祖、两岸信众共种妈祖缘两岸交流吉祥树、两岸信众为共建妈祖文化园绿化基地揭牌、两岸信众举行漳台两岸共建月港“海丝”妈祖文化园奠基仪式、两岸妈祖信众海澄天后宫共进平安午餐等系列主题活动。

【漳州长泰岩溪“海峡两岸天妃文化园”奠基】

2月7日，海峡两岸共建天妃文化园奠基仪式在漳州长泰岩溪天妃宫举行。湄洲妈祖祖庙董事会、中华妈祖文化交流协会、台湾北港朝天宫、板桥圣昭天上圣母会、台南麦寮拱范宫、高雄道德院等两岸20家宫庙共襄盛举。

【莆田市懿海园妈祖文化艺术馆开馆】

2月8日，莆田市懿海园妈祖文化艺术馆开馆暨海峡两岸妈祖文化创意作品展举行。这是莆田市首家以妈祖文化为主题的“私人博物馆”，免费对外开放，位于城厢区东园西路1126号，由陈立人创立。

目前该馆展出五百多件由海峡两岸艺术家创作的妈祖文化创意作品，涵盖了木雕、陶瓷、剪纸、紫砂、银饰、书画、篆刻等多种艺术形式。有全国首套陶瓷画妈祖圣迹图、大型木雕妈祖之光场景、湄洲妈祖灵应宝玺、妈祖故事系列剪纸等作品。

【秀屿区妈祖文化交流中心妈祖石雕圣像落成】

2月27日，福建省莆田市秀屿区妈祖文化交流中心在秀屿区东庄镇马厂村举行以“共谒妈祖，同沐圣恩”为主题的妈祖石雕圣像落成仪式。中华妈祖文化交流协会常务副会长林国良出席。

妈祖石雕圣像矗立在一座新建的四层楼顶上，左右两边有顺风耳、千里眼护驾。妈祖圣像高为 10.56 米，底座高为 2.8 米，边长为 9.9 米。圣像所用石块大小共 96 块，寓意为妈祖诞生于公元 960 年。

【湄洲妈祖祭典民俗文艺创作基地被授予“福建省特色文艺示范基地”称号】

3 月 18 日，福建省文联七届二次全委会在福州召开。福建省副省长李红出席会议，福建省政协副主席、省文联主席张帆主持会议。会上进行了第四批特色文艺示范基地授牌仪式。湄洲妈祖祭典民俗文艺创作基地被授予“福建省特色文艺示范基地”称号。

【海口天后宫举办庙会庆祝“海口天后祀奉”列入国家级非物质文化遗产扩展项目名录】

3 月 19 日，海南省海口天后宫举行庙会庆祝“海口天后祀奉”被列入第四批国家级非物质文化遗产扩展项目名录，海口地区各妈祖庙派出巡游队联合巡游。

【“三坊七巷天后信俗”被评为福州市非物质文化遗产】

3 月 20 日，福州市人民政府公布福州市第四批市级非物质文化遗产代表性项目名录。“三坊七巷天后信俗”入选福州市非物质文化遗产。

【厦门闽南朝天宫举办开阖启扉大典】

3 月 29 日上午，厦门闽南朝天宫举办开阖启扉大典，厦门闽南朝天宫正式对外开放。来自海内外数十个妈祖庙宇的近千人参与了此次盛会。

厦门闽南朝天宫位于闽南古镇北端，占地面积 1325 平方米，建筑面积 4280 平方米，为二进九开间带两厢，建筑设置依序为：山川门、天井、正殿。正殿供奉天上圣母、观世音菩萨、文昌夫子，两侧一共设置五门，左右设有厢廊、小天井，左右偏殿供奉福德天神以及注生娘娘。还设有钟鼓楼、厢房、妈祖文化厅等。

厦门闽南朝天宫的开启将成为台湾及世界各地宫庙前往湄洲祖庙进香的中继站，将推进两岸民间宫庙的叙缘交流，有助于两岸信众共同维系文化纽带、共同弘扬慈善精神。

【景泰蓝“湄洲妈祖像”作品获首届中华“国艺杯”最佳工艺金奖】

3月30日，由中国收藏家协会主办的中国（莆田）工艺美术大师创新精品展暨首届中华“国艺杯”评选活动在莆田市工艺美术城举行。由林辉与方文桃共同创作的景泰蓝“湄洲妈祖像”作品，在评选活动中荣获“最佳工艺金奖”，并被中国收藏家协会专家评审委员会评为“中国工艺收藏珍品”，全球限量发行323尊。

【“台中妈祖国际观光文化节”获台湾《天下杂志》金牌服务业“节庆活动”类组冠军】

4月29日，台湾《天下杂志》公布2015年“金牌服务业”调查结果。台中市文化部门主办的“台中妈祖国际观光文化节”摘下“节庆活动”类组第一名。

【潮阳区后溪妈祖公园落成】

5月4日上午，广东省潮阳区举行棉北后溪妈祖公园落成庆典暨平北文化广场揭幕仪式。汕头市委常委、统战部长马逸丽，汕头市副市长赵红，潮阳区区委书记陈新造、区长林定亮、区政协主席陈邦津等领导和嘉宾出席仪式。

后溪妈祖公园和平北文化广场占地面积50亩，总投资1300多万元。妈祖公园由郑立平等多位乡贤带头捐建，建设有妈祖天后宫、妈祖石雕像、文化大楼、文化长廊等。

【仙游客山公园妈祖石雕像落成】

5月8日福建省莆田市仙游客山公园举行妈祖石雕像落成开光庆典。湄洲妈祖祖庙董事长林金榜等为妈祖石像剪彩。活动现场还进行了度尾鼓吹乐、十音八乐、女子军鼓队、腰鼓表演、千手舞等文艺表演。

妈祖石雕像由国家级工艺美术师林庆财捐资100万元兴建而成。

【“潮汕嵌瓷妈祖宝像”落户陆丰】

5月10日，广东省汕头市妈祖文化交流协会一尊“潮汕嵌瓷妈祖宝像”移驾广东省陆丰市妈祖文化园区福山天后宫。

“潮汕嵌瓷妈祖宝像”底座长83厘米，宽88厘米，高136厘米，重680公斤，是至今为止全球唯一的嵌瓷妈祖宝像，由汕头市妈祖文化交流协会设计督造，国家级非物质文化遗产传承人许少鹏制作而成。“潮汕嵌瓷妈祖宝像”获“2014中国（广州）民间工艺博览会”银奖。

【妈祖书院在北京成立】

5月10日，以“弘扬华夏文明精粹，培养中华卓越女性”为宗旨的妈祖书院在北京成立。妈祖书院是在全国妇联支持下，由北京妈祖海情文化发展有限公司发起，专门从事中国女性的文化传播及教育的高端专业化运作机构，为中国现代女性量身打造系列教育课程及相关进修活动。

【江苏省首家妈祖文化主题会馆——苏州台湾会馆成立】

5月11日，江苏省内首家以湄洲妈祖文化为主题的会馆——苏州台湾会馆在苏州市劳动路成立。

苏州台湾会馆由苏州台商、苏州台联等相关部门牵头筹建，通过会馆这一交流平台开展苏台文化交流。4月10日，会馆主要负责人专程赴湄洲妈祖祖庙，迎请妈祖神像。

【长岛显应宫获省级海峡两岸交流基地】

5月12日，山东省人民政府台湾事务办公室正式批复，同意在长岛显应宫、烟台天后行宫设立山东省海峡两岸交流基地。6月初在两宫庙分别举行授牌仪式。山东省台办主任张雪燕，烟台市委副书记王继东、副市长宋卫宁出席授牌仪式，台湾北港朝天宫等多家宫庙的代表参加授牌仪式。

【广东陆丰市妈祖文化研究会成立诵经团】

●为进一步弘扬妈祖精神，传播妈祖文化，育化民众融入和谐社会建设之中，打造陆丰大地的妈祖文化品牌，陆丰市妈祖文化研究会着力筹组“妈祖文化诵经团”。原陆丰县文化馆副馆长卓荣光夫妇研究并谱写“天上圣母经”等5类曲调，赠献“妈祖文化诵经团”，并入住福山天后宫悉心传教。6月1日，陆丰市妈祖文化研究会筹备成立的“妈祖诵经团”首次入殿应场。

● 9月13日，广东陆丰市妈祖文化研究会举行“妈祖文化诵经团”成立仪式。出席成立仪式的人员有：广东陆丰市妈祖文化研究会成员，陆丰市政协领导及来自广州、珠海、深圳、惠州和汕尾辖内的妈祖信众及学者。

【广东省海丰大德岭“五身妈祖雕像”动工】

6月20日，广东海丰大湖镇在大德岭举行“五身妈祖石雕像”兴建启动仪式。来自英国的国际友人、港台闽琼以及广东省内四百多名社会各界人士参加了启动仪式。

【湄洲妈祖祖庙被确认为“中国华侨国际文化交流基地”】

7月16日，经中国侨联批准，莆田市湄洲妈祖祖庙被确认为“中国华侨国际文化交流基地”。

【蚕沙口妈祖文化产业园四期工程开工】

位于河北省唐山市曹妃甸区柳赞镇的蚕沙口妈祖庙始建于元朝至元年间，至今已历经七百多年风雨。从2012年起，村民们相继集资对妈祖庙进行了修复扩建，建起了妈祖文化广场，复建了古戏楼，修建了冀东渔业传统文化展示馆。今年又启动了蚕沙口妈祖文化产业园四期工程暨元代古庙群修复建设工程。

【宿迁市“泗阳妈祖文化园”成功创建省级对台交流基地】

8月，江苏省台办正式批复同意在宿迁市“泗阳妈祖文化园”设立江苏省对台交流基地。

【广东省汕头市澄海区妈祖文化交流协会成立】

8月2日，广东省汕头市澄海区妈祖文化交流协会在东里镇樟林古港文化活动中心大楼成立。澄海区宗教局、民政局及东里镇人民政府有关领导出席了成立大会。

【青岛市妈祖文化基金会成立】

8 月 8 日上午，青岛市妈祖文化联谊会第二届会员代表大会暨青岛市妈祖文化基金会成立仪式举行。青岛市妈祖文化基金会由胡延森倡导、11 位企业家和社会人士共同发起建立。成立仪式上，妈祖文化基金会全部发起人进行了捐赠，部分艺术家、企业家向青岛市妈祖文化基金会捐赠了艺术品。

青岛市妈祖文化基金会将以“海上救助”为重点展开慈善活动，通过捐建妈祖医院、妈祖小学、妈祖幼儿园、妈祖养老院，捐建和修缮妈祖庙，进行妈祖文化遗产保护、发展妈祖慈善公益事业，促进社会文明进步。

【湄洲岛首家离行智能银行服务点在妈祖祖庙开业】

8 月 10 日上午 10 点，莆田市建设银行在湄洲妈祖祖庙设立的首家离行智能银行服务点开业。

在妈祖祖庙智能银行服务点，共设立 95533 视频客户服务、电话银行和自动存取款机三大服务区。95533 视频客户服务是莆田市建行率先推出的离行智能银行服务方式。视频客服极大地方便了前往湄洲妈祖祖庙旅游的香客游客。

【台湾冈山区打造螺丝妈祖神像】

结合妈祖与高雄市冈山的螺丝产业，寿天宫在台湾高雄师范大学美术系李亿勋及林维俞两位教授指导下，耗时两个月，运用 3D 科技打印技术临摹，用了约 25000 个螺丝垫片、3000 个螺丝打造了螺丝妈祖神像。妈祖像高 2 米、宽 1.15 米、重 500 公斤，造价近 150 万元新台币。神像在寿天宫主办的妈祖文化节中亮相。

【4 高中生打造“缩小版北港朝天宫”】

台湾嘉义高商广告设计科学生孙瑞璟、黄于恬、林奕辰、傅美嘉 4 人在共同筹备毕业作品时，为了更好地了解朝天宫的建筑与装置艺术之美，他们决定打造一座“缩小版北港朝天宫”。他们利用 3 个月时间完成了“缩小版北港朝天宫”

的制作。“缩小版北港朝天宫”完整呈现“五门五殿七院”结构，采用活动式设计让人更容易了解寺庙构造。

【陆丰龟山天后宫成立“妈祖音乐社”】

8月25日傍晚，陆丰首个“妈祖音乐社”在广东省陆丰市金厢镇蕉园村龟山天后宫成立。中华妈祖文化交流协会常务理事林永欣带领陆丰市妈祖文化研究会以及汕尾比干慈善事业促进会筹委会组成人员参加了成立仪式。“妈祖音乐社”由蕉园村的音乐爱好者自费购置乐器成立。

【莆田市妈祖文化交流促进会成立】

9月30日，莆田市妈祖文化交流促进会成立大会在莆田市玉湖公园内的白湖顺济庙举行。中华妈祖文化交流协会常务副会长林国良以及贤良港天后祖祠、文峰天后宫、台湾部分妈祖宫庙代表参加。

大会上，市文化广电新闻出版局、市民政局宣读了《关于同意筹备成立莆田市妈祖文化交流促进会的批复》；莆田市妈祖文化交流促进会筹备组作筹备情况报告；通过了《莆田市妈祖文化交流促进会章程》；选举产生第一届理事会理事、常务理事、秘书长、副秘书长、会长、副会长，莆田白湖顺济庙董事长何玉春当选为莆田市妈祖文化交流促进会首任会长。

中华妈祖文化交流协会常务副会长林国良在讲话中对如何加强莆田市妈祖文化的自身建设提出几点建议：一是要依托宫庙，依靠群众，努力调动妈祖信众的积极性；二是要真诚团结，充分发挥社会组织的集中性；三是要坚持服务至上，不断提高并树立促进会的形象。

【福山天后宫“妈祖平安亭”动工】

10月9日，广东省陆丰福山天后宫的“妈祖平安亭”破土动工。

【天津天后宫获批首家“天津市对台交流基地”】

经天津市人民政府台湾事务办公室批准，天津天后宫成为首家市级对台交流基地。10 月 21 日上午，“天津市海峡两岸交流教育基地”铭牌授予仪式在天津民俗文化博览园妈祖像前举行。天津市台办副主任吴荣华，南开区区委书记薛辉，区委副书记、区长陈玉恒，区人大主任王宝安，区政协主席郭建勋等领导出席授牌仪式。

【四川崇州妈祖文化研究会成立】

10 月 17 日，四川省崇州市怀远林氏家族在怀远镇天后宫召开大会，成立了妈祖文化研究会，并举行首届林氏宗亲祭祖仪式。四川省林氏宗亲会及都江堰、金堂、内江、德阳、双流、中江等市县宗亲代表应邀参加致贺，福建莆田、湖北武汉、贵阳的宗亲也派代表参加。崇州市文体旅游局、怀远镇党委政府领导也应邀参加。

【晋江萧下天后宫举行晋江市文物保护单位揭碑仪式】

11 月 22 日至 24 日，福建泉州晋江萧下天后宫举行晋江市文物保护单位揭碑仪式暨萧下天后宫理事会第二届理监事会成员就职典礼。

【浙江省台州市玉环县妈祖协会成立】

12 月 15 日，浙江省台州市玉环县妈祖协会举行协会成立代表大会。

在首届代表大会上，玉环县道教协会会长宣布玉环县妈祖协会成立文件，选举成立了理事会，修订了协会的规则制度。林丽玉当选名誉会长，李芝文当选会长，游治清当选副会长兼秘书长，俞隆增当选副会长，卢志华、林根美当选副秘书长。此外，协会由玉环县坎门天后妈祖宫等 22 个宫庙组成会员单位，理事单位共有 5 个。

【高地天后宫等妈祖宫庙入选莆田市第五批市级文物保护单位】

12 月 15 日，莆田市人民政府公布了第五批市级文物保护单位名单，灵川镇高地天后宫、秋芦镇南下霞美庙、新县镇文峰宫、东峤镇蒲弄宫、东庄镇玉湖宫等妈祖宫庙入选。

慈善活动

【湄洲妈祖祖庙青年文明号参加“青春同行·助孤行动”】

为贯彻落实福建团省委、省民政厅“青春同行·助孤行动”及福建省创建青年文明号活动组委会有关“号户结对”、捐资助学的工作要求，1 月 10 日，湄洲妈祖祖庙青年文明号成员带领着岛上结对孤儿一起参加了由莆田市团委在莆田市青少年宫组织的“共青团员义务星期六暨‘青春同行·助孤行动’”活动。

【雪隆海南会馆（天后宫）拜访双溪毛糯麻风院】

1 月 20 日，雪隆海南会馆（天后宫）福利组拜访双溪毛糯麻风院，送去慰问品及慰问金。

【2015“慈悲妈祖心·济弱扶倾·献真情”活动】

台湾苗栗县白沙屯妈祖婆网站举办的“慈悲妈祖心·济弱扶倾·献真情”活动，今年起每年提供 12 万元新台币急难救助金，救急不救穷，向全台有需求者及时提供帮助。经实地访查，今年共帮助 20 户弱势家庭及独居老人。1 月 24 日上午白沙屯妈祖婆网站依据个人情况向 20 户弱势家庭及独居老人分别发放现金或民生物资。

【西螺福兴宫联合社会团体共同发起“关怀弱势寒冬送暖”活动】

为让弱势家庭及独居老人们在岁末年终之际感受到社会的温暖与关怀，1 月下旬，台湾西螺福兴宫太平妈祖庙、云林县瑞春酱油公司、环升货运公司、西螺镇农会、汉光果菜公司等企业团体，共同发起“关怀弱势寒冬送暖”活动。募集了白米、酱油、色拉油、年货、面包等过节物资，送给镇内弱势团体。为了不让年迈及行动不便的民众来回奔波，云林县则派出了各所的警员、巡守队员，开警车或小货车，将各界捐赠的爱心物资快速送到关怀对象手中。

【台南通济宫弱势者免费点灯】

台南市新营区铁线里通济宫发挥妈祖慈悲大爱精神，首次提供中低收入、身障和重大伤病的弱势民众免费点灯。

【湄洲妈祖祖庙举行“慈善之光”春节送温暖活动】

1 月 27 日下午 2 点半，湄洲妈祖祖庙一年一度的“慈善之光”春节送温暖活动在祖庙圣旨门广场举行。泰国驻厦门总领事馆商务处领事玛莉娜女士、湄洲岛党工委宣传部部长郭志诚先生、厦门米丰粮油贸易有限公司郭成志先生及湄洲妈祖祖庙董事会全体董监事出席本次慈善活动。

今年“慈善之光”春节送温暖活动现场向全岛 11 个行政村 111 户困难群众代表及湄洲岛福利院共计发放 12 万元节日慰问金、1 万斤泰国大米及 100 多瓶食用油。

【莆田文峰天后宫开展春节送温暖活动】

2 月 1 日，莆田文峰天后宫开展春节送温暖活动，共向莆田市荔城区镇海办事处社区一百多户贫困家庭捐赠大米 1000 公斤、油 100 瓶、慰问金 15000 元。

【陆丰市妈祖文化研究会爱心义工队举行关爱老兵活动】

2 月 3 日，陆丰市妈祖文化研究会爱心义工队举行关爱抗战老兵活动。十多名志愿者先后探望了居住在城东镇的该市唯一健在的抗日远征军幸存者林元孝和大安镇的原国民党老兵廖振邦，了解老人生活近况，送上慰问金和新年礼品，并转达揭阳等地“关爱抗战老兵”团体的新春祝福。

【莆田举行“百万善款今冬送暖”公益活动】

2 月 6 日下午，由北京莆田企业商会、北京妈祖仁爱慈善基金会与中共莆田市委宣传部、市委统战部、市工商联、《湄洲日报》社、市民政局、市老龄委、市妇联、团市委等部门联合开展的“百万善款今冬送暖”活动，在莆田市区中华妈祖文化研究院广场举行集中慰问仪式。

莆田市委常委、宣传部长程强，莆田市副市长张丽冰，中华妈祖文化交流协会常务副会长林国良，市委宣传部常务副部长唐炳椿，市委统战部副部长陈晓红，市工商联主席洪杰，《湄洲日报》社社长、总编辑许晨聪，北京莆田企业商会会长黄文盛，北京妈祖仁爱慈善基金会理事长林玉明，北京莆田企业商会理事长张志勇等从北京回来的北京莆田企业商会成员出席活动。

此次活动，由北京妈祖仁爱慈善基金会捐资100万元，给莆田市“100位百岁老人送孝心、100位困难家庭送爱心、100位贫困儿童送关心”，简称“三百工程”。活动从2015年1月启动，延续至春节前，共资助300人，每人3000元。其中，10万元作为“救急难”专项基金。

【陆丰市妈祖文化研究会爱心义工协会开展“暖春行动”】

2月7日至8日，陆丰市妈祖文化研究会爱心义工协会开展“暖春行动”，二十多名志愿者利用周末，兵分几路，驱车先后到上英、潭西、东海镇走访慰问三十多位孤寡老人。给他们送去一食品批发商捐赠的大米、腐竹、食用油和日常用品，刘姓、黄姓两位社会热心人士还给28位老人发放红包。

一林姓义工向东海镇福利院捐赠一台全自动洗衣机。16名热心人帮助福利院清洁卫生，整理宿舍。

【天津天后宫“爱心公社”成立】

2月11日，天津天后宫举行“爱心公社”成立仪式。陆炳文与天津市南开区领导共同为“爱心公社”揭牌。“爱心公社”将发扬妈祖文化的博爱精神，帮助贫困失学儿童。

【台中妈祖万春宫办爱心午宴，千名弱势民众受邀】

台中妈祖万春宫集合民众祭祀普度物资办桌，于3月22日席开百桌邀千名弱势民众用餐，还捐出400余万元新台币的物资给爱心食物银行及教养院。

【广东省林治平慈善基金会与陆丰妈祖文化研究会慰问车祸遇难者家属】

4月17日，广东省林治平慈善基金会与陆丰妈祖文化研究会十多人联合组成慰问组，先到陆丰市大安镇，慰问因车祸失去两个孩子的家属。随后，慰问组一行到西南镇看望因车祸失去母亲的两兄妹。基金会为这两个遭遇不幸的家庭各捐2万元慰问金。

【莆田文峰天后宫为湄洲妈祖祖庙建造妈祖金身像捐款】

5月2日，莆田文峰天后宫向湄洲妈祖祖庙捐款5万元，用于建造妈祖金身像。

【台湾土库顺天宫颁发奖学金】

5月6日，"土库顺天宫暨谢杨晟清寒奖学金颁奖典礼"在该宫香客大楼举行。土库虎尾及元长等14所学校，共69位清寒优秀学生获得奖励。其中，高中职生每人获得2000元新台币的奖励、初中生每人获得1500元新台币的奖励、小学生每人获得1000元新台币的奖励。

出席颁奖典礼的贵宾有云林县沈武吉督学、土库镇代表王锦文及吴明哲、土库小学黄靖茹、立仁小学林俊逸等人。

【北京妈祖仁爱慈善基金会设立肝脑"带路基金"】

5月9日，由北京妈祖仁爱慈善基金会与北京世纪都会网络科技有限公司共同设立的肝脑"带路基金"在京正式启动。当天，由"带路基金"发起的"脑病带路计划"和"全国脑科患者免费康复日"两个公益项目同时在京启动。

"带路基金"是由国内外众多爱心机构及爱心人士自愿组成，北京世纪都会网络科技有限公司牵头创立的公益基金，由北京妈祖仁爱慈善基金会专项设立。"带路基金"以"尽我所能，肝脑健康"为愿景，搭建专业透明的公益平台，专注于肝病和脑病患者的公益救助，致力成为中国公益事业的开拓者和推动者。

【虎尾持法妈祖宫向云林家扶中心捐赠20万元新台币】

5月11日，台湾虎尾持法妈祖宫向云林家扶中心捐赠20万元新台币，并安排家扶中心亲子前往持法妈祖宫参观。

【首届永春“乞龟祈福”民俗公益活动】

5 月 11 日到 5 月 22 日，永春慈孝文化促进会、永春慈善总会天心基金会、永春开永妈祖文化联谊会、永春网等单位联合举办以“点亮心灯，温暖你我”为主题的首届永春“乞龟祈福”民俗公益活动。5 月 11 日上午，米龟点睛仪式在福建省永春县东关镇外碧村陈坂宫开永妈祖庙举行。点睛仪式揭彩现场的“大米龟”，由来自海内外的爱心人士认捐的 1000 袋“妈祖福米”组叠而成。

【北京妈祖仁爱慈善基金会募集 35 万元救助莆籍白血病患者】

5 月 21 日，北京妈祖仁爱慈善基金会向莆籍白血病患者朱航琦亲属账户汇入 35 万元募集的爱心善款，帮其交上了医疗手术费。

【台北国画创作研究学会荣誉会长陈菊妹向北港朝天宫赠送画册】

5 月 31 日，台北国画创作研究学会荣誉会长陈菊妹向北港朝天宫赠送《妈祖圣迹图》《陈菊妹妈祖故乡莆田写画集》。

【鹿港天后宫捐赠消防器材及救难警备车】

5 月 31 日上午，台湾彰化县鹿港天后宫向彰化县消防局捐赠 10 组空气呼吸器，向彰化县救难协会捐赠两部价值逾 400 万元新台币的四轮传动救难警备车。由鹿港天后宫主委张伟东代表捐赠，彰化县魏明谷先生、彰化县救难协会胡然东先生、鹿港镇黄振彦先生等代表接受。

【陆丰妈祖义工六一赠礼】

5 月 31 日，陆丰市妈祖爱心义工队组织开展的“关爱祖国花朵，共创文明城市”主题活动在陆城“百姓周周乐舞台”举行。现场向学龄儿童赠送书包和文具 100 套、儿童牛奶 800 提等一批价值 5 万多元的礼品。礼品由爱心企业和爱心人士捐赠。

【莆田文峰天后宫向霍童天后宫捐款】

6月6日，莆田文峰天后宫向宁德市蕉城区霍童天后宫捐款68000元，用于建设霍童天后宫正殿妈祖塑像。

【莆田文峰天后宫向荔城区精神病院捐赠大米】

6月9日、9月16日，莆田文峰天后宫先后两次向荔城区精神病院捐赠大米250公斤。

【西螺福兴宫公布2015毕业生“太平妈祖奖”获得者名单】

为鼓励学生五育均衡发展，培养学生谦言善行，台湾云林县西螺镇福兴宫设立“太平妈祖奖”。6月17日，公布了2015毕业生“太平妈祖奖”获得者名单。西螺地区12所中小学及幼儿园的75名学生获得奖励。

【何姓信众向陆丰福山天后宫捐赠高脚花瓶等工艺品】

6月17日，何姓信众到广东省陆丰市福山天后宫，与陆丰市妈祖文化研究会林永欣会长等人座谈交流，并向殿堂奉献一对景德镇定做的高脚花瓶，两对宫灯及“仙女献花”玉石工艺品。

【陈阳春向新港奉天宫捐献书画】

6月21日，台湾嘉义县新港奉天宫举行“亚洲华阳奖”创办人陈阳春创作的“奉天宫镇殿妈”画像收藏仪式。收藏仪式上，陈阳春再次大笔挥毫“慈光普照”等3件作品献给妈祖。

【汕头市第三届妈祖文化节组委会将节余的百万元经费慰问困难群众】

汕头市第三届妈祖文化节组委会将文化节期间筹集的20万元扶贫物资用于慰问当地困难群众外，同时决定把节余的100万元活动经费，全部用于公益慈善事业。其中30万元用于慰问汕头市有关区县困难渔民，70万元移交给潮阳区公益基金会用于关爱潮阳区困境儿童。

7月7日，汕头市第三届妈祖文化节组委会在潮阳区海门镇举行慰问困难渔民和善款移交仪式。潮阳区政协副主席、统战部部长吴锡龙主持仪式，汕头市副市长赵红出席仪式并讲话，汕头市民宗局以及龙湖区、潮阳区、潮南区、南澳县统战、民宗部门负责人和海门镇有关领导、渔民代表等参加了仪式。

【青岛市妈祖文化基金会设立“海上救助专项基金”】

8月6日，青岛市慈善总会与青岛市妈祖文化基金会签订了设立“青岛市慈善总会妈祖文化基金会海上救助专项基金”协议，由青岛市妈祖文化基金会出资7万元，成立海上救助专项基金。

【湄洲妈祖祖庙董事会颁发2014—2015学年奖教奖（助）学金】

8月18日上午，湄洲妈祖祖庙董事会2014—2015学年奖教奖（助）学金颁发仪式在湄洲岛安泰大酒店举行。莆田市教育局副局长柯毓奇、湄洲妈祖祖庙董事长林金榜、湄洲岛党工委宣传部部长郭志诚、湄洲岛管委会社会事务局局长陈志诚、湄洲镇副镇长潘春森、祖庙全体董监事、各村村干部以及岛上各中、小学校长及受奖师生近两百人出席颁奖大会。

今年奖教奖（助）学活动首次以湄洲妈祖祖庙慈善基金会名义向全市349名优秀学子、优秀教师和贫困家庭优秀子女发放奖教助学金，共计159.47万元。

【深圳龙岗天后古庙开展“扶贫助残送温暖”慰问活动】

8月20日，广东省深圳龙岗天后古庙开展“扶贫助残送温暖”慰问活动。向临近的两个社区、3个自然村发放物资，包括大米11000公斤、面食800件、饮品700件等。发放对象为五保户和残疾人、4个养老院、残疾人服务中心，还向公安干警、部分越战参战老兵与环卫工作者送去了慰问物资。

从2007年开始，每年的8月20日是深圳龙岗天后古庙一年一度的“扶贫助残节”。

【广西平乐县张家镇榕津村妈祖理事会举行了第六届“妈祖奖学金”颁奖典礼】

8月20日上午，广西平乐县张家镇榕津村妈祖理事会在古榕广场举行榕津第六届“妈祖奖学金”颁奖典礼。张家镇领导、妈祖理事会成员、榕津村街“两委”干部、榕津老人协会会长等出席典礼。

典礼上，有关领导对学子们表示衷心的祝贺并提出了希望。随后，妈祖理事会成员为 9 名优秀学子颁发奖学金。此外，榕津老人协会也为学子们每人送上了 100 元的奖励，表示长辈们对学子的关心与期望。

【陆丰市妈祖义工慰问抗战老兵】

8 月 30 日，在纪念中国人民抗日战争暨世界反法西斯战争胜利 70 周年前夕，陆丰市妈祖文化研究会妈祖义工队到该市 4 个镇的 4 位抗战老兵家里慰问交流。

【白沙屯拱天宫捐助中小学午餐费一百多万元新台币】

因 9 月份起台湾苗栗县内学生午餐不再免费，拱天宫决定补助启明小学、启新初中两校学生午餐费用 100 多万元新台币。共有 255 名学生受惠。

【雪隆海南会馆（天后宫）颁发 2015 年度会员子女奖学金】

9 月 13 日，雪隆海南会馆（天后宫）颁发 2015 年度会员子女奖学金。今年共有 624 名分别来自小学、中学及获得大学一等荣誉学位的学生获得总值 108790 令吉的奖励金；其中 18 名获一等荣誉学位成绩的大学生，获得会馆颁发表扬盾牌及 1000 令吉的奖励金。

【厦门市清水坛及朝宗宫中秋送爱心】

9 月 18 日下午，厦门市清水坛及朝宗宫在清水坛前的广场举办以“和谐社区、共庆中秋”的爱心慈善活动。来自前埔南社区一百余户困难群众受邀前来参加博饼民俗文化活动，并领取大米、米粉、面条等日常生活物质。思明区文化馆馆长王磊、朝宗宫顾问彭一万出席活动并致辞。

【莆田文峰天后宫在莆田学院设立“金秋助学”助学金】

9 月 25 日下午，莆田文峰天后宫管委会主任陈鹭玲与莆田学院副校长黄志源签订“金秋助学”助学金协议。2015 和 2016 的两年中，文峰宫将分别拿出 2 万元爱心款，支助 10 名品学兼优的贫困大学生。

【丰原慈济宫举行颁发 2014 学年度奖学金表彰大会】

10 月 11 日早上 9 点，台湾丰原慈济宫举行颁发 2014 学年度优秀大专、高中奖学金表彰大会暨感恩天上圣母答礼仪式。今年获得奖学金的大专生 310 名、高中生 173 名，共 483 名。每位大专生获得 5000 元新台币、每位高中生获得 3000 元新台币的奖学金。

【慈凤宫举行“阿猴妈祖百万育才奖助学金”发放仪式】

10 月 24 日上午，台湾屏东市慈凤宫举行“阿猴妈祖百万育才奖助学金”发放仪式。今年共有 91 名高职学生受惠，每人每学期补助 12000 元，期间长达 3 年、6 个学期。

【北京妈祖仁爱慈善基金会帮扶贫困村项目开工】

10 月 16 日，北京莆田企业商会、北京妈祖仁爱慈善基金会帮扶莆田老少边岛贫困村捐赠暨项目开工仪式相继在受助村举行。莆田市副市长傅冬阳，北京莆田企业商会监事长、北京妈祖仁爱慈善基金会理事长林玉明，北京莆田企业商会理事长、北京妈祖仁爱慈善基金会常务副理事长张志勇等依次到秀屿区埭头镇筶杯村、仙游县菜溪乡石峰村以及仙游县书峰乡兰石村举行项目启动仪式。

本次帮扶项目，规划向埭头镇筶杯村捐助 300 万元，建设一个紫菜加工厂和建造一座老年活动中心；向石峰村捐款 150 万元，用于村道建设；向兰石村捐款 150 万元，用于建造老年健身中心。

【莆田文峰天后向莆田市气排球协会捐款】

10 月 24 日，莆田文峰天后宫向莆田市气排球协会捐赠体育经费 3 万元。

【台湾中坜仁海宫向桃园市消防局捐赠一辆小型水箱消防车】

11 月 22 日，台湾中坜仁海宫向桃园市消防部门捐赠一辆小型水箱消防车，桃园市郑文灿先生出席捐赠仪式。

【北京龙达觉萨唐卡艺术中心向湄洲妈祖祖庙敬献唐卡妈祖圣像】

11 月 26 日，唐卡妈祖圣像捐赠仪式在湄洲妈祖祖庙举行。

唐卡妈祖圣像是北京龙达觉萨唐卡艺术中心向湄洲妈祖祖庙敬献的，也是第一幅唐卡妈祖圣像。该幅唐卡由艺术中心首席唐卡画师李加才让花费一年半时间创作而成。作品不仅绘制了妈祖像，还将传说中妈祖救护众生的场景一一表现出来。

【莆田市文峰天后宫向陆丰市福山天后宫捐款】

12 月 4 日，莆田市文峰天后宫向广东省陆丰市福山天后宫捐款 1 万元，用于碑林建设。

【陆丰市妈祖文化研究会妈祖义工队在“国际志愿者日”组织敬老慈善活动】

12 月 5 日，陆丰市妈祖文化研究会妈祖义工队在“国际志愿者日”组织敬老慈善活动。21 名妈祖义工开着 6 辆载着慰问物品的汽车，先后到达上英、潭西、八万、内湖、南塘、铜锣湖、陂洋、碣石 8 个农村敬老院，慰问了七十多位孤寡老人，送上爱心人士捐资和书画拍卖群赞助的一批价值 2 万元的大米、食用油、米粉等食品和毛毯被褥。同时，他们还齐力为老人卧室、大院做清洁。

【台北关渡宫举办“公益祈福 GO”路跑活动】

12 月 5 日，台北关渡宫与旺旺中时媒体集团联合举办“公益祈福 GO”路跑活动，主办单位邀请超级马拉松运动员林义杰担任公益大使，吸引超过五千名民众携家带眷共襄盛举。庙方与路跑者一同关怀弱势，当场捐赠 20 万元新台币给台北市赛珍珠基金会。

【2015 年年底白沙屯妈祖婆网站免费发送年历】

台湾“白沙屯妈祖婆网站”成立十五年，每逢年底都会准备印有妈祖神像的年度限量年历、月历免费发送。2015 年除了年历、月历发送外，网站志工们也准备许多结缘小礼义卖，义卖所得全部作为“慈悲妈祖心济弱扶倾献真情”活动救济款项。

【惠安小岞霞霖妈祖宫、中国慈善 110 等联合举办慈善募捐演唱会】

12 月 11 日下午，中国慈善 110 携同台湾艺人“阿吉仔”以及闽南爱心歌手走进惠安小岞为尿毒症患者康东东举办大型慈善募捐演唱会。现场观众超 7000 人，共募集资金 8 万多元。本次义演由中国慈善 110 和霞霖妈祖宫董事会以及惠安闽南语音乐交流协会联合举办。

【“京华莆商情 · 妈祖公益心”2015 年迎新慈善颁奖晚会】

12 月 26 日晚，由北京莆田企业商会、北京妈祖仁爱慈善基金会主办的“京华莆商情 · 妈祖公益心”2015 年迎新慈善颁奖晚会在北京国际会议中心举行。来自国家部委、北京市、福建省和莆田市、县区（管委会）各级领导嘉宾，商会顾问，福建省驻京办，北京福建企业总商会，在京省级、闽籍兄弟商会，以及金融、院校等部门、战略合作单位，有关媒体记者、莆田市科协北京分会，莆田一中、莆田二中、莆田四中、莆田五中、莆田六中、仙游一中、仙游二中、华侨中学北京校友会代表，与在京莆籍企业家共九百多人出席了晚会。

晚会开始前，由北京莆田企业商会会长黄文盛发表新年贺辞。接着举行颁奖仪式。颁奖仪式后举行联欢晚会。

【“妈祖有爱奖助学金申请办法”（财团法人大甲妈社会福利基金会、财团法人台中市大甲镇澜宫）】

财团法人大甲妈社会福利基金会、财团法人台中市大甲镇澜宫颁布“妈祖有爱奖助学金申请办法”：

一、本会为发扬圣母慈恩慈爱之精神、回馈地方、奖助设籍在大甲区、大安区、外埔区、后里区一年以上，初中、高中职、专科、大学在学学生，特订本办法。

二、奖助学金由本会提拨新台币 2000 万元为专户基金、以孳生利息为奖助学金。

三、本奖助学金分为奖学金与助学金两种。

补 录

期刊（2013）

● 《南京妈祖文化》苏出准印：JSE-1002988号　2013年第1期 总第9期

南京妈祖文化交流协会主办

栏目：

卷首语

春阳艳丽山河秀，国运兴隆日月新

本刊专稿

2013南京妈祖庙会在静海寺郑和广场、天妃宫隆重举行

曹路宝区长在2013年南京妈祖庙会开幕式上的致辞

金卫东主任在2013年南京妈祖庙会开幕式上的讲话

南京天妃宫举办2013年元旦迎新祈福撞钟法会活动

2013年天妃宫除夕迎新祈福撞钟活动隆重举行

热心信众去敬老院送腊八粥

妈祖新闻

第二届浙台妈祖文化节在苍南举行

烟台2013妈祖文化节暨妈祖诞辰1053周年祭举行

北京妈祖庙重建工程举行奠基仪式

浏河天妃宫、平海天后宫入选文物“国保”单位

妈祖论文

天妃封号与泉州蒲氏的关系（孙建国）

南宋中国发现世界（上）（韩清波）

南京的妈祖文化建筑及遗存（周　颖）

中华妈祖寺庙

贤良港天后祖祠

综合类图书（2013）

●《妈祖林默娘》：黄女娥、陈木城著，叶慧君、洪义男绘，台湾“国语日报社”2013 年版，112 页。

●《妈祖颂》：彭嘉庆主编，上海文化出版社 2013 年版。

●《贤良港妈祖文化论坛——海峡两岸传统视野下的妈祖信俗研讨会文集》：叶明生著，宗教文化出版社 2013 年版，398 页。

●《中原地区妈祖文化研究》：张富春著，河北人民出版社 2013 年版，266 页。

●《“中国渔民信俗研究与保护”学术研讨会论文集》：李向玉、郑炜明、胡柱鹏主编，澳门理工学院 2013 年版，213 页。本书是《澳门史志书系》之一，第 164 页胡孝忠：“金门的天后宫和天后信仰研究”。

●《中国海洋文化学术研讨会论文集》：张伟主编，海洋出版社 2013 年版，311 页。第 182 页应南凤：“从龙王到妈祖——中国海洋社会的信仰观察”。

●《李东华教授论文集》：李东华著，关玲玲、杨宗霖编校，稻乡出版社 2013 年版，496 页。第 141 页“从妈祖信仰与郑和远航看海洋文化的发展”。

●《京华吟草》：郑伯农著，作家出版社 2013 年版，299 页。第 180 页“参观澳门妈祖阁”。

●《闽台文化的多元诠释·2》：陈支平、李玉柱主编，厦门大学出版社 2013 年版，646 页。本书是《闽南文化研究院学术文库》丛书之一，第 162 页何振良：“福建妈祖宫庙若干特征之探讨——以文物普查资料为中心”；第 257 页陈名实：“福建妈祖宫庙的创建与分布”；第 548 页曾玲：“社群边界内的神明：移民时代的新加坡妈祖信仰研究”。

●《新时期的民间信仰》：王宏刚等著，黑龙江教育出版社 2013 年版，348 页。本书是《民族精神与文化主题书系》之一，第 77 页“妈祖信仰的历史与现状研究”。

●《潮涌平潭》：福建省文学艺术界联合会、福建社会科学院、福建省作家协会编，海峡文艺出版社 2013 年版，195 页。第 123 页郑国贤：“妈祖之美”。

●《宗教人类学·第 4 辑》：金泽、陈进国主编，社会科学文献出版社 2013 年版，459 页。本书是《宗教学理论研究丛书》之一，第 149 页张珣：“妈祖造像与‘标准化’问题讨论”。

●《鲁迅的鼻子》：郑国贤著，海峡文艺出版社 2013 年版，198 页。本书是《莆田杂文丛书》之一，第 30 页“妈祖作证：钓鱼岛自古是我们的”；第 164 页“在人与神的界河中摆渡——观越剧电视剧《妈祖》”。

●《闽台文化的多元诠释（一）》：萧庆伟、邓文金、施榆生主编，厦门大学出版社 2013 年版，654 页。本书是《闽南文化研究院学术文库》丛书之一，第 212 页林晓峰、郑镛：“论妈祖信俗与闽南文化的关系”。

●《闽南文化：闽南族群的精神家园》：林华东著，厦门大学出版社 2013 年版，214 页。本书是《闽南文化研究丛书》之一，第 54 页“闽南文化与妈祖现象的传播”。

●《闽商发展史总论卷【古代部分】》：苏文菁主编，徐晓望著，苏文菁总主编，许通、陈幸、曹宛红、李道振副总主编，厦门大学出版社 2013 年版，275 页。第 64 页“闽商的海神信仰与妈祖崇拜”；第 92 页“‘天妃’称号的由来与封号”；第 267 页《闽商的妈祖信仰》；第 269 页“闽商的妈祖信仰与中国的海洋文化精神”。

●《仕女》：徐华铛编著，中国林业出版社 2013 年版，120 页。本书是《中国传统题材造型》丛书之一，第 92 页“海上女神——妈祖”；第 93 页“南京妈祖”。

●《多媒体画面艺术设计》第 2 版：游泽清著，清华大学出版社 2013 年版，253 页。本书是《国家精品课程教材》丛书之一，第 190 页“运动画面（动画片）《妈祖》赏析”。

●《四季风雅：苏州节令民俗》：蔡梦寥、蔡利民著，江西人民出版社 2013 年版，393 页。第 128 页“浏河妈祖祭”。

●《功能语言学与语篇分析研究·第 5 辑》：黄国文主编，朱永生、张德禄、杨信彰副主编，高等教育出版社 2013 年版，280 页。第 201 页李丽娟：“多模态语篇中符号的选择及其意义——以湄洲妈祖祭典仪式为例”。

●《岭南民俗艺术论》：刘介民著，世界图书出版广东有限公司 2013 年版，310 页。本书是《俗文化研究丛书》之一，第 10 页“妈祖信仰的文化光环”。

●《香山商澳濠镜春秋》：黄鸿钊著，广东人民出版社 2013 年版，272 页。本书是《学术中山系列丛书》之一，第 11 页“佛道神仙齐聚香山妈祖文化进入濠镜”。

●《大国崛起中国海洋之路》：田勇著，河北科学技术出版社 2013 年版，196 页。本书是《海洋大视野科普文丛》之一，第 172 页“海神娘娘——妈祖”。

●《中国南海海洋文化史》：司徒尚纪著，广东经济出版社 2013 年版，425 页。本书是《中国南海文化研究》丛书之一，第 137 页“海神妈祖等海神崇拜及其文化风格”。

●《中国南海海洋文化传》：戴胜德著，广东经济出版社 2013 年版，474 页。本书是《中国南海文化研究丛书》之一，第 28 页“海的女神”。

●《中国海洋风俗文化》：许桂香编著，司徒尚纪主编，广东经济出版社 2013 年版，234 页。本书是《话说中国海洋文化系列》之一，第 29 页“妈祖”。

●《法门妙筑》：龙敏、杨莉、崔进山著，湖南大学出版社 2013 年版，218 页，本书是《长江流域民俗文化与艺术遗存》之一，第 81 页“天后宫（云贵地区）”；第 113 页“天后宫（湘赣鄂豫地区）”。

●《中国古代宫殿堪舆考》：谢宇主编，华龄出版社 2013 年版，176 页。第 59 页“宋朝泉州天后宫”；第 159 页“烟台天后行宫”。

●《中国的十大古迹》：团结出版社 2013 年版，172 页。本书是《中华文化小讲堂》丛书之一，第 160 页“关于妈祖的传说”；第 167 页“妈祖信仰在台湾”。

●《中华名阁经典对联荟萃》：杨克泉编，金盾出版社 2013 年版，130 页。第 40 页“莆田麒山妈祖阁”；第 127 页“妈祖阁”。

●《中华丘氏大宗谱——福建惠安·泉港分谱》：中华丘氏大宗谱福建惠安泉港分谱编委会编，泉港分谱编委会 2013 年版，1422 页。第 1359 页“西垳与妈祖文化”。

●《中国海洋文化史长编·宋元卷》：曲金良主编，中国海洋大学出版社

2013 年版，461 页。第 388 页“宋元时期的妈祖信仰”。

●《国家航海·第五辑》：上海中国航海博物馆主办，上海古籍出版社 2013 年版，192 页。第 101 页周金琰：“妈祖对中国海洋文明的影响”；第 127 页孟建煌、许元振：“弘扬妈祖文化精神架设两岸交流桥梁——2013 年海峡两岸妈祖文化学术研讨会综述”。

●《民生·文化·区域·制度：多角度透视中国社会经济史》：陈衍德著，厦门大学出版社 2013 年版，366 页。本书是厦门大学国学研究院资助出版丛书之四十二。第 133 页“闽南粤东妈祖信仰与经济文化的互动”；第 175 页“澳门的渔业经济与妈祖信仰”；第 188 页“澳门的商业经济与妈祖信仰”；第 199 页“从澳门民俗看当地居民的妈祖信仰”。

●《中国民间海洋信仰研究》：时平编，海洋出版社 2013 年版，263 页。第 31 页［德国］普塔克：“海神妈祖与圣母玛利亚之比较（约 1400—1700 年）”；第 42 页李庆新、罗燚英：“广东妈祖信仰及其流变初探”；第 56 页周金琰：“湄洲岛最新一次大规模海祭妈祖调查”；第 65 页金涛：“舟山群岛妈祖信仰与天后宫”；第 158 页徐作生：“崇明岛祭海习俗及天后宫遗迹踏勘”。

●《中华节令风俗文化·春》：马清福、舒虹著，沈阳出版社 2013 年版，333 页。本书是《中华节令风俗文化》丛书之一，第 316 页“祭妈祖”。

●《中华神话故事暨民间传说》：聚文编著，中州古籍出版社 2013 年版，168 页。第 89 页“妈祖的传说”。

●《中国神话与民间传说》：明月生编著，北京联合出版公司 2013 年版，397 页。第 183 页“妈祖的传说”。

●《水云仙府福安道观》：陈幼英主编，华夏出版社 2013 年版，213 页。第 150 页“官方祭祀妈祖婆”；第 161 页“江海集市妈祖情”。

●《中国神话故事：60 个充满神奇幻想的中国神话》：“青少年成长必读经典书系”编委会主编，河南科学技术出版社 2013 年版，147 页。第 100 页“妈祖”。

●《最美最美的中国童话·3 月的故事》（下）：汉声杂志社著，江苏美术出版社 2013 年版，39 页。第 12 页“三月二十三日——妈祖诞辰海上的女神妈祖”。

●《中华民俗老黄历》第 2 版：任丙未编，气象出版社 2013 年版，452 页。

第 287 页“妈祖崇拜”。

●《中国文明 5000 年》：马云飞主编，湖北科学技术出版社 2013 年版，186 页。第 74 页“古老的妈祖文化”。

●《中国的宗教》：张成秋著，美商 EHGBooks 微出版公司 2013 年版，400 页。第 388 页“妈祖的信仰”。

●《中国神话故事》：喻圣亮编著，安徽文艺出版社 2013 年版，150 页。本书是《新课标 · 课外经典阅读丛书》之一，第 103 页“妈祖”。

●《中国神话故事》：余婷编，湖北美术出版社 2013 年版，219 页。本书是《新课标名著典藏》丛书之一，第 52 页“妈祖”。

●《运河文化》：李泉著，山东大学出版社 2013 年版，88 页。本书是《中国文化课本》丛书之一，第 56 页“金龙四大王与妈祖信仰”。

●《中国一百神仙》：卢延光绘，吴绿星文，中国青年出版社 2013 年版，203 页。本书是《中华历史文化人物读本》丛书之一，第 118 页“妈祖”。

●《百年商埠西大街》：王辉著，吉林出版集团 2013 年版，195 页。本书是《营口文化遗产记忆丛书》之一，第 120 页“妈祖文化 北渐渤澥”。

●《优秀传统文化传承体系建设的理论与实践》：福建省炎黄文化研究会、中共莆田市委宣传部编，鹭江出版社 2013 年版，387 页。第 362 页帅志强：“打造世界妈祖文化品牌的传播策略”；第 368 页苏国钦：“传承品牌优化对接 着力构建海峡西岸妈祖文化特色之旅”；第 374 页张丽清、蔡加珍：“海峡西岸经济区建设背景下妈祖文化旅游创意产业发展研究”。

●《朱健国集》：刘成信主编，吉林出版集团有限责任公司 2013 年版，164 页。本书是《中国杂文》之一，第 18 页“妈祖与李贽”。

●《记忆版图》：林育德著，新星出版社 2013 年版，303 页。第 228 页“妈祖庙口情事”。

●《话说疍民文化》：吴水田著，广东经济出版社 2013 年版，202 页。本书是《话说中国海洋》丛书之一，第 150 页“四海共存的妈祖崇拜”。

●《江山风情》：汤敏、刘俊峰著，浙江古籍出版社 2013 年版，352 页。本书是《浙江历史人文读本》丛书之一，第 274 页“独特的海洋信俗：妈祖信仰”。

●《台海泛舟禅与医—李良松教授台湾参访录》：李良松著，九州出版社 2013 年版，293 页。第 95 页“观妈祖绕境——无穷愿力催前步，间外平川任我行”。

●《现代台湾文学妈祖的编写与解读》：徐祯苓著，台湾大安出版社 2013 年版，378 页。

●《苏府王爷：台湾素民史之一例》：陈玉峰著，前卫出版社 2013 年版，607 页，本书是《山林书院丛书》之一，第 227 页“果毅后堡灵霄宝殿、天后宫”。

●《台湾历史与文化研究辑刊·初编》第 22 册：赖建成、吴世英著，花木兰文化出版社 2013 年版，649 页。第 484 页“开台天后宫”；第 485 页“鹿耳门天后宫”。

●《台湾历史与文化研究辑刊·初编》第 24 册：吴柏勳、李峰铭著，花木兰文化出版社 2013 年版，265 页。第 58 页“妈祖信仰”；第 71 页“妈祖信仰与福佑宫”。

●《台南“府城”联境组织研究》：谢奇峰著，台南市文化部门 2013 年版，335 页。第 208 页“从台南大天后宫妈祖绕境路关表来了解”。

●《这么近那么远——大陆学生读台湾》：赵培锋著，河南人民出版社 2013 年版，228 页。第 55 页“‘三月疯妈祖’，全台不夜城”。

●《台湾求学笔记》：刘抒羽著，华艺出版社 2013 年版，242 页。第 56 页“妈祖”。

●《台北世界宗教博物馆宗教艺术文化展》：首都博物馆、台北世界宗教博物馆编，文物出版社 2013 年版，161 页。第 139 页“妈祖神像”；第 146 页“东兴宫（妈祖）雕版”。

●《广东省非物质文化遗产名录图典 2》：广东省非物质文化遗产保护中心著，广东人民出版社、广东省出版集团 2013 年版，348 页。第 217 页“凤山妈祖庙会”；第 230 页“博美妈祖信俗”。

●《岭南文化论粹》：田若虹著，光明日报出版社 2013 年版，256 页。第 109 页“妈祖信仰与崇拜”。

●《深圳掌故》：王卫宾著，海天出版社 2013 年版，224 页。本书是《中国名城掌故丛书》之一，第 144 页“赤湾天后宫”；第 209 页“天后宝诞祭典”；

第 218 页“辞沙祭妈祖”。

●《广州古井名泉》：李仲伟收集，广东人民出版社 2013 年版，344 页。本书是《广州史志丛书》之一，第 279 页“天后古庙古井”。

●《广州府道教庙宇碑刻集释》上下册：黎志添、李静编著，中华书局 2013 年版，792 页。第 95 页“天后古庙（龙溪）”；第 97 页“天后宫（练溪村）”；第 101 页“天后宫（塍洲村）”；第 110 页“天后庙（小洲村）”；第 112 页“天后庙（小文教村）”；第 115 页“天后庙（栅下）”；第 175 页“天后古庙（张槎堡）”；第 1093 页“天妃庙”（从化县）；第 1185 页“天妃庙”（香山县）；第 1270 页“赤湾天后庙”（新安县）；第 1283 页“天后庙（宝鸭湖村）”（花县）；第 1490 页“庙图（6）：练溪村天后宫（庙号 10）”；第 1491 页“庙图（7）：胜洲村天后宫（庙号 11）”；第 1547 页“庙图（63）：赤湾天后庙（庙号 115）”；第 1548 页“庙图（64）：赤湾天后庙天后神像”；第 1560 页“碑图（10）：清宣统二年《重修天后宫碑记》（碑 10-1）”；第 1647 页“碑图（97）：清雍正九年《花县宝鸭湖村重修天后庙记》”；第 1648 页“碑图（98）：清嘉庆五年《迁建天后宫碑志》（碑 117-2）”。

●《中国南海民俗风情文化辨 · 岭南沿海篇》：蒋明智著，广东经济出版社 2013 年版，277 页。本书是《中国南海文化研究》丛书之一，第 203 页“潮汕地区的妈祖信仰”。

●《广府平安习俗》：吴智文、曾俊良、黄银安著，广东人民出版社 2013 年版，245 页。本书是《广州史志丛书》之一，第 28 页“天后诞广府沿海船民敬奉妈祖”。

●《雷州墨韵》：雷州历史文化丛书编委会编，莫颂军、曾如影编撰，岭南美术出版社、广东人民出版社 2013 年版，164 页。本书是《雷州历史文化丛书》之一，第 136“韶山天后宫”；第 138 页“龙舌桥天后宫”。

●《雷州名胜》：雷州历史文化丛书编委会编，莫廉撰写，岭南美术出版社、广东人民出版社 2013 年版，162 页。本书是“雷州历史文化丛书”之一，第 45 页“雷州天后宫”。

●《广东美食之旅》：戴文海编写，青岛出版社 2013 年版，158 页。本书是

《行走的筷子》之一，第 157 页“天后宫传奇”。

●《十分钟风水学》：雷铎著，花城出版社 2013 年版，195 页。本书是《十分钟周易小丛书》之一，第 175 页“风水实例篇——南沙天后宫”。

●《岭南文化》：高敬编，时事出版社2013年版，357页。第150页“拜妈祖”。

●《潮汕烟雨·下》：郑钟海著，广东人民出版社 2013 年版，657 页。第 399 页“妈祖玉像结因缘”。

●《广州吃喝玩乐全攻略》（2013—2014 最新全彩版）：《吃喝玩乐全攻略》编辑部编著，广西师范大学出版社 2013 年版，231 页。本书是《吃喝玩乐全攻略系列图书》之一，第 203 页“南沙天后宫”。

●《乘风御波》：汪洋编著，河北科学技术出版社 2013 年版，196 页。本书是《海洋大视野科普文丛》之一，第 123 页“中国航海人的保护神——妈祖”。

●《画说蒙书经典》：李诚主编，巴蜀书社 2013 年版，246 页。本书是《画说中华经典》丛书之一，第 159 页“海神妈祖”。

●《那些你不知道的历史文化趣闻》：曹金洪编著，中国纺织出版社 2013 年版，262 页。第 247 页“‘妈祖’是什么神”。

●《龙宫仙境》：徐帮学编著，河北科学技术出版社 2013 年版，196 页。本书是《海洋大视野科普文丛》之一，第 159 页“八仙过海与妈祖娘娘”。

●《高陂记忆》：吴小化、温汉荣、廖炎兆、陈盛湖主编，廖文茂、吴小真、王耀龙执行主编，廖永茂、张启荣执行副主编，五洲传播出版社 2013 年版，491 页。第 135 页“西陂妈祖信仰”；第 305 页“全国重点文物保护单位西陂天后宫”。

●《翔安掌故》：洪水乾主编，厦门大学出版社 2013 年版，230 页。本书是《香山文化丛书》之一，第 86 页“妈祖宫口托铁锭”。

●《穿越者之诗——从故乡到异乡》：处女座著，知识产权出版社 2013 年版，275 页。第 196 页“妈祖行记”。

●《秋光吟》：谢树钦著，汕头市人大杏园诗社编，汕头市人大杏园诗社 2013 年版，115 页。第 18 页“湄州谒妈祖”。

●《镇海海洋文化专辑》：宁波市镇海区政协文史资料委员会编，中国文化史出版社 2013 年版，242 页。第 123 页“北宋神舟与妈祖文化”。

●《弟子规》：王玉峰著，辽宁少年儿童出版社 2013 年版，72 页。本书是《儿童成长必备知识丛书》第 2 辑，第 24 页“海神妈祖”。

●《福建民间信仰论集》：徐晓望著，光明日报出版社 2013 年版，258 页。收录有“福建佛教与妈祖信仰的关系”“华人的妈祖信仰与环南海经济圈”等文章。

●《民俗风情》：蔡晓薇、胡芳芳撰写，中华书局 2013 年版，191 页。本书是《中华文化十万个为什么》丛书之十，第 156 页“沿海地区信仰‘妈祖’都有哪些习俗？”。

●《东南亚华人宗教与历史论丛》：苏庆华著，陈荣照主编，新加坡青年书局 2013 年版，376 页。本书是《国际汉学研究论丛》之六，第 105 页“妈祖信仰在马、新两国的传播和发展——以民间灵异传说、善书和妈祖经典为探讨焦点”。

●《美国哈佛大学哈佛燕京图书馆馆藏晚清民国间新教传教士中文译著目录提要》：张美兰编，广西师范大学出版社 2013 年版，638 页。本书是《哈佛燕京图书馆书目丛刊》第十六种，第 14 页“妈祖婆生日之论”；第 364 页“妈祖婆论”。

●《三亚人心灵的净土》：黄运敬编，海南出版社 2013 年版。本书从佛教、道教、伊斯兰教、基督教、妈祖信仰及少数民族的宗教信仰六个方面全面展示三亚人民的心灵信仰及精神世界，每一种宗教信仰又分别从其传入始末、发展、表现形式及影响等层面、角度全方位阐述，生动再现三亚人民心灵净土之上开放出来的最美的精神之花、折射出来的最亮的闪光点、悠然安享的最甜的和谐生活。

●《香港作家联合作品：诗歌卷》：夏马、萍儿主编，香港作家出版社有限公司 2013 年版，311 页。第 192 页林其仁：“妈祖之光”。

●《香港作家联合作品：散文卷》：潘耀明主编，香港作家出版社有限公司 2013 年版，406 页。第 79 页林其仁：“妈祖的传说”。

●《词学第二十九辑》：马兴荣、邓乔彬主编，华东师范大学出版社 2013 年版，346 页。第 340 页周笃文：“从张元干《念奴娇》看宋词中的妈祖信息”。

●《中华名城故事》：蔡晓薇编著，中华书局 2013 年版，190 页。本书是《中华经典故事》丛书之一，第 40 页“泉州 妈祖的庇佑”。

●《修一个朋友要多少年》：何葆国著，九州出版社 2013 年版，142 页。本书是《相约名家冰心奖获奖作家作品精选》丛书之一，第 78 页“深山土楼妈祖节”。

●《道家文化》：李家晔主编，时事出版社 2013 年版，212 页。第 72 页“妈祖”。

●《海擎天》：王玉来著，华夏出版社 2013 年版，215 页。第 11 页“浪淘沙 · 玉雕妈祖”；第 130 页“念奴娇 · 妈祖登澳”。

●《一看就懂台湾文化》：王嵩山、李匡悌、洪丽完推荐，远足地理百科编辑组编著，远足文化 2013 年版，183 页。第 116 页“妈祖”；第 118 页“欣赏妈祖庙”；第 120 页“鹿港天后宫”；第 122 页“妈祖绕境进香”。

●《图说中国茶：鉴茶 · 泡茶 · 茶疗一本全》：翁良编著，天津科学技术出版社 2013 年版，509 页。本书是《图说中国茶》丛书之一，第 313 页“台湾茶工怎样拜祭茶郊妈祖？”。

●《台湾民族与宗教》：何绵山著，厦门大学出版社 2013 年版，386 页。第 288 页“台湾的妈祖信仰”。

●《台湾社会 66 词》：黄伟国、罗金义主编，叶国豪、梁家权、黄伟国著，汇智出版有限公司 2013 年版，273 页。第 238 页“妈祖”。

●《文字启航 · 城市想像——桃园县第 18 届文艺创作奖得奖作品集》：王顺权、江伊薇、汪采葳、余恩平、吴淑娟著，桃园县文化部门 2013 年版，270 页。第 32 页陈金圣：“妈祖娘大殿前的，汝”。

●《台湾最美的风景是人》：《新周刊》主编，华品文创出版股份有限公司 2013 年版，339 页。第 170 页“颜清标：镇澜宫‘宫主’如何推广妈祖文化？”。

●《天帝教的中华文化意涵——掬一瓢〈教讯〉品天香》：陈福成著，文史哲出版社 2013 年版，296 页。第 77 页“丁亥年祭祖结合妈祖国际文化观光节”。

●《燃烧的凤凰木》：徐国强著，香港文学报社出版公司 2013 年版，223 页。本书是《新纪元香港作家文丛》之一，第 97 页“妈祖——海上女神传奇”。

●《谱牒研究与闽台节俗》：周仪扬主编，中国文艺出版社 2013 年版，367 页。第 295 页张庆宗：“大甲妈祖绕境进香的宗教礼仪与禁忌”。

●《道教诸神背后的真实故事》：彭友智著，台北知青频道出版有限公司 2013 年版，413 页。第 121 页“民间女神妈祖——走国际化的林家小姐”。

●《凝视与探索美学山城 · 观光之都的多元化观光元素》：晁瑞明著，晨星出版有限公司 2013 年版，431 页。第 348 页“五龙宫妈祖石雕”。

●《中国地理常识与趣闻随问随查》（超值白金版）：苏豫编著，中国华侨出版社 2013 年版，466 页。第 439 页“赤柱天后庙香火为什么特别旺盛？”。

●《三溪吟稿》：缪煦照著，何梅主编，现代出版社 2013 年版，257 页。第 163 页“天后行宫”。

●《中国陶瓷辞典》：许绍银、许可编，中国文史出版社 2013 年版，733 页。第 230 页“天后娘娘像”。

●《中国地域文化通览·福建卷》：《中国地域文化通览》编委会编，中华书局 2013 年版，532 页。第 420 页“民间信仰与妈祖文化”。

●《中国古代建筑文献集要·明代（上）》：程国政编注，路秉杰主审，同济大学出版社 2013 年版，302 页。第 50 页（明）郑和：“娄东刘家港天妃宫石刻通番事迹记”；第 52 页（明）郑和：“长乐南山寺天妃之神灵应记”。

●《中国侨联年鉴 2012》：中国侨联年鉴编纂委员会编，中国华侨出版社 2013 年版，697 页。第 464 页“莆田市侨联运用‘妈祖节’平台做好海外联谊工作”。

●《清代河南》：许檀编，天津古籍出版社 2013 年版，597 页。第 373 页“光绪十年《重修天后宫记》”；第 578 页“天后宫碑文”。

●《风尚高埗——高埗水乡民俗集粹》：高埗镇文学艺术界联合会编，2013 年版，275 页。第 92 页“下江城天后宫庙”；第 96 页“新联柳树坊天后宫”；第 136 页“柳树坊村天后宫诞”；第 143 页“下江城的天后宫庙会”。

●《天津七十二沽》：刘茂国著，天津古籍出版社 2013 年版，286 页。本书是《天津市地方志资料丛书》之一，第 50 页“天后宫”。

●《印沙鸥迹》：刘士俊著，万卷出版公司 2013 年版，196 页。第 92 页“天后宫联”。

●《湖湘建筑（一）》：柳肃主编，湖南教育出版社 2013 年版，352 页。本书是《湖湘文库》之一，第 198 页“芷江天后宫”。

●《安居：古城旧事》：重庆市铜梁县文化广电新闻出版局编，重庆大学出版社 2013 年版，257 页。第 226 页戴明、潘延胜：“天后宫”。

●《近代东外滩》：唐国良主编，上海社会科学院出版社 2013 年版，224 页。

本书是《浦东新区政协文史丛书》之一，第 114 页“天后宫”。

●《〈申报〉宁波史料集（七）》：宁波市档案馆编，宁波出版社 2013 年版，3518 页。第 3289 页“天后宫大火”。

●《福建省少数民族古籍丛书·畲族卷民间故事》：张忠发主编，福建省少数民族古籍丛书编委会主编，海风出版社 2013 年版，628 页。本书是《福建省少数民族古籍丛书》之一，第 102 页“雷鋐巧建苏州‘天后宫’”。

●《宋代福建史新编》：徐晓望著，线装书局出版社 2013 年版，573 页。第 395 页“宋代福建的妈祖信仰与海神崇拜”；第 395 页“有关妈祖信仰的基本问题”；第 414 页“妈祖为何能成为最高航海保护神”。

●《泉州非物质文化遗产大观》：林育毅、谢万智主编，中国戏剧出版社 2013 年版，283 页。第 268 页“泉州妈祖信俗”；第 282 页“安溪善坛妈祖信俗”。

●《厦门疍民习俗——闽南非物质文化遗产系列》：陈复授编著，中共厦门市委宣传部、厦门市社会科学界联合会、厦门市闽南文化研究会合编，鹭江出版社 2013 年版，232 页。本书是《厦门社科丛书》之一，第 162 页“‘妈祖鱼’，与‘镇港鱼’”。

●《百题图说海口七巧三奇特》：俞达珠主编，福清海口志编纂委员会 2013 年版，285 页。本书是《福清海口志》附卷之一，第 259 页俞达珠：“妈祖显圣夫人庙”。

●《福州坊巷志——林家溱文史丛稿》：林家溱著，福建美术出版社 2013 年版，412 页。本书是《福建文史丛书》之一，第 18 页“光复路天后宫（光复路）”；第 38 页“天后宫（渡尾街）”；第 112 页“天后宫（郎官巷）”。

●《石台亲缘》：李丽月主编，黄章煌副主编，石狮市政协文史资料委员会编，石狮市政协文史资料委员会 2013 年版，362 页。本书是《石狮文史资料》总第二十辑，第 288 页黄汉瑜：“李道传承建鹿港天后宫”。

●《漫画泉州》：泉州市旅游局编，厦门大学出版社 2013 年版，186 页。本书是《漫游天下·福建》系列丛书之一，第 73 页“泉州天后宫”。

●《泉州朝圣游观光指南》：林尚鹏编著，九州出版社 2013 年版，284 页。第 91 页“天后宫”。

●《中国最有影响力休闲农业节庆》：李雪主编，中国农业科学技术出版社2013年版，252页。本书是《魅力城乡系列丛书》之一，第219页“永福妈祖文化节——‘有海水处有华人 华人到处有妈祖’”。

●《崇武文库·民间文学集成卷》第1辑总5卷：崇武文库编纂委员会编，崇武文库编纂委员会2013年版，280页。第62页“妈祖宫学艺”。

●《菁城风韵——“龙岩市非物质文化遗产”丛书·漳平卷》：黄瀚编，鹭江出版社2013年版，379页。本书是《龙岩市非物质文化遗产丛书》之一，第318页傅祖焕：“妈祖祀奉庙会”。

●《照镜解闷》：潘真进著，海峡文艺出版社2013年版，198页。本书是《莆田杂文丛书》之一，第131页“以妈祖文化作为莆田文化观”；第148页“妈祖精神之孝悌观念浅识”。

●《南山年鉴》：南山区区志编纂委员会办公室编，海天出版社2013年版，446页。第259页“赤湾天后宫改造工程竣工”。

●《镇江历史文化大辞典（下）》：镇江市历史文化名城研究会编，江苏大学出版社2013年版，1129页。第766页“天妃庙记”。

●《新版〈中国集邮百科知识〉续集》：耿守忠、杨治梅编著，华夏出版社2013年版，749页。第688页“澎湖天后宫”。

●《衙前围消失中的市区最后围村》：苏万兴编著，中华书局（香港）有限公司2013年版，192页。第59页“天后宫”。

●《故园·大连古城》：王国栋著，大连出版社2013年版，184页。本书是《品读大连》之一，第142页“孔庙与天后宫”。

●《云南道教碑刻辑录》：萧霁虹著，中国社会科学出版社2013年版，786页。本书是《云南省社会科学院研究文库》之一，第451页“重建腾越天后宫脩观音阁记”；第481页“重建天后宫劝捐序”；第508页“修建天后宫三圣殿碑记”。

●《十三行习俗与商业禁忌研究》：谭元亨、宋韵琪、唐嘉鹭著，华南理工大学出版社2013年版，160页。本书是《十三行研究丛书》之一；第36页“海神的演绎与商业文明”。

●《神龟背上的村庄：走近天妃宫》：朱永远、朱长波著，北京燕山出版社

2013年版，219页。第79页“天妃宫故事”。

●《行观中国——日本使节眼中的明代社会》：朱莉丽著，复旦大学出版社2013年版，291页。本书是《亚洲艺术、宗教与历史研究丛书》之一，第243页“《初渡集》中的明代城隍信仰和天妃信仰”。

●《三宝太监西洋记（上）》：（明）罗懋登著，华夏出版社2013年版，286页，本书是《中国古典文学名著丛书》之一，第190页“天妃宫夜助天灯 张西塘先排阵势”。

●《唐山文史资料大全·滦南卷（下）》：李玉鹏、张友利主编，唐山市政协文史资料委员会，2013年，543页。第451页张廷善：“天妃宫”。

●《林家钟文史选集》：林家钟著，海风出版社2013年版，513页。本书是《福建文史丛书》之一，第319页“天妃”。

●《中国饮食文化史·京津地区卷》：赵荣光主编，中国轻工业出版社2013年版，344页。本书是《国家出版基金项目“十二五”国家重点出版物出版规划项目》之一，第268页“因海运而起的‘天妃’信仰”。

●《全元诗·第34册》：杨镰主编，中华书局2013年版，464页。第26页“代祀湄洲天妃庙次直沽”。

●《全元诗·第40册》：杨镰主编，中华书局2013年版，435页。第266页“兴化湄洲岛祠天妃还”。

●《锦绣中华全游记（下）》：王林台著，张锁花、王林台摄影，中国铁道出版社2013年版，536页。第521页“到湄洲岛拜谒妈祖祖庙”。

●《福建实用导游英语》：陈洪富译著，吉林人民出版社2013年版，432页。第231页“湄洲妈祖文化”。

●《江苏自助旅游快易通》：翦鑫主编，人民邮电出版社2013年版，246页。本书是《Easy Travel旅行指南》之一，第120页“天妃宫”。

●《江苏自助游》：《中国自助游》编辑部编著，化学工业出版社2013年版，303页。本书是《长颈鹿旅行指南》之一，第147页“天妃宫”。

●《中国导游十万个为什么·福建》：陈健主编，中国旅游出版社2013年版，412页。本书是《问知中国》丛书之一，第324页“你知道为何崇拜妈祖吗？”；第 326 页“妈祖文化习俗主要有哪些？”；第 396 页“泉州天后宫是奉祀谁而建造的？”。

●《中国导游十万个为什么·山东》第 2 版：曾招喜、张爱文编著，中国旅游出版社 2013 年版，538 页。本书是《问知中国》之一，第 107 页“为什么说青岛天后宫是青岛市区最古老的庙宇建筑群？”；第 251 页“蓬莱阁景区天后宫戏楼有什么用途？”；第 251 页“天后宫坤交石是怎么得名的？”；第 252 页“天后宫内几块石刻的来历和含义是什么？”；第 253 页“天后有什么来历？”；第 254 页“蓬莱天后宫里为什么由四海龙王为她当站官？”；第 254 页“天后寝殿有什么特别之处？”。

●《中国导游十万个为什么·浙江》：童少飞、陈建华主编，中国旅游出版社 2013 年版，475 页。本书是《问知中国》丛书之一，第 154 页“妈祖宫是一座什么样的建筑？”；第 356 页“天妃宫为什么又称‘天后宫’、‘妈祖庙’？”。

●《辽宁》：周力主编，中国旅游出版社 2013 年版，501 页。本书是《中国导游十万个为什么》之一，第 148 页“为什么在‘天后宫’的原址上修复的却是‘普化寺’？”。

●《嗨 澳门（图文版）》：［日］刘欣欣著，人民邮电出版社 2013 年版，169 页。本书是《爱上行走》丛书之一，第 14 页“妈祖像与街边祭台”。

●《澳门好吃好玩真好买》：《好吃好玩》编写组编著，中国旅游出版社 2013 年版，191 页。本书是《好吃好玩系列》之一，第 155 页“妈祖文化村”。

●《香港澳门玩全攻略》：行者无疆工作室编著，清华大学出版社 2013 年版，225 页。本书是《旅游达人系列》之一，第 224 页“妈祖文化村”。

●《香港吃喝玩乐全攻略（2013—2014 最新全彩版）》，《香港吃喝玩乐全攻略》编辑部主编，广西师范大学出版社 2013 年版，255 页。本书是《吃喝玩乐全攻略》之一，第 202 页“鲤鱼门天后宫”。

●《畅游台湾，看这本就够了》：《畅游台湾》编辑部主编，化学工业出版社 2013 年版，223 页。本书是《蓝鲸旅行畅游世界》之一，第 190 页“大天后宫”。

●《湖南玩全攻略（2013—2014 最新全彩版）》《湖南玩全攻略》编辑部编，广西师范大学出版社 2013 年版，222 页。第 140 页“芷江天后宫”。

●《中国自助游：2013 全彩版》：藏羚羊旅行指南编辑部编著，人民邮电出版社 2013 年版，1032 页。本书是《藏羚羊自助游系列》丛书之一，第 1022 页“妈祖阁”。

●《难倒你没商量——最冷最冷的冷门知识大全》：朱立春主编，中国华侨出版社 2013 年版，411 页。第 186 页“‘妈祖’是什么神，沿海人民对她的崇拜是从什么时候开始的？”。

●《趣味文化知识大全》：青石编，中国华侨出版社 2013 年版，418 页。第 266 页“沿海人民对‘妈祖’的崇拜是从什么时候开始的？”。

综合类图书（2014）

●《中国庙会·第 2 版》：齐心编著，辽宁人民出版社 2014 年版，181 页。第 131 页“海与庙会”。

●《文化视野下的旅游业》：复旦大学旅游系著，复旦大学出版社 2014 年版，444 页。本书是《复旦旅游学集刊第五辑》丛书之一，第 264 页林翠生、宋立中、王雅君：“福建妈祖文化旅游节影响的居民感知及其形成机理研究”。

●《邮票上的福建》：福建省政协文史和学习委员会、福建省邮政公司编，福建人民出版社 2014 年版，268 页。第 154 页“海上女神——妈祖”。

●《文化发展研究（2014 年第 2 辑）》：中国社会科学院文化研究中心编，经济管理出版社 2014 年版，191 页。第 85 页林菲菲、林能杰：“贤良港海祭妈祖民俗非物质文化遗产的价值初探”。

●《美丽乡愁——首届福建民间文艺“山茶花”奖民间文学奖获奖作品选 2006—2013》：福建省民间文艺协会、故事林杂志社编，海峡文艺出版社 2014 年版，469 页。第 71 页柳滨：“中华英杰——妈祖”；第 393 页林如求：“《天上圣母经》刍议——妈祖研究系列之四”。

●《尚书、探花林士章——纪念林士章诞生 490 周年》：林祥瑞、福建漳浦乌石天宫编，金浦新闻发展有限公司，2014 年，114 页。第 58 页“林士章迎回妈祖的考证”。

●《福建民俗文化》：邓荣清、江燕英编，中国林业出版社 2014 年版，139 页。本书是《国家中等职业教育改革发展示范校教材》丛书之一，第 133 页“莆田妈祖民俗文化”。

●《闽西乡村社会研究》：陈盛仪总编，王永昌主编，钟德彪著，《光明日报》出版社 2014 年版，340 页。本书是《闽西乡村丛书》之一，第 226 页“论妈祖与定光佛信仰的共融形态”。

●《别具特色的民间庙会（彩图版）》：吴雅楠编著，吉林出版集团有限责任公司 2014 年版，159 页。本书是《流光溢彩的中华民俗文化丛书》之一，第 127 页“福建莆田妈祖庙会——最具原始色彩的文化符号”。

●《莆田史话》：刘福铸主编，社会科学文献出版社 2014 年版，132 页。本书是《中国史话丛书》之一，第 43 页“妈祖文化传四海”。

●《我爱福建》：林燕燕编著，山东画报出版社 2014 年版，182 页。本书是《中国梦家乡情丛书》之一，第 65 页“妈祖”。

●《闽西乡村记住乡愁》：陈盛仪总编，王永昌主编，钟德彪执行主编，龙岩市文学艺术界联合会、龙岩市民间文艺家协会编，光明日报出版社 2014 年版，335 页。本书是《闽西乡村丛书》之一，第 248 页朱裕森、林常青、陈俊毅、曾仙芳:“漳平永福妈祖节”。

●《闽商研究》：徐晓望著，中国文史出版社 2014 年版，273 页。第 20 页《论闽商与宋元上海周边港市的妈祖信仰》；第 231 页“澳门妈祖阁碑记与清代泉州、澳门之间的贸易”。

●《土楼秘境》：何葆国著，清华大学出版社 2014 年版，172 页。本书是《博物馆丛书》之一，第 101 页“梅林土楼和妈祖”。

●《文化漳州》中卷：中共漳州市委宣传部、漳州市文学艺术联合会编，海峡文艺出版社 2014 年版，155 页。第 74 页“乌面妈祖：漳浦乌石天后宫”。

●《闽南传统园林营造史研究》：李敏、何志榕著，中国建筑工业出版社 2014 年版，348 页。第 122 页“泉州天后宫”；第 188 页“铜陵天后宫”。

●《闽南相思树》：陈瑞统著，海峡文艺出版社 2014 年版，137 页。本书是《图说福建丛书》之一，第 35 页“海峡女神和天后宫”。

●《东南精华》：庄裕光主编，江苏科学技术出版社 2014 年版，143 页。本书是《中国国宝建筑丛书》之一，第 96 页“泉州天后宫”；第 118 页“西陂天后宫”。

●《戴敦邦神缘造像谱》：戴敦邦著，上海书店出版社 2014 年版，269 页。本书是《“戴家样”艺术书系》之一，第 98 页“妈祖”。

●《丝路听潮：海上丝绸之路文化》：谢安良、何伟著，宁波出版社 2014 年版，240 页。本书是《宁波文化丛书》第一辑，第 175 页“妈祖的弘扬地”。

●《海峡两岸日常词语对照手册》：许蕾、李淑婷著，中国国际广播出版社 2014 年版，318 页。第 54 页“大甲妈祖回娘家”。

●《文化哲学方法与闽南文化思想政治教育研究》：李晓元著，社会科学文献出版社 2014 年版，404 页。第 241 页“妈祖文化思想政治教育”。

●《武夷山道教文化》：黄永锋主编，厦门大学出版社 2014 年版，226 页。本书是《武夷山世界文化遗产监测与研究丛书》之一，第 84 页梁如玉：“略论武夷山的妈祖信仰——以天上宫为例”。

●《澳门掌故》：黄德鸿著，作家出版社 2014 年版，359 页。本书是《澳门文学丛书》之一，第 140 页“妈祖阁建成有传说”。

●《会馆与地域文化——2013 中国会馆保护与发展（宁波）论坛论文集》：黄浙苏主编，文物出版社 2014 年版，346 页。第 63 页孙晓芬：“川渝两地的‘天后妈祖文化’和会馆的保护与利用”；第 232 页黄浙苏：“‘宁波帮’商人传承妈祖文化内涵”。

●《中国海洋文化基础理论研究》：曲金良著，海洋出版社 2014 年版，425 页。第 121 页“中国妈祖信俗遗产”。

●《闽台农林渔业传统生产习俗文化遗产资源调查》：刘芝凤著，厦门大学出版社 2014 年版，315 页。本书是《2013 年厦门社科丛书》之一，第 252 页“闽台妈祖信仰”。

●《被误解的台湾史——1553—1860 之史实未必是事实》：骆芬美著，中信出版社 2014 年版，233 页。第 149 页“玄天上帝与妈祖”。

●《莲花开落是禅机——审美视阈中的海岛民间信仰话语》：李松岳著，中国社会科学出版社 2014 年版，260 页。第 168 页“妈祖信仰：海神崇拜的高级形态”。

●《感恩——生活之道》：星云大师著，中华书局 2014 年版，203 页。本书是《迷悟之间丛书》之一，第 131 页“妈祖”。

●《祖国我深爱着你 · 谭仲池诗歌集》：谭仲池著，湖南文艺出版社 2014

年版，206 页。第 90 页“澳门妈祖阁”。

●《长江流域区域文化的交融与发展—— 第二届巴蜀·湖湘文化论坛论文集》：徐希平主编，四川大学出版社 2014 年版，584 页。第 59 页彭邦本：“妈祖与川主：从人到神的两个范例”。

●《台湾》：澳大利亚 Lonely Planet 公司编，中国地图出版社 2014 年版，343 页。第 158 页“农历三月，万人空巷疯妈祖”。

●《合掌人生》：星云大师著，江苏文艺出版社 2014 年版，338 页。第 142 页“妈祖，台湾的观世音”。

●《勤奋积累，造就人生》：蔡福金著，知识产权出版社 2014 年版，286 页。第 208 页“妈祖文化进京的重要意义以及如何在北京传播妈祖文化”，“妈祖精神对中国当代精神文明建设的积极影响和作用”。

●《话说中国海洋神话与传说》：董志文编著，广东经济出版社 2014 年版，213 页。本书是《话说中国海洋丛书》之一，第 102 页“妈祖传说”；第 146 页“妈祖节”。

●《中国民间神话经典》：陈建宪主编，华中师范大学出版社 2014 年版，358 页。本书是《中国民间文化经典丛书》之一，第 54 页“妈祖出世”。

●《亲子共读·经典神话故事》：周舒予主编，翟晓敏、雒真真、周扬副主编，张振平、杨新卫、贾联等编，金盾出版社 2014 年版，223 页。第 103 页“妈祖的传说”。

●《项南的故事》：张永和、项建坤著，中共党史出版社 2014 年版，114 页。第 85 页“智修妈祖祖庙”。

●《只留清气满乾坤——项南的故事》：林志远主编，香港中国文化出版社 2014 年版，155 页。第 81 页“智修妈祖祖庙”。

●《中国老会馆的故事》：王日根主编，山东画报出版社 2014 年版，315 页。本书是《中国故事弹钢琴丛书》之一，第 228 页“妈祖信仰——闽商建设会馆的原动力”。

●《中国民间故事（全彩注音）》：黄甫林编著，《南方日报》出版社 2014 年版，128 页。本书是《国学经典教育读本丛书》之一，第 112 页“妈祖的传说”。

●《中外神话故事（原著无障碍阅读版）》：罗杰主编，天津教育出版社2014年版，226页。本书是《原著无障碍阅读丛书》之一，第26页“妈祖”。

●《海洋探奇——开启神秘的海洋之旅》：马金江编著，安徽美术出版社2014年版，214页。本书是《青少年科学探索文库》之一，第150页“妈祖（天后）信仰”。

●《中国神话与民间传说》：宋佳芹编著，北方妇女儿童出版社2014年版，584页。第252页“妈祖的传说”。

●《苏州百座寺观教堂》：郁永龙编著，宗教文化出版社2014年版，452页。本书是《苏州宗教文化丛书》之一，第321页“同谒妈祖共享平安——太仓浏河天妃宫”。

●《南沙年鉴2014》：广州市南沙区地方志编纂委员会办公室编，广东人民出版社2014年版，302页。第133页“2013广州南沙妈祖文化旅游节”。

●《太湖文化》：苏州太湖历史文化研究会、苏州茶文化研究会编，古吴轩出版社2014年版，184页。第88页“太湖地区天后（妈祖）祭祀调查”。

●《伊斯兰教与中国穆斯林文化论集》：丁俊、金云峰主编，上海古籍出版社2014年版，448页。本书是《民族宗教研究丛书》之一，第434页孙智伟：“元明回回人与妈祖文化述论”。

●《人类学与江河文明——人类学高级论坛2013卷》：谭宏、徐杰舜主编，黑龙江人民出版社2014年版，343页。本书是《人类学高级论坛丛书》之一，第167页杨丽娟：“人地关系与信仰流变：客家妈祖传说地域分野的文化阐释”。

●《人与土地（增补本）》：阮义忠著，九州出版社2014年版，177页。第98页“北港的妈祖信众”。

●《中国近代社会史研究》：蔡少卿著，生活·读书·新知三联书店2014年版，376页。本书是《南京大学史学丛书》之一，第297页“中国民间信仰的特点与社会功能——以关帝、观音和妈祖为例”。

●《宗教与中国对外战略》：徐以骅、邹磊主编，上海人民出版社2014年版，262页。本书是《宗教与中国国家安全和对外战略论丛》之一，第147页王琛发：“明代妈祖信仰的南海版图——明清两朝外交文献的对照解读”。

●《辽宁文化记忆非物质文化遗产（下）》：周连科主编，佟昭、宋晓冬副主编，辽宁人民出版社 2014 年版，508 页。本书是《辽宁文化记忆丛书》之一，第 496 页“丹东妈祖祭典”。

●《客家民间信仰和地域社会研究》：周建新、温春香主编，黑龙江人民出版社 2014 年版，477 页。本书是《赣南师范学院客家研究中心学术文库丛书》之一，第 26 页罗烈师：“台湾客家地区的妈祖信仰：竹堑地区的初步观察”；第 147 页黄洁琼：“连城县芷溪村的妈祖信仰”。

●《中国俗文化研究 · 第 8 辑》：四川大学中国俗文化研究所、四川大学中国古典文献学学科点主办，巴蜀书社 2014 年版，253 页。第 223 页张富春：“清代河南地区妈祖庙宇考述”。

●《钱文忠解读〈百家姓〉2》：钱文忠著，江苏文艺出版社 2014 年版，274 页。第 269 页“令人惊叹的妈祖”。

●《孙作云百年诞辰纪念文集》：河南大学历史文化学院编，河南大学出版社 2014 年版，507 页。第 497 页朴现圭：“古今岛关王庙妈祖神坛的分析”。

●《民俗遗产评论》：乌丙安著，长春出版社 2014 年版，260 页。本书是《乌丙安民俗研究文集丛书》之一，第 74 页“‘妈祖祭典’：重大非物质文化遗产的杰出价值评估”；第 84 页“现代化经济热潮中的天津妈祖祭典遗产保护”。

●《中国地域文化通览：天津卷》：张炳学、刘志永等编，中华书局 2014 年版，628 页。第 317 页“天津妈祖叫‘娘娘’”。

●《天津城市民间文化之韵（汉英对照）》，刘昕蓉主编，天津科技翻译出版有限公司、天津外语电子音像出版社 2014 年版，320 页。本书是《天津市艺术科学研究规划项目丛书》之一，第 192 页“津味妈祖：津味特色的民间信仰”。

●《天津运河故事》：天津市档案馆编，天津人民出版社2014年版，273 页。本书是《天津旧事丛书》之一，第 54 页“七百年前的天后宫”。

●《古镇葛沽》：鲍国之主编，天津古籍出版社 2014 年版，192 页。本书是《今晚丛书》之一，第 87 页金凤窠：“葛沽花会与妈祖文化”；第 106 页王凤捷：“妈祖何以重返宝辇”。

●《沽帆远影》：刘景周著，天津古籍出版社 2014 年版，420 页。本书是

《天津记忆丛书》之一，第 352 页“津沽妈祖崇奉故事”；第 377 页“海河下游的妈祖崇奉”。

●《我爱天津》：王方晗编著，山东画报出版社 2014 年版，182 页。本书是《中国梦家乡情丛书》之一，第 92 页“妈祖祭典（天津皇会）”。

●《诗文梦影》：洪三泰著，广东省人民政府文史研究馆编，广东人民出版社 2014 年版，576 页。本书是《馆员文库丛书》之一，第 555 页“妈祖与湛江海洋文化”。

●《畅游台湾》：《畅游台湾》编辑部编著，华夏出版社 2014 年版，219 页。本书是《华夏行走丛书》之一，第 53 页“台北天后宫”；第 141 页“大甲镇澜宫妈祖绕境进香”；第 160 页“鹿港天后宫”；第 174 页“台南大天后宫”；第 179 页“鹿耳门天后宫”；第 181 页“安平开台天后宫”；第 192 页“旗后天后宫”；第 204 页“台东天后宫”；第 210 页“马公天后宫”。

●《李准电视剧评论选》（第 3 版）：李准著，中国文联出版社 2014 年版，373 页。本书是《电视剧创新智库丛书》之一，第 286 页“读电视剧本《妈祖》”。

●《读经典学国学 · 弟子规》：卫英霞主编，安徽美术出版社 2014 年版，112 页。本书是《读经典 学国学丛书》之一，第 35 页“海神妈祖”。

●《雁作霓虹——贾作光诗集》：贾作光著，上海音乐出版社 2014 年版，203 页。本书是《贾作光艺术文库新中国舞蹈发展史 · 舞蹈人物研究丛书》之一，第 41 页“妈祖（二首）”。

●《知道你从河南来吗》：宋全忠编著，黄河水利出版社 2014 年版，505 页。第 175 页“妈祖”；第 178 页“澎湖县天后宫”。

●《中国黄梅戏唱腔集粹（上）》：徐高生主编，陈礼旺、石天明、李万昌副主编，苏州大学出版社 2014 年版，623 页。第 298 页刘达刚词、陈儒天曲：“妈祖，你是江海的女神（《妈祖》主题曲）”。

●《雷州文化概论》：司徒尚纪著，岭南文库编辑委员会、广东中华民族文化促进会合编，广东人民出版社 2014 年版，574 页。本书是《岭南文库丛书》之一，第 287 页“妈祖崇拜”。

●《台湾先贤诗选》：李宏健注，暨南大学出版社 2014 年版，506 页。第

491 页“妈祖”。

●《十万个为什么》：才林主编，北京联合出版公司 2014 年版，415 页。第 322 页“东南沿海居民为什么要敬奉妈祖？”

●《海南年鉴 2014》：《海南年鉴》编辑委员会主编，海南年鉴社 2014 年版，748 页。第 108 页“两岸妈祖佑南疆祈福暨第四届琼海市南海传统文化节”；第 542 页“两岸妈祖佑南疆活动在潭门中心渔港举行”。

●《宁波文化年鉴》：《宁波市文化年鉴》编委会编，中国文史出版社 2014 年版，361 页。第 190 页“‘宁波 · 台南善化妈祖亲缘会香活动’举办”。

●《中国文化年鉴 2014》：中华人民共和国文化部编，新华出版社 2014 年版，710 页。第 218 页“2013‘妈祖之光 · 祈福’电视晚会”。

●《海峡两岸民俗风情剪纸艺术展精品集》：《海峡两岸民俗风情剪纸艺术展精品集》编委会编著，电子工业出版社 2014 年版，192 页。本书是《大陆剪纸艺术家赴台湾地区采风创作丛书》之一，第 98 页张雪峰：“拜妈祖”；第 101 页张雪峰：“妈祖护佑生生不息”；第 104 页张雪峰：“妈祖吉祥”；第 105 页武燕：“妈祖”；第 106 页张雪峰：“女神妈祖”；第 108 页徐阳：“台湾彰化县妈祖绕境祈福”。

●《海外华文教育教材 · 中国概况》：张胜林著，华中科技大学出版社 2014 年版，158 页。本书是《海外华文教育教材》之一，第 107 页“妈祖信仰”。

●《学约斋文录》：张善文著，人民出版社 2014 年版，373 页。第 296 页“妈祖女神崇拜之文化渊源”。

●《京杭大运河非物质文化遗产》：荀德麟著，电子工业出版社 2014 年版，466 页。本书是《京杭大运河遗产保护出版工程丛书》之一，第 343 页“妈祖信俗”；第 347 页“大运河沿线的妈祖祠庙”。

●《吴硕贤诗词选集》：吴硕贤著，中国建筑工业出版社 2014 年版，154 页。第 89 页“妈祖阁 1999”。

●《中国当代玻璃艺术展》：冯远主编，中国建筑工业出版社 2014 年版，192 页。本书是《1895 中国当代工艺美术系列大展暨学术论坛丛书》之一，第 158 页叶彩凤：“妈祖 1”。

●《美丽中国——张文方诗选之一》：张文方著，湖南人民出版社 2014 年版，400 页。第 80 页“七律妈祖阁”。

●《中国茶品鉴速查全书》：黄敏主编，北京联合出版公司 2014 年版，301 页。第 289 页“台湾茶工怎样拜祭茶郊妈祖？”。

●《会馆与地域文化——2013 中国会馆保护与发展（宁波）论坛论文集》：黄浙苏主编，文物出版社 2014 年版，346 页。第 57 页傅裕：“重庆地区天后宫及其信仰研究”。

●《中华舞蹈志 · 福建卷》:《中华舞蹈志》编辑委员会编，学林出版社 2014 年版，325 页。第 246 页“西陂天后宫”。

●《话说中国海洋神话与传说》：董志文编著，广东经济出版社 2014 年版，213 页。本书是《话说中国海洋丛书》之一，第 114 页“三大‘天后宫’”。

●《擎雷集》：宋锐著，刘拔主编，余石副主编，郑如鹏校对，中国文联出版社 2014 年版，484 页。本书是《文学中华丛书》之一，第 81 页“天后宫”。

●《上海会馆史研究论丛 · 第 2 辑》：上海三山会馆管理处著，上海社会科学院出版社 2014 年版，370 页。第 192 页陈雪烘：“上海三山会馆（天后宫）建筑、装饰艺术之浅析”。

●《吉州民俗》：政协吉安市吉州区委员会、吉安市吉州区文化广播电影电视新闻出版局编，江西人民出版社 2014 年版，196 页。第 181 页“天后宫”。

●《东莞历代碑刻选集》：东莞市文化广电新闻出版局编，上海古籍出版社 2014 年版，457 页。本书是《东莞地域历史文化丛书》之一，第 181 页“天后宫”。

●《长沙名胜诗词选》：张湘涛主编，岳麓书社 2014 年版，571 页。本书是《长沙文史书丛》之一，第 269 页“天后宫”。

●《宋城怀古 · 史海帆影》：贾穗南编著，暨南大学出版社 2014 年版，306 页。本书是《端州历史文化丛书》之一，第 124 页“驱邪祈安的天后宫”。

●《澳门小旅行》：克里斯 · 李著，创意市集 2014 年版，239 页。第 182 页“妈祖文化村：全球最高的妈祖圣像”。

●《拜拜经济学》：钟文荣著，李筱婷主编，时报文化出版企业股份有限公司 2014 年版，243 页。第 101 页“妈祖经济产值知多少？”。

●《福建省主要旅游景区景点英语导游词》：陈洪富编译，厦门大学出版社2014年版，293页。本书是《福建省导游人员资格考试辅导教材》之一，第140页“湄洲岛妈祖祖庙”。

●《火车畅游，从上海出发》:《亲历者》编辑部编著，中国铁道出版社2014年版，317页。本书是《亲历者丛书》之一，第187页“湄洲岛，妈祖圣地，南国蓬莱”。

●《美丽台湾》：张妙弟主编，蓝天出版社2014年版，191页。本书是《美丽中国丛书》之一，第170页“祈福与信奉妈祖信奉 海峡两岸的保护神”。

●《厦门鼓浪屿吃喝玩乐全攻略》:《厦门吃喝玩乐全攻略》编辑部编，广西师范大学出版社2014年版，215页。第180页“莆田湄洲岛妈祖祖庙”。

●《极致青岛》：藏羚羊旅行指南编辑部编著，人民邮电出版社2014年版，192页。本书是《藏羚羊旅行指南》之一，第61页“青岛民俗博物馆（天后宫）”。

责任编辑:周文婷
特约编辑:程文梅
封面设计:彭世兴

图书在版编目(CIP)数据

妈祖文化年鉴.2015/莆田学院妈祖文化研究院,莆田市湄洲妈祖祖庙董事会 编. —北京:
人民出版社,2018.9
ISBN 978 - 7 - 01 - 019883 - 5

Ⅰ.①妈… Ⅱ.①莆…②莆… Ⅲ.①神-文化研究-中国- 2015 -年鉴 Ⅳ.①B933-54

中国版本图书馆 CIP 数据核字(2018)第 226837 号

妈祖文化年鉴·2015
MAZU WENHUA NIANJIAN 2015

莆田学院妈祖文化研究院 莆田市湄洲妈祖祖庙董事会 编

人民出版社 出版发行
(100706 北京市东城区隆福寺街 99 号)

北京中科印刷有限公司印刷 新华书店经销

2018 年 9 月第 1 版 2018 年 9 月北京第 1 次印刷
开本:787 毫米×1092 毫米 1/16 印张:23. 25
字数:390 千字

ISBN 978 - 7 - 01 - 019883 - 5 定价:118.00 元

邮购地址 100706 北京市东城区隆福寺街 99 号
人民东方图书销售中心 电话 (010)65250042 65289539